DEMOCRACIA NEGOCIADA

Política partidária no Brasil da Nova República

DEMOCRACIA NEGOCIADA

Política partidária no Brasil da Nova República

Leonardo Weller | Fernando Limongi

FGV EDITORA

Direitos desta edição reservados à
FGV EDITORA
Rua Jornalista Orlando Dantas, 9
22231-010 | Rio de Janeiro, RJ | Brasil
Tel.: 21-3799-4427
editora@fgv.br | www.editora.fgv.br

Impresso no Brasil | *Printed in Brazil*

1ª edição: 2024; 1ª reimpressão: 2025.

Preparação de originais: Ronald Polito
Projeto gráfico de miolo e diagramação: Mari Taboada
Revisão: Michele Mitie Sudoh
Capa: Ana Luisa Escorel
Foto da capa: Manifestação no Congresso Nacional em comemoração à posse do presidente José Sarney. F. Gualberto/CB/D.A Press. Brasil. Brasília (DF). 15 mar. 1985.

Dados Internacionais de Catalogação na Publicação (CIP)
Ficha catalográfica elaborada pela Biblioteca Mario Henrique Simonsen/FGV

Weller, Leonardo
Democracia negociada : política partidária no Brasil da Nova República / Leonardo Weller, Fernando Limongi. – Rio de Janeiro : FGV Editora, 2024.
256 p.

Inclui bibliografia.
ISBN: 978-65-5652-336-1

1. Partidos Políticos – Brasil. 2. Eleições – Brasil. 3. Democracia – Brasil. 4. Brasil – Política e governo – 1985-. I. Limongi, Fernando. II. Fundação Getulio Vargas. III. Título.

CDD – 324.281

Elaborada por Mariane Pantana Alabarce – CRB-7/6992

Sumário

Introdução

A Nova República nasceu de uma sucessão de crises que marcou o processo de redemocratização, levado a cabo na década de 1980. O Brasil vivia a crise da dívida externa, com retração econômica e forte aceleração inflacionária. A crise também era política. Enquanto os últimos governos da ditadura tentavam comandar uma abertura controlada, abusando de casuísmos eleitorais e recaídas autoritárias, militares ligados à repressão descambavam para o terrorismo e a oposição democrática ganhava espaço nas urnas e nas ruas. Este livro é o primeiro de uma coleção sobre a história brasileira recente, cujo marco inicial é justamente aquele conturbado processo de distensão. Já o desfecho do livro é a década de 2010, quando um novo ciclo de crises se abateu sobre o país: a Operação Lava Jato desestruturou o *establishment* político nacional e Dilma Rousseff foi afastada da Presidência — o segundo *impeachment* desde o retorno à democracia — em meio a uma profunda recessão econômica, uma das maiores já registradas no Brasil.

Este livro aborda especificamente os eventos de natureza política ocorridos naquelas quatro décadas; as páginas a seguir narram a formação de partidos políticos, a disputa de eleições e a administração de governos, com destaque para as geralmente conturbadas, mas quase sempre negociadas, relações entre os poderes Executivo e Legislativo, entre presidentes da República e lideranças parlamentares. Com o mesmo recorte temporal, o segundo volume desta coleção trata da economia política da Nova República. Nele se analisarão a formação e os impactos de políticas econômicas e sociais — como planos anti-inflacionários, do Cruzado ao Real, programas de combate à pobreza, a exemplo do Bolsa Família, e a gestão das contas públicas, incluindo as pedaladas fiscais usadas como justificativa para o processo de *impeachment* de Dilma. Os dois livros que compõem esta coleção são obras interrelacionadas, reflexo do caráter indissociável entre política e economia, apesar de terem enfoques e estilos distintos entre si.

Este livro foi escrito para que leitores nascidos após a redemocratização possam melhor compreender as origens e o desenvolvimento do sistema político em que vivemos. Geralmente, cursos de história do Brasil não cobrem o período recente, ao passo que a crônica política nacional costuma dar pouca ênfase ao passado. Como resultado, um certo desconhecimento sobressai tanto nas salas de aula, onde os autores deste livro trabalham diariamente, quanto no debate público, com o qual constantemente contribuem. É com o objetivo de divulgar o que se passou na Nova República que escrevemos esta coleção. Este livro é único em apresentar uma narrativa concisa sobre a história política recente do Brasil, ampla o suficiente para ser lida pelo grande público, porém detalhada o bastante para ser informativa, com o rigor necessário a livros textos de cursos de graduação e pós-graduação.

Algumas conclusões deste livro possivelmente surpreenderão a maior parte dos leitores. Primeiro, é característica do sistema político brasileiro a resolução de conflitos por meio de arranjos consensuais, negociados por grupos aparentemente opostos, mas que têm em comum o pertencimento à elite política nacional. Apesar de o Brasil ser desigual e violento, consumido por uma longa lista de injustiças sociais, o embate aberto não pautou a arena política responsável por organizar e gerir o Estado na Nova República — ao menos até os anos 2010. A própria redemocratização foi desenhada com base no consenso formado entre políticos conservadores que apoiavam a ditadura, filiados à governista Aliança Renovadora Nacional (Arena), e os progressistas e centristas que militavam no único partido legal de oposição ao Regime, o Movimento Democrático Brasileiro (MDB).

Esta tendência pelo arranjo consensual pode ser vista com um traço negativo, uma forma de se evitar soluções definitivas das divisões e desigualdades profundas que marcam a sociedade brasileira. Contudo, a construção negociada de consensos tem um lado inegavelmente positivo: ela é capaz de evitar que o conflito leve à violência política, à supressão de uma das partes em disputa. Trata-se de uma característica que não deve ser minimizada, principalmente em momentos de crise.

A tendência à negociação entre rivais permeou os principais eventos políticos ocorridos a partir da década de 1980. Foi com base no entendimento entre lideranças provenientes da Arena e do MDB que se constituiu o primeiro governo civil da Nova República, presidido por José Sarney, redigiu-se a Constituição de 1988 e formou-se a aliança de centro-direita com base na qual Fernando Henrique Cardoso (FHC) venceu Luiz Inácio Lula da Silva em duas eleições presidenciais. Quando o Partido dos Trabalhadores (PT) chegou ao poder, nos anos 2000, Lula compôs seu governo com grupos que até então transitavam na direita, no campo oposto ao petista. Os arranjos entre rivais seguiam em operação.

Entretanto, ao notar essa continuidade, não se pode perder de vista a ruptura levada a cabo durante os governos FHC e Lula, políticos cujas carreiras haviam sido forjadas na oposição ao Regime Militar. De formas distintas, ambos os presidentes eram comprometidos com uma agenda de reformas sociais que, em última análise, visava reparar a dívida social deixada pela ditadura. Entre as décadas de 1990 e 2010, o Brasil tornou-se mais próspero e justo: o problema inflacionário foi debelado, a pobreza reduziu-se, universalizou-se a educação básica e o Brasil deixou o vexatório cargo de campeão mundial de concentração de renda. A democracia consolidou-se, com previsibilidade institucional, livre direito de expressão e associação, eleições limpas e livres e uma pacífica e simbólica alternância de poder em 2002. Considerado em conjunto, isto tudo não é pouco. Por mais que não houvesse ocorrido uma ruptura profunda com o Regime Militar nos anos 1980, os dois decênios seguintes deixaram a ditadura e suas terríveis heranças para trás. Deve-se ressaltar, porém, que uma importante transformação ocorreu durante a crise da década de 2010, quando o sistema político brasileiro se distanciou daquela disposição em formar alianças e consensos: o *impeachment* de Dilma e a eleição de Bolsonaro foram novidades por se calcarem no confronto aberto, quase que a qualquer custo.

Decorre desta narrativa outra conclusão do livro, a qual já foi ressaltada por historiadores e cientistas políticos: a democracia brasileira viveu seu auge entre os meados das décadas de 1990 e de 2010. O sistema político que substituiu o Regime Militar foi responsável por aqueles anos de governabilidade, estabilidade institucional e aprimoramento democrático, os quais não encontram paralelo na história do Brasil. Graças a esses avanços no sistema político nacional, sucessivos governos conseguiram entregar uma série de políticas públicas bem-sucedidas, como o Plano Real e o Bolsa Família, capazes de minorar as profundas mazelas sociais deixadas pela ditadura. Por mais que o recorte temporal desta coleção seja delimitado por dois ciclos de crises, houve inegáveis conquistas políticas, econômicas e sociais na Nova República.

No centro deste virtuoso regime democrático operava um Poder Executivo forte, bem mais poderoso do que o grande público costuma imaginar, dotado da potente prerrogativa de editar Medidas Provisórias, as quais são capazes de converter o presidente da República no legislador número um do país. Já o Congresso foi menos disfuncional do que se supõe, mesmo com o processo de multiplicação de legendas que o fraccionou em diversos partidos políticos. Desde a redemocratização, as principais lideranças partidárias controlam não só os temas que vão ao Plenário, como também o próprio resultado da maior parte das votações. O jogo parlamentar era acertado por cima, com Planalto e líderes de bancadas tratando da peleja do dia a dia a portas fechadas antes de ela ir a público no Plenário. É possível ressaltar aqui um paradoxo, o primeiro de muitos que surgirão ao longo deste livro: a Nova República produziu o apogeu da democracia brasileira ao fortalecer o Executivo e empoderar alguns poucos deputados e senadores, consequentemente, enfraquecendo a maioria dos parlamentares — justamente o oposto do que se esperaria de um regime democrático.

Ao longo da Nova República, a maioria dos parlamentares e, a depender do período, uma boa parte dos governadores pertenciam a grupos políticos originários da Arena. Por um lado, o sucesso eleitoral dos ex-arenistas deve-se a poderosas estruturas de cooptação de votos montadas no interior do país, as quais se fortaleceram durante a ditadura, para depois se enfraquecerem e, em alguns casos, sumirem durante os governos Lula. Mas, por outro lado, uma grande parcela do eleitorado sempre foi conservadora, mantendo-se assim após a redemocratização. Do mesmo modo que haviam eleito Jânio Quadros para a presidência e Carlos

Lacerda para o governo da Guanabara, os conservadores continuaram votando em políticos de direita que se opunham aos progressistas nos anos 1980 e ao PT nas décadas seguintes. Há eleitores conservadores por todos os lados, inclusive entre os pobres e as populações urbanas mais escolarizadas. Portanto, não procede a tese, corrente enquanto os militares estavam no poder, de que a direita seria inviabilizada nas urnas se o Brasil permanecesse pobre e desigual, apesar de mais urbano e escolarizado. A vitória de Collor em 1990 já mostrava quão inapropriada era essa tese. Entre os anos 1990 e 2000, esse eleitorado conservador votou em peso no Partido da Social Democracia Brasileira (PSDB) contra o PT. Considerando a origem progressista dos tucanos, tratava-se, até certo ponto, de um distanciamento da ditadura, embora parcial, haja vista a aliança entre o PSDB e o Partido da Frente Liberal (PFL).

Integram a lista de herdeiros da ditadura não apenas legendas de direita como os atuais Democratas (DEM), Partido Liberal (PL), Partido Social Liberal (PSL) e Progressistas (não confundir com os progressistas da redemocratização), como também uma boa parcela conservadora do próprio MDB, partido que no passado fez oposição aos militares. A junção deste bloco transpartidário, composto por políticos de direita, boa parte dos quais originários da ditadura, iniciou-se na década de 1980 com o objetivo de barrar transformações político-econômicas que os progressistas almejavam implementar por meio da Constituição de 1988. Apoiados pelo presidente Sarney, os parlamentares conservadores formaram um bloco autodenominado Centrão, o qual era grande o suficiente para formar maioria na Assembleia Constituinte. O termo "Centrão" recentemente voltou à baila na crônica política, com uma conotação marcadamente pejorativa, para denominar um grupo similar ao de antes. Portanto, os membros do "Centrão" (para alguns, o "Arenão") lograram não apenas sobreviver à ditadura e influir na redação da Constituição de 1988; os egressos da Arena e seus herdeiros políticos mantiveram sua proeminência, compondo maioria no Congresso e participando ativamente de todos os governos eleitos na Nova República.

O objetivo deste livro é explicar como, ao longo de quatro décadas, se mantiveram estas paradoxais características da Nova República: de que forma um sistema político se desenvolveu a ponto de garantir à democracia brasileira seus anos de ouro, com base em acordos consensuais que evitaram um rompimento profundo e definitivo com a ditadura, mas que não impediram avanços sociais bastante significativos.

* * *

Este livro é composto por seis capítulos que descrevem a evolução do sistema político brasileiro, da abertura, cujo marco inicial são as eleições de 1974, ao *impeachment* de 2016. Os leitores serão aqui apresentados aos principais eventos, personagens e partidos políticos da Nova República.

O capítulo 1 narra a lenta, gradual e titubeante abertura democrática, levada a cabo pelos dois últimos governos do Regime Militar, presididos pelos generais Ernesto Geisel e João Baptista Figueiredo. O objetivo desses mandatários era devolver o poder aos civis sem que houvesse o risco de julgamentos como os que seriam promovidos na Argentina, onde ditadores e agentes da repressão foram condenados por seus crimes e desmandos. Os governos Geisel e Figueiredo fizeram de tudo para que o poder ficasse nas mãos de políticos conservadores, mas a oposição obteve votações surpreendentes, ao mesmo tempo que organizava grandes manifestações de rua. A força da ampla frente democrática que se formou naqueles anos de abertura esvaziava o Regime, precipitando seu desmoronamento.

Entretanto, no frigir dos ovos, a meta dos dois últimos ditadores brasileiros foi atingida: assumiu a presidência um governo civil que não iria à forra. A garantia foi dada pela chapa vitoriosa na eleição presidencial indireta de 1985, composta pelo governador mineiro Tancredo Neves, um democrata moderado, e o senador José Sarney, um legítimo político da ditadura. A fim de viabilizar tal aliança, Sarney teve que trocar o Partido Democrático Social (PDS, antiga Arena) pelo oposicionista Partido do Movimento Democrático Brasileiro (PMDB) de Tancredo. A chapa Tancredo-Sarney arregimentou o apoio de dissidentes do PDS, que deixaram a legenda para criar o PFL, partido do coração de Sarney, ao qual ele teria fatalmente se filiado não tivesse integrado a chapa peemedebista. Tancredo adoeceu e foi internado às pressas na noite anterior à sua posse. Coube a Sarney assumir interinamente a presidência, cargo que ocupou definitivamente após a morte de Tancredo. Ou seja, em função de uma série de surpreendentes reviravoltas e soluções de compromisso entre antigos rivais, um político ligado umbilicalmente ao Regime Militar se tornou o primeiro presidente da Nova República.

O capítulo seguinte é sobre a formação das regras que passaram a gerir o regime democrático que então nascia, com destaque para a Constituição de 1988. A tendência pela construção de soluções consensuais, acertadas por lideranças progressistas e conservadoras, opositores e apoiadores do Regime Militar, foi a tônica no processo constituinte. Mas nem tudo foi resolvido tranquilamente. Em certo momento, o embate entre esses grupos chegou a pôr em risco a aprovação da nova Carta, ameaçando empurrar o Brasil para dentro de um "buraco negro" legal. A solução para o impasse veio quando os caciques dos dois lados tomaram as rédeas do processo para, em conjunto e a portas fechadas, redigir o texto que seria submetido e aprovado pelo Plenário. O resultado foi uma constituição genérica o suficiente para propor o estado de bem-estar social defendido pelos progressistas, muito embora sem perturbar a ordem econômica que os conservadores queriam preservar. Do ponto de vista das relações entre Executivo e Legislativo, ao contrário do que usualmente se tem por certo, a Constituição Cidadã manteve a ampliação dos poderes do presidente da República, introduzida ao longo do Regime Militar. Nesse aspecto, não ocorreu uma quebra radical com a ditadura, antes o contrário. Por fim, no que se refere à legislação eleitoral, o novo texto constitucional manteve os princípios fundamentais herdados do modelo montado após a Revolução de 1930, preservando o voto obrigatório e a representação proporcional. A adoção de dois turnos nas eleições majoritárias mais importantes foi a única inovação significativa. Os detalhes que regulariam as eleições sob a democracia foram deixados para o legislador ordinário, para serem decididos depois da Constituinte.

O capítulo 3 descreve o início do jogo democrático para valer, cujo principal marco foi a eleição presidencial de 1989, a primeira em regime direto em três décadas. Como pano de fundo, a inflação saía do controle, deteriorando ainda mais as péssimas condições de vida da população deixadas pela ditadura. Incapaz de resolver as terríveis mazelas daqueles anos, Sarney se tornara uma figura politicamente tóxica. Não surpreende que passaram para o segundo turno dois candidatos que se apresentavam como *outsiders*, viabilizando-se pela crítica ao presidente: o governador de Alagoas Fernando Collor de Mello e o petista Luiz Inácio Lula da Silva. Collor ganhou o segundo turno por uma margem apertada, ajudado por tramoias que fizeram do pleito uma disputa bastante suja. Consistentemente com suas radicais promessas de campanha, o presidente deu posse a ministros sem filiação partidária, encenando uma posição altiva com relação ao Congresso. Para completar o quadro, nos primeiros dias de governo, o novo mandatário baixou um plano econômico draconiano que incluía um inédito confisco de aplicações financeiras. O Plano Collor falhou e, cada vez mais frágil, o presidente começou a abrir mão de sua altivez inicial, ampliando a participação de partidos de centro e direita em seu ministério. Mas o apoio político que Collor ainda detinha se esvaiu quando ele se viu engolfado por denúncias de corrupção. Isolado politicamente, em 1992, o primeiro presidente eleito de forma direta da Nova República perdeu seu mandato em razão de um processo de *impeachment*. Seguindo a Constituição, o vice-presidente Itamar Franco assumiu o posto.

O *impeachment* de Collor veio com uma enorme frustração. Acresciam-se ao mal-estar geral os descréditos de sucessivos planos econômicos que fracassavam em controlar a inflação. Diante de tantos desafios, Itamar tentou montar um governo de reconstrução nacional, escolhendo ministros filiados a partidos das mais diversas posições ideológicas. Inicialmente, a colcha de retalhos mostrou-se inoperante na economia, até que o tucano FHC assumiu a Fazenda para montar a equipe do Plano Real, o qual, finalmente, daria fim à inflação descontrolada. Foi graças ao sucesso do plano que FHC, um senador até então pouco conhecido pelo grande público, ganhou a corrida presidencial de 1994.

As duas presidências de FHC são o tema do capítulo 4, que tem como subtítulo "a modernização do atraso". Conceito repetido ao extremo na década de 1990, a "modernização" constituía-se no grande objetivo dos governos FHC, ao menos ao nível do discurso. Curiosamente, porém, o próprio presidente admitia administrar o atraso político que era o Brasil de então. FHC governava com lideranças do PFL, políticos conservadores que estavam no poder desde a ditadura, a quem cabia uma boa dose de culpa pelas mazelas sociais e econômicas do país. Mas o presidente entendia ser necessário aliar-se ao "atraso" para promover a tal modernização. A estratégia, de fato, se não inteiramente bem-sucedida, surtiu algum efeito: FHC viu aprovado praticamente tudo que enviou ao Congresso durante seu primeiro mandato. Entram na lista reformas que transformaram a economia, abrindo-a ao capital internacional, e o Estado, que passou por um significativo processo de privatização. De quebra, os parlamentares aprovaram a emenda da reeleição, permitindo ao presidente concorrer a um segundo mandato em 1998, quando FHC derrotou Lula pela segunda vez.

Crises econômicas, com o desemprego nas alturas, e embates na base aliada desestruturaram a segunda presidência de FHC. As desavenças políticas tinham por pano de fundo a sucessão presidencial de 2002, isso é, a definição do candidato da coligação de centro-direita que enfrentaria Lula. As condições estavam dadas para a derrota do PSDB: o Brasil vivia uma ressaca do Plano Real, o Planalto não mais contava com uma base parlamentar e a aprovação de FHC encontrava-se no chão. Tirando proveito desse cenário, a cúpula do PT soube dosar seu discurso, atraindo apoio do centro para, finalmente, após três derrotas consecutivas, eleger Lula presidente.

Os oito anos em que Lula ocupou o Planalto são o tema do capítulo 5. Sua posse foi um evento verdadeiramente histórico: pela primeira vez, um líder popular de origem humilde tornava-se o mandatário máximo do país. Do ponto de vista estritamente político-partidário, a entrega de faixa de FHC a Lula não era menos inédita: um partido de esquerda assumia a Presidência pelo voto, tudo sem sobressaltos ou temores de golpe. A democracia brasileira mostrava-se madura o bastante para assimilar aquela singular mudança, na qual um grupo originalmente alheio ao *establishment* político chegou ao poder por meios pacíficos. O capítulo se inicia com a história do PT, desde sua formação em 1980, quando a legenda surgiu como um fato verdadeiramente singular na política nacional. Tal peculiaridade histórica petista ajuda a ressaltar o ineditismo da transição de 2002.

Uma vez no poder, o PT teve que rever uma de suas antigas características: uma marcante nebulosidade ideológica, com discursos propositalmente incoerentes e imprecisos que permitiam à legenda acolher várias tendências distintas entre si, bem como atrair o voto de eleitores tanto alinhados com a esquerda quanto mais próximos ao centro. Uma coisa é fazer campanhas e promessas, outra é governar, materializando tais juras em políticas públicas. Coube à cúpula petista próxima a Lula ditar o rumo da nova administração, pautando-a pelo pragmatismo. Em um primeiro momento, o governo intensificou as políticas econômicas ortodoxas aplicadas por FHC. No trato com o Congresso, o PT penou para vertebrar uma coalizão partidária capaz de dar suporte ao governo. Essa dificuldade culminou no escândalo do Mensalão, quando membros da base parlamentar revelaram à imprensa a existência de um esquema de corrupção montado para que deputados apoiassem o Planalto. Do dia para a noite, o PT viu ruir sua imagem de partido ético, diferente dos demais, cultivada desde sua fundação.

Para a surpresa de muitos, a despeito das crises políticas vividas em seu primeiro governo, Lula reelegeu-se presidente em 2006 com um vistoso resultado entre os eleitores mais pobres. O sucesso de programas sociais como o Bolsa Família havia reconfigurado o mapa eleitoral brasileiro, com o Nordeste tornando-se reduto petista, enquanto o Sul e São Paulo tendiam para o PSDB. A reeleição de Lula também reconfigurou o quadro político partidário nacional. Sob o comando do futuro presidente Michel Temer, o PMDB aderiu de vez ao governo Lula. Ganhava então corpo a coligação PT-PMDB que elegeria a chapa Dilma-Temer em 2010 e 2014.

O capítulo 6 fecha o livro ao tratar dos dois governos Dilma, um mandato inteiro e outro interrompido pelo *impeachment* de 2016. O capítulo se inicia explicando as causas da ascensão da economista, que até a posse de Lula era uma obscura técnica do governo do Rio Grande do Sul. A inflexão dessa trajetória coincide com o escândalo do Mensalão, quando Dilma assumiu a Casa Civil, prometendo uma gestão menos política e mais técnica. Curiosamente, seu trunfo era nunca ter se submetido a eleições na vida, o que lhe qualificava como uma petista alheia ao esquema denunciado no escândalo do Mensalão e em seus desdobramentos, um terremoto que levou de roldão lideranças históricas do partido.

Uma vez no Planalto, após vencer seu primeiro pleito, Dilma promoveu uma "faxina", demitindo ministros implicados em investigações de corrupção. A estratégia surtiu efeito e permitiu que a presidente buscasse afirmar sua independência, afastando-se de Lula, seu padrinho político. Entretanto, a popularidade do governo desabou repentinamente em meio às manifestações de 2013. O combate à corrupção logo tornou-se o grande tema das ruas, fazendo com que Dilma lançasse mão de sua imagem ética para tentar se reerguer. A presidente deu força política e institucional ao Ministério Público, sancionando leis que permitiriam o surgimento da Lava Jato, cujos propósitos não deixaram de contar com sua simpatia. Dilma apostou que seria capaz de ganhar apoio e votos ao encampar a bandeira contra a corrupção. Foi um erro político crasso, pago ao ser deposta da Presidência por meio de um processo de *impeachment*. Sem dúvida alguma, a recessão gerada pela política econômica de seu primeiro governo contribuiu para a abreviação de seu segundo mandato; mas tratava-se de uma condição necessária, não suficiente para o *impeachment*.

Acossados pela Lava Jato, caciques do centro e da direita acertaram a substituição de Dilma por Temer, acreditando que o novo governo imporia limites à frenética ação dos investigadores. Deu tudo errado. Temer foi engolfado pelas investigações, aprofundando a crise política que destruiu o PSDB, PMDB e o União Brasil (novo nome do PFL), partidos que haviam liderado o *impeachment* de Dilma e apoiavam Temer. A derrocada da centro-direita abriu espaço para que Jair Bolsonaro, um político confessadamente saudoso da ditadura e abertamente contrário às conquistas e avanços da Nova República, vencesse a eleição presidencial de 2018. É evidente o contraste gritante com o cenário político anterior: a busca de acordos e soluções consensuais deu lugar à intolerância e à radicalização. Mas esses são assuntos demasiadamente recentes para serem narrados em uma obra de história contemporânea, apesar de o epílogo deste livro fazer-lhes uma breve menção.

* * *

Este livro foi escrito com base em uma vasta gama de fontes primárias — como projetos de lei e notícias de jornais — e secundárias — a bibliografia especializada, que detalha diversos temas da história política recente do Brasil. Algumas fontes foram especialmente importantes. Entre as fontes primárias, deve-se destacar o portal do Poder Legislativo, depositário de informações sobre todos os projetos apreciados pelo Congresso, bem como das votações que determinaram suas aprovações ou rejeições.

Com relação à literatura secundária, uma série de livros são fundamentais para o entendimento da Nova República, alguns dos quais se destacam. Serviram de referência para o capítulo 1 as obras de Skidmore (1988), Aarão Reis (2014), Sallum (1996), Stepan (1986) e os dois últimos livros da coleção sobre a ditadura de Elio Gaspari. O recorte temporal dos demais capítulos conta com uma literatura mais exígua. Costa Pinto (2019), Sallum (2015) e Conti (1999) são as principais referências sobre o governo Collor e, por tabela, as eleições de 1989. Já Figueiredo e Limongi (2001), Sallum, Graeff e Martins (1986) e Lamounier (1990) dão a tônica da interpretação sobre o funcionamento do sistema político que então surgia. A narrativa do capítulo 4 deve muito aos vastíssimos *Diários da Presidência*, transcrições de fitas que FHC gravava cotidianamente enquanto ocupou o poder. Por ter sido o principal ator político do período, FHC é uma valiosíssima fonte de fatos e interpretações, ainda que seja necessário levar em conta o viés inerente ao presidente. Os *Diários* foram, portanto, utilizados com os devidos cuidados históricos. Uma recente literatura sobre o PT serviu de base para o capítulo 5; a lista inclui Rocha de Barros (2022), Borges (2022) e Ribeiro (2021). Entretanto, essas obras concentram-se na história do partido e nos primeiros anos do governo Lula, deixando em aberto a difícil tarefa de se interpretar os acontecimentos seguintes por meio de fontes primárias. Por fim, o capítulo 6 é baseado em Limongi (2023), o trabalho recente de um dos autores deste livro. Com exceção desta última fonte, todas as demais referências foram utilizadas parcialmente, com distanciamento, deixando margem para dissonâncias interpretativas com a narrativa aqui apresentada.

À guisa de último aviso, deve-se ressaltar que este livro propõe um recorte geral, capaz de descrever sucintamente a história político-partidária da Nova República como um todo, sem se aprofundar demasiadamente em questões, períodos e personagens específicos. O objetivo desta obra é descrever como partidos ganharam eleições presidenciais, como presidentes montaram seus governos e quais foram os turbilhões de crises e desafios enfrentados por suas administrações. De quebra, o leitor conhecerá a história dos principais líderes e partidos políticos da Nova República, suas origens, idiossincrasias e reviravoltas. Antes de mais nada, este volume é um guia introdutório da política recente do Brasil. Trata-se de um livro de história; optou-se em restringir o uso da extensa literatura de ciência política na interpretação dos fatos. Esperamos que as próximas páginas sejam úteis tanto para aqueles que buscam se informar sobre o passado, a fim de melhor acompanhar o debate político atual, quanto a alunos de ciências sociais, história e economia que queiram posteriormente se aprofundar na literatura especializada.

1. De Geisel a Sarney: a lenta, gradual e titubeante abertura democrática

No período de transição *já* não havia ditadura, mas *ainda* não existia uma democracia. (*Aarão Reis, 2014:95*).

Não se faz política sem vítimas. (*Tancredo Neves*)

O meu gabinete no Planalto já é uma quinta: a quinta dos infernos. (*José Sarney*)

INTRODUÇÃO

A redemocratização foi um processo lento, marcado por embates radicalizados, surpreendentes acordos e defecções, além de uma boa dose de imprevistos. Este capítulo apresenta os principais personagens e partidos responsáveis pelo processo de abertura. O leitor se familiarizará com o panorama político da virada da década de 1980. Trata-se de um conhecimento necessário para se compreender o desdobramento da política partidária verificado nas décadas seguintes, o tema do restante deste livro.

A abertura se iniciou no governo do general Geisel, prosseguiu tortuosamente e se concretizou sob Figueiredo, o último dos ditadores. Figueiredo mostrou-se fraco e politicamente inábil, inerme ante a terrível crise econômica que culminou no calote da dívida externa e empurrou a inflação anual para a casa dos milhares. O segundo livro desta coleção analisará a crise da dívida da década de 1980. A narrativa das páginas seguintes se concentra na formação do arranjo político que conduziu o Brasil à abertura. Não foi Figueiredo o principal personagem da redemocratização, longe disso. Coube ao senador e governador mineiro Tancredo Neves costurar o acerto que o elegeria — indiretamente — o primeiro presidente civil em mais de duas décadas. Tancredo morreu sem tomar posse, deixando a Presidência para o seu vice, José Sarney, um político que apoiou o Regime Militar. Iniciava-se desta forma a Nova República, com um presidente postiço, guindado ao poder pela diverticulite que matou Tancredo Neves.

Mas a transição para a democracia, em que pese suas idas e vindas e resultados acidentais, foi plena e efetiva. Os militares retornaram aos quartéis e suas lideranças mais radicais, aguerridas à repressão e à violência, submergiram politicamente por décadas. O ressurgimento de militares na cena política, em meio à crise que marcou o governo Dilma e desaguou na eleição de Bolsonaro, não deve ser atribuído ao caráter negociado da transição da virada dos anos 1980.

A LENTA, GRADUAL E TITUBEANTE ABERTURA

O sistema político-partidário da Nova República nasceu durante o governo Ernesto Geisel (1974-79), ainda sob a ditadura militar. No mesmo ano em que assumiu a Presidência, Geisel anunciou uma abertura "lenta, gradativa e segura", na qual a participação política da sociedade seria progressivamente tolerada, mas sempre sob o controle do governo (Gaspari, 2004:488). O principal arquiteto da vagarosa distensão foi o general Golbery do Couto e Silva, ministro-chefe do Gabinete Civil. Para Geisel e Golbery, a redemocratização era uma retirada, "uma das operações mais complicadas e delicadas" que jovens cadetes estudam em seus manuais de guerra (Aarão Reis, 2014:73). A abertura era necessária na preservação da disciplina e hierarquia militar, as quais estavam ameaçadas pelo aparelho repressor do Regime, como se verá adiante. Mas os generais não queriam deixar rastros (Stepan, 1986: cap. 3). Se voltassem à caserna, teriam que primeiro isolar o risco de se verem obrigados a responder pelos desmandos e crimes cometidos na ditadura, como torturas e assassinatos. A dupla de generais almejava uma "normalização institucional", com o retorno de civis ao poder, mas desde que estes fossem orientados pelos "ideais da revolução de 1964", comprometidos com a ordem conservadora e autoritária imposta pelo Regime Militar.[1] Geisel era conivente com a violência do Regime, relatando em áudio que "esse troço de matar é uma barbaridade, mas tem que ser" ("Negócio..., 2024). No entanto, para todos os efeitos, foi em seu governo que se iniciou a abertura.

Opunham-se à redemocratização os linha-dura, militares favoráveis à continuação do estado de exceção promovido pelos governos anteriores, presididos pelos generais Artur da Costa e Silva (1967-69) e Emílio Garrastazu Médici (1969-74). Costa e Silva havia baixado o Ato Institucional nº 5 (AI-5) para suspender garantias constitucionais, dando início aos anos de chumbo e fazendo do Regime uma "ditadura escancarada".[2] Com amplos poderes autocráticos, Médici promoveu e saiu vitorioso da "guerra" contra os movimentos armados de esquerda, em meio à qual os linha-dura construíram um aparelho repressivo forte o suficiente para influir no jogo político interno do Regime. Já Geisel e Golbery pertenciam a outra ala das Forças Armadas, conhecida por "castelista", em referência à facção militar liderada pelo marechal Humberto Castelo Branco (1964-67), o primeiro presidente da ditadura.[3] O intento inicial de Castelo Branco era uma intervenção militar curta e cirúrgica, um projeto tão ambicioso quanto inexequível. Com a guinada à direita promovida por seu sucessor, o general Costa e Silva, a facção identificada com Castelo foi relegada a segundo plano durante os "anos de chumbo", até Geisel tomar posse em 1974 (Skidmore, 1988:52).

Ao propor a abertura, Geisel expunha-se ao risco de uma segunda virada de mesa dos militares linha-dura, ao arrepio da hierarquia militar. O aparato repressor do "porão" — ou a "tigrada", referência genérica aos torturadores da ditadura — poderia insurgir, tentando impor-se ao governo e aos políticos que apoiavam a abertura patrocinada pelo presidente. Os linha-dura tinham uma visão negativa da classe política, incluindo até mesmo aqueles que apoiavam o Regime. Sua rejeição aos políticos

1. Sallum (1996:22, 23). Segundo Stepan (1986), a realização de uma abertura ordeira era a prioridade de Golbery desde os tempos do Golpe de 1964.
2. O termo dá nome ao segundo volume da coleção de Elio Gaspari sobre o Regime Militar. Ver Gaspari (2002).
3. O grupo também era conhecido como a Sorbonne por sua ênfase na formação e treinamento em academias militares. Ver Stepan (1986: cap. 11).

da situação só era menor que a dispensada aos esquerdistas, todos vistos como comunistas. Refletindo essa orientação, durante a presidência Costa e Silva, o governo impôs gestores militares e tecnocratas às administrações estaduais, à revelia dos governadores, gerando insatisfação por parte de elites locais que haviam apoiado o golpe de 1964 (Abrucio e Samuels, 1997).

A despeito desse conflito no seio do Regime Militar, Geisel e Golbery avaliavam que aquela era a hora de abrir. A guerrilha havia sido desbaratada. A repressão havia isolado o "perigo terrorista", o que punha em xeque a razão de ser do regime de exceção. A economia havia experimentado anos de "milagre", com altas taxas de crescimento. O momento parecia favorável para o retorno seguro dos militares à caserna. Para os generais que ocupavam o Planalto, tudo indicava que a abertura ocorreria com apoio do eleitorado e desmobilização da linha-dura — justamente o oposto do que ocorreu, como se verá no restante desta seção (Cruz e Martins, 1983).

As eleições legislativas de 1974, a primeira sob Geisel, são o marco inicial do processo de abertura, apesar de as regras políticas da ditadura ainda estarem valendo. Apenas dois partidos existiam oficialmente: a Arena, favorável ao Regime, e o MDB, a única concessão dos militares à oposição no jogo político-partidário oficial. As eleições para governadores eram indiretas, realizadas pelas Assembleias Estaduais, todas as quais estavam sob o controle da Arena, com a única exceção da Guanabara. A novidade em 1974 foi a liberdade com que o pleito se desenrolou. Permitiu-se ao MDB usar o Horário Gratuito de Propaganda Eleitoral para criticar o governo. Polícia e Exército não promoveram as "gaiolas" que haviam marcado as eleições anteriores, com detenções em massa de opositores antes dos dias de votação. Geisel e Golbery queriam mostrar à linha-dura que a censura e a repressão teriam se tornado obsoletas, desnecessárias, que a Arena venceria sem precisar restringir a atuação da oposição nem coibir os eleitores. Na visão da dupla, os militares já haviam cumprido sua missão; aquela era a ocasião oportuna para preparar o retorno dos civis ao poder.

O eleitorado, entretanto, não se comportou como previsto por Geisel e Golbery. Foi decisiva a longa e não censurada propaganda eleitoral, que durou 45 dias, com duas horas diárias, igualmente divididas entre os dois partidos. Com o desenrolar da campanha, as eleições assumiam caráter plebiscitário: aos eleitores cabia se posicionar contra ou a favor da ditadura, votando no MDB ou na Arena — não havia mais opções.[4] O MDB ganhou a maioria das cadeiras em disputa no Senado, aumentando sua bancada de sete para 20 senadores, enquanto o número de arenistas caía de 59 para 46. Na Câmara, a oposição passou de 87 para 165 deputados. Nem o mais entusiasmado emedebista esperava tão bom resultado. Se tomada como um plebiscito, a manifestação do eleitorado era inequívoca: o governo militar não contava com o apoio da população. É certo que a Arena manteve a maioria simples no Plenário, mas sua bancada encolheu para 54% da casa, bem abaixo dos dois terços necessários para se aprovar revisões constitucionais (Skidmore, 1988:337).

Ganhava impulso na sociedade a mobilização contra a ditadura, com o ressurgimento de manifestações estudantis, o ativismo em jornais de oposição e uma onda de greves no ABC paulista. A Ordem dos Advogados do Brasil (OAB) e a Igreja Católica cumpriam um importante papel, denunciando os crimes da ditadura. Lideranças emedebistas tornaram-se ponta de lança nesta crescente luta pacífica contra o Regime Militar. O deputado paulista Ulysses Guimarães destacou-se ao lançar-se anticandidato na "eleição" presidencial na qual o Congresso confirmou Geisel para o Planalto. O MDB ganhou tração a partir de então, acrescido ainda por políticos do Partido Comunista Brasileiro (PCB) que apostaram no processo eleitoral como caminho da abertura. Ao invés de entrarem na luta armada, os comunistas do "partidão" engrossaram as fileiras do MDB para disputar cadeiras parlamentares em 1974.

Surgia um paradoxo: diante da expansão da oposição, fruto do começo da distensão, Geisel teria que se valer dos direitos autocráticos garantidos pelo AI-5 para aprovar novas leis, inclusive as desenhadas para abrir o Regime. O governo não mais detinha a maioria parlamentar necessária para mudar a Constituição da ditadura. Enquanto isto, do lado de fora dos palácios de Brasília, a sociedade ameaçava dar ao MDB o protagonismo da redemocratização.

4. Cardoso e Lamounier (1978).

O presidente Geisel viu-se espremido em uma batalha em dois flancos. À esquerda, enfrentava uma oposição parlamentar fortalecida pela vitória eleitoral e pela mobilização na sociedade; à direita, havia o recrudescimento da linha-dura que transbordava dos quartéis. Para a linha-dura, o resultado do pleito de 1974 era a prova cabal da persistência do perigo comunista no Brasil, com agentes vermelhos dominando o MDB e Moscou financiando sua campanha (Gaspari, 2004:25). Enquanto o MDB pressionava para acelerar o passo da transição, ameaçando que ela escapasse das mãos do governo, a "tigrada" desferiu uma nova onda repressiva mirando organizações clandestinas de esquerda que não haviam aderido à luta armada. Um exemplo era o ilegal, porém pacífico, PCB. Os assassinatos do jornalista Vladmir Herzog e do operário Manoel Filho, ambos executados em instalações carcerárias do Regime, são exemplos da brutalidade do período. De acordo com dados da Comissão da Verdade, o ano de 1974 — quando os militares derrotaram a guerrilha do Araguaia, colocando um fim à luta armada das esquerdas — foi o mais sanguinário da ditadura: 61 pessoas foram mortas ou "desaparecidas", quase o dobro da cifra verificada em 1970, logo após a promulgação do AI-5 (Brasil, 2024). Trata-se de outro paradoxo: a repressão matou mais justamente quando o governo decidiu abrir o sistema político. E a violência continuou nos anos seguintes, quando vários esquerdistas desarmados foram vitimados.

Diante da combatividade do MDB e da violenta reação da linha-dura, Geisel governou dando uma no cravo e outra na ferradura: ora mantinha a repressão sobre a oposição, ora fazia avançar a abertura. Em alguns momentos, o presidente esteve a ponto de perder o controle sobre o processo no interior da corporação militar. Seu objetivo premente era fazer o sucessor, garantir que o general a ser "eleito" presidente em 1979 estivesse comprometido com a continuidade da devolução lenta e controlada do poder aos civis. Os resultados das eleições legislativas de 1978 eram cruciais, pois dela sairiam os integrantes do Colégio Eleitoral incumbidos de escolher o novo mandatário. Para o Planalto, as surpresas da eleição anterior não poderiam voltar a ocorrer.

A fim de evitar uma nova expansão do MDB, o governo baixou a Lei Falcão, assim nomeada pela associação com quem a escreveu, o então ministro da Justiça Armando Falcão. A lei reduziu o horário eleitoral à mera e enfastiante exibição de fotos e currículos dos candidatos. O governo nem sequer escondeu ou procurou disfarçar o que pretendia: tolher a campanha da oposição, limitando sua capacidade de criticar o Regime. Em seguida, Geisel fechou momentaneamente o Congresso antes de baixar o Pacote de Abril de 1977, um conjunto de decretos que, entre outras arbitrariedades, introduziu a figura do senador biônico, eleito indiretamente pelo Colégio Eleitoral, e estendeu o mandato presidencial de cinco para seis anos.

Não obstante a censura imposta pela Lei Falcão, as eleições voltaram a assumir um caráter plebiscitário de julgamento da ditadura. Repetiu-se o que havia se dado em 1974: o voto na oposição foi majoritário nos centros urbanos e entre os mais pobres. A base de apoio ao Regime se concentrava nas zonas rurais e entre os mais ricos. A continuar dessa forma, dadas as transformações sociodemográficas pelas quais o país passava, com rápida urbanização, a sobrevivência eleitoral do Regime estava seriamente ameaçada.[5] A preponderância e a força do voto oposicionista nas cidades e, sobretudo, entre os mais pobres pareciam confirmar a tese da inviabilidade eleitoral da direita no Brasil.[6] O crescimento do MDB, portanto, era visto como um fenômeno maior do que uma ameaça ao Regime Militar: sinalizava que a direita não teria vida confortável com o retorno à democracia. Deixando de lado o longo prazo e valendo-se do arsenal ditatorial do qual dispunha, Geisel tratou de garantir o controle do Colégio Eleitoral que elegeria seu sucessor; era o que mais importava ao governo de imediato na condução daquela errática e cerceada abertura.

No *front* militar, Geisel agiu para conter a linha-dura ao demitir seu ministro do Exército, o general Silvio Frota. Era uma medida tanto inédita quanto arriscada, haja vista o poder de fogo do cargo. Contrário à abertura e reativo ao "perigo comunista", Frota colaborava com a direita do Regime a fim de se candidatar à sucessão presidencial, em oposição a um eventual candidato de Geisel, o qual necessariamente seria comprometido com a distensão. A trama promovida pelo ministro não passou

5. Para uma interpretação presciente da relação entre a abertura e os resultados eleitorais, consultar Lamounier (1990).
6. Tese formulada originalmente por Soares (1973: cap. 9).

despercebida no Planalto, cujos ocupantes a consideravam uma grande ameaça. Como explicou o presidente, apenas "depois de tirar o Frota nós vamos caminhar para a abertura" (CBN, 2024). Mas tudo deveria ser feito com o devido cuidado a fim de se evitar mais um golpe dentro do golpe, a exemplo do que se passara com o AI-5 em 1969. Após garantir o apoio da cúpula militar e anular a influência da malta de repressores insatisfeitos reunidos em torno de Frota, na qual figuravam personagens como o torturador Carlos Brilhante Ustra, Geisel finalmente demitiu seu ministro do Exército. Ao invés de tentar um contragolpe, Frota saiu de cena, deixando órfãos os militares radicais. Abria-se então o caminho para que Geisel impusesse seu sucessor, o general João Baptista Figueiredo, chefe do Serviço Nacional de Informação (SNI), próximo a Golbery e ao próprio presidente. Figueiredo foi então "eleito" pelo Colégio Eleitoral para presidir o governo por seis anos, tempo mais do que suficiente para que os militares preparassem sua saída "honrosa" do poder.

No final de 1978, já com a presidência de Figueiredo garantida, Geisel permitiu que o AI-5 fosse revogado. O ditador finalmente desarmou a prerrogativa autocrática de que se valera até então. Era o fim das prisões políticas e da censura à qual a imprensa estava submetida. A revogação do AI-5 foi fundamental na reorganização política do país, rumo a um sistema democrático.

No entanto, o novo presidente deixava dúvidas quanto à sua capacidade de liderar o processo de redemocratização. Nas palavras do historiador Aarão Reis, Figueiredo era "um homem *secreto*, cujo prestígio era diretamente proporcional ao que não fizera" (Aarão Reis, 2014:164). Provavelmente por esse motivo, Golbery se manteve no Gabinete Civil; para todos os efeitos, caberia ao antigo castelista comandar e levar a termo a abertura. Figueiredo assumia a face simpática do processo: até há pouco taciturno, flagrado sempre de óculos escuros, o novo presidente foi o único ditador brasileiro cuja foto oficial estampava um sorriso. Mas os maneirismos truculentos do novo mandatário não passavam despercebidos. Após tomar posse, Figueiredo declarou que "é para abrir mesmo. E quem quiser que não abra, eu prendo. Arrebento. Não tenha menor dúvida" ("É para…, 1978). O evidente contraste entre forma e conteúdo de tal sincero palavreio ilustra o tortuoso caminho trilhado por Geisel e seus aliados, entre autoritarismo e distensão.

A despeito do estilo marcial de Figueiredo, seu governo de fato iniciou-se promovendo a abertura. Alguns meses após a troca de presidentes, o Congresso aprovou a Lei de Anistia que, até certo ponto, valia tanto para a esquerda quanto para a direita. Aos esquerdistas, a lei permitiu que exilados voltassem ao país para participar da formatação do novo regime que estava a ser criado. Era o caso de políticos de peso, como os ex-governadores Leonel Brizola e Miguel Arraes, que haviam sido cassados e expulsos do Brasil pela ditadura. Combatentes exilados também puderam retornar do exterior, a exemplo do antigo líder comunista Luís Carlos Prestes e do jornalista, ex-guerrilheiro e futuro deputado Fernando Gabeira. Do lado da repressão, a anistia livrava os torturadores e assassinos do Regime da ameaça de punições pelos crimes que haviam cometido.

Contudo, deve-se ressaltar que a Anistia foi mais generosa à "tigrada" do que aos membros da luta armada. Os agentes da repressão sequer tiveram seus delitos explicitamente reconhecidos: o texto se limitava a anistiar crimes "conexos", um eufemismo das barbaridades cometidas pelo Regime. Do outro lado, vedou-se explicitamente a liberdade aos presos políticos implicados em sequestros e homicídios. O próprio Figueiredo ressaltava essa iniquidade, declarando-se contrário à libertação dos "terroristas" condenados pela Justiça Militar. O MDB foi, por esses motivos, bastante reticente ao texto apresentado pelo governo. Além de criticar o perdão aos torturadores, a oposição exigia uma anistia "ampla, geral e irrestrita", que incluísse a libertação de todos os guerrilheiros postos atrás das grades. O governo não cedeu e o Brasil seguiu com presos políticos por mais alguns anos, muito embora a maioria tenha sido libertada logo em seguida. A Anistia foi aprovada por aclamação, em sessão tumultuada, com parlamentares emedebistas protestando e as galerias do Plenário vaiando os governistas. Mesmo se os votos tivessem sido contados, porém, a maioria simples da Arena teria garantido a aprovação da lei.

A Anistia foi um exemplo de abertura minuciosamente desenhada pelo Regime, que sofria pressão da sociedade, mas era forte o bastante para impor sua vontade à oposição. Um dos principais objetivos de Geisel e Golbery havia sido alcançado: de acordo com a nova lei, os militares não seriam julgados por civis. A fim de garantir esse resultado, restava preparar o terreno para que moderados e conservadores — e não a esquerda — formassem o primeiro governo civil. Para tanto, Golbery entendia ser fundamental pôr fim ao caráter plebiscitário das eleições. Se os eleitores continuassem manifestando-se contra ou a favor do Regime toda vez que fossem às urnas, um esquerdista como Leonel Brizola poderia ser eleito presidente na eventualidade de se impor como cabeça de chapa da oposição após voltar do exílio. Era um risco alto demais para ser sequer considerado pelos militares. Isolar esse perigo esquerdista passava, portanto, por estilhaçar a oposição em vários partidos, desmontando a frente antirregime na qual o MDB havia se transformado.

Foi com o intuito de esvaziar o MDB que, em 1979, o governo promoveu uma reforma política que abolia o bipartidarismo. As duas legendas existentes foram rebatizadas: a Arena passou a se chamar Partido Democrático Social (PDS) e o MDB se tornou, para o desalento de Golbery e colegas de Planalto, o Partido do Movimento Democrático Brasileiro (PMDB). Ao contrário das expectativas do velho general, a frente de oposição não apenas manteve-se unida, como conservou a denominação de "movimento democrático". Os peemedebistas lograram preservar, assim, sua força eleitoral, ampliando suas chances de chegar ao poder por meio das urnas (Skidmore, 1988:428, 441). A formação do PMDB foi umas das muitas derrotas políticas colecionadas pelo governo Figueiredo. Para além do retorno formal do país ao multipartidarismo, a reforma de 1979 definiu o retorno das eleições diretas para os governos estaduais. Além disso, a fim de dar o devido tempo para que os novos partidos se organizassem, a reforma suspendeu as eleições municipais de 1980, estendendo os mandatos dos prefeitos em exercício. Deste modo, a eleição programada para 1982 ganhou um caráter inédito e crucial, representando um passo decisivo no retorno do país à normalidade institucional.

Parte da esquerda acabou deixando o PMDB. Alguns se juntaram a Brizola, em seu Partido Democrático Trabalhista (PDT). Uma manobra legal do governo impediu que Brizola assumisse a velha legenda de Vargas e Goulart, o Partido Trabalhista Brasileiro (PTB), sigla que ficou com a direitista Ivete Vargas, parente do ex-presidente (Aarão

Reis, 2014:104). Mas de todo modo era admirável que Brizola, um anátema do Regime Militar, pudesse criar um partido político. Ainda mais surpreendente foi a fundação do Partido dos Trabalhadores (PT) por parte de lideranças sindicais que haviam desencadeado uma grande onda de greves no ABC paulista. Também integravam o novo partido membros de movimentos sociais de base ligados à Igreja Católica, em uma história que será tratada mais a fundo no capítulo 4.

Mas a principal aposta de Golbery no processo de abertura foi fortalecer o senador e futuro presidente eleito Tancredo Neves, um experiente e calejado político mineiro que tinha a vantagem de ser, ao mesmo tempo, conciliador, democrata e conservador. Egresso do antigo Partido Social Democrático (PSD), a principal legenda de centro anterior ao Regime Militar, Tancredo havia presidido o Conselho de Ministros entre 1961 e 1962, durante a curta experiência parlamentarista instituída para tolher os poderes do presidente João Goulart. Tancredo havia desempenhado à época uma função parecida com a sugerida por Golbery na virada dos anos 1980: montar um governo centrista em um período politicamente instável, marcado pelo temor da expansão da esquerda. Com o apoio do governo Figueiredo, o senador deixou o PMDB para fundar o Partido Popular (PP), talhado para servir de alternativa à centro-esquerda, supostamente capaz de atrair os conservadores do PMDB e costurar alianças com setores da Arena identificados com a abertura e, portanto, menos afinados com a linha-dura. Tancredo explicou sua escolha pelo PP nos seguintes termos: "para a esquerda eu não vou. Não adianta empurrar" (Fraga, 2017). O PP, por questões a serem detalhadas adiante, não deslanchou. Entretanto, no final das contas, Tancredo acabou desempenhando justamente o papel que Golbery lhe havia reservado.

DE CASUÍSMOS ELEITORAIS À INUSITADA CHAPA TANCREDO-SARNEY

Como ressaltado anteriormente, os linha-dura saíram a campo para inviabilizar a abertura. A "tigrada" mantinha-se em atividade subterrânea, enviando cartas-bomba a seccionais da OAB, jogando explosivos em bancas de jornais que vendiam periódicos de esquerda, atacando sindicatos e fazendo prisões políticas arbitrárias. O ponto culminante dessas ações se deu em 1981, quando uma bomba explodiu no colo do sargento Guilherme Pereira do Rosário, em um carro estacionado no Riocentro, onde movimentos de esquerda promoviam um show em comemoração ao Dia do Trabalho. Incapaz de punir seus colegas de farda, o presidente Figueiredo protegeu os mentores do atentado do Riocentro, bem como os demais linha-dura que praticavam outros atos de terrorismo. Figueiredo mostrou que não era Geisel. Golbery não engoliu o recuo e demitiu-se da Casa Civil. Assumiu o cargo João Leitão de Abreu, que ocupara o mesmo posto durante o repressor governo Médici (Gaspari, 2017:195-214).

A linha-dura, contudo, não tinha mais a força de antes. O escândalo do Riocentro foi seu canto de cisne. Chegou-se a uma solução de compromisso: os envolvidos nos atentados obtiveram a proteção do presidente, livrando-se de responder por seus atos criminosos, mas tiveram que aceitar sua derrota política. Os militares, e a direita por eles representada, passaram a jogar na defesa; seu único propósito era ganhar tempo, espichar sua permanência no poder. A linha-dura submergiu, abrindo caminho para a construção pacífica da Nova República. Seu discurso anticomunista, antipolítica tradicional e antidemocrático, marcadamente violento, só voltaria a ter ressonância na década de 2010, no contexto da crise política que estudaremos ao final deste livro.

A sucessão de Figueiredo, fundamentalmente, dependia dos resultados da eleição de 1982, pois nela se definiria a composição do Colégio Eleitoral a quem caberia eleger o novo presidente. Pensando nisso, Leitão de Abreu redesenhou a estratégia de Golbery, procurando meios pelos quais fosse possível assegurar ao PDS a maioria do Colégio Eleitoral. Como o mandato presidencial havia sido estendido para seis anos — pela reforma imposta por Geisel em 1977, como visto anteriormente —, a direita ficaria no poder pelo menos até 1991 — isto, claro, se a estratégia do Planalto desse certo.

A saída encontrada pelo ministro Leitão de Abreu foi mexer nas regras sob as quais as eleições de 1982 seriam disputadas. Em um verdadeiro zigue-zague casuístico, a mudança reverteu o sentido da reforma de 1979. Em vez de tentar estilhaçar o PMDB e fortalecer o centro, Leitão de Abreu buscou inflar a votação do PDS ao impor o voto vinculado. De acordo com a nova lei, só seriam contados os votos dados em um mesmo partido — isto em uma eleição geral, na qual todos os cargos estavam em disputa, com exceção da Presidência da República. O eleitor teria que escolher candidatos necessariamente filiados à mesma legenda, do prefeito ao governador, do vereador ao senador. O PDS levava clara vantagem por ser a única legenda com candidatos a prefeito e vereador em todos os municípios do país. Partidos sem implantação local, com poucos candidatos ao nível municipal, praticamente ficaram de fora da disputa. Mesmo assim, PTB, PDT e PT apostaram na força de suas lideranças que disputariam os governos estaduais, iniciando um longo caminho de construção partidária. Tancredo Neves, por seu turno, decidiu dissolver o PP e retornar ao PMDB, ao se dar conta de que o plano arquitetado por Golbery havia sido abandonado. Ante o casuísmo do Planalto, a resposta das oposições, plenamente encampada pelas lideranças peemedebistas, era manter seu caráter de frente oposicionista. O sucesso da legenda e o retorno do poder a civis livres dos militares dependiam dessa união.

Do ponto de vista de seu objetivo maior, a formação do Colégio Eleitoral que escolheria o novo presidente, a estratégia desenhada por Leitão de Abreu foi bem-sucedida: o PDS elegeu 235 deputados e 15 senadores, o PMDB ficou com 200 cadeiras na Câmara e nove no Senado, ao passo que PDT, PTB e PT elegeram bancadas minúsculas. O Regime garantia, assim, maioria pedessista no Colégio Eleitoral. Contudo, o PDS sofreu derrotas importantes nas eleições diretas para governador. O partido elegeu os governadores de todo os estados do Nordeste. Fora daquele seu reduto, porém, só ganhou em Mato Grosso, Rio Grande do Sul e Santa Catarina. A oposição ficou com todos os outros estados, inclusive São Paulo e Minas Gerais, que elegeram os peemedebistas Franco Montoro e Tancredo Neves, respectivamente. Mas a grande surpresa foi a vitória de Brizola no Rio de Janeiro, o único governador eleito por um partido novo, o PDT.

A esmagadora vitória da oposição nos estados explica-se, em larga margem, pela profunda deterioração econômica e social daqueles anos. A economia enfrentava a crise da dívida externa, com recessão, aceleração inflacionária e séria deterioração das contas públicas. Terríveis índices sociais revelavam uma dura realidade e enfraqueciam o governo

Figueiredo e o Regime como um todo. Basta citar alguns dados registrados em meados da década de 1980 para se ter ideia da calamidade: quase metade da população vivia em situação de pobreza, e mais de 40% dessas pessoas encontravam-se em pobreza extrema, marcada pela fome; a expectativa de vida estava abaixo dos 60 anos, o equivalente ao verificado em países ricos no início do século XX e a dois terços do registrado no Brasil em 2022;[7] menos de 70% das residências contavam com água encanada, proporção que ficava em apenas 6% no interior do Nordeste (IMF Archives, 1989:30, 74). Os militares inventaram formas de se manter no poder, mas não tinham planos para enfrentar a crise política, econômica e social que haviam criado, comprometendo o futuro eleitoral da direita, dos políticos associados ao Regime.

A insatisfação perpassava classes sociais. Enquanto trabalhadores desempregados promoviam manifestações de rua no Rio de Janeiro e em São Paulo, a maioria dos empresários entrevistados pela revista *Exame* considerava o governo ruim ou péssimo. A crise econômica também ruía a autoridade do Executivo no Congresso: em 1983, pela primeira vez desde o começo da ditadura, os parlamentares derrubaram um decreto presidencial, que propunha reduzir reajustes salariais aos mais pobres. Entre os rebeldes estavam a maioria do PMDB e até mesmo alguns membros do governista PDS (Sallum, 1996:79-93). A crise econômica fortalecia a oposição nas urnas, a despeito dos malabarismos casuísticos promovidos pelo governo. O voto nas grandes cidades do Sudeste era francamente antirregime. Mesmo com força no Nordeste e no interior, os militares e o PDS não podiam ignorar os oposicionistas nos processos eleitorais que estavam por vir, cuja dinâmica poderia escapar do domínio governamental.

As eleições estaduais de 1982 deram força para que a oposição tentasse retirar do Colégio Eleitoral a prerrogativa de eleger o presidente da República indiretamente. A Emenda Dante de Oliveira — nome dado em homenagem ao deputado peemedebista que a protocolou — buscava restituir aos eleitores o poder de definir o mandatário máximo da nação,

7. Disponível em: https://www.who.int/data/gho/data/indicators/indicator-details/GHO/life-expectancy-at-birth-(years). Acesso em: 16 ago. 2024.

em voto direto. A possibilidade de mudar o sistema eleitoral fez com que, em 1984, milhões fossem às ruas nos enormes comícios das Diretas Já. O movimento se tornou uma ampla campanha pelo retorno imediato à democracia, com admirável peso popular nas grandes cidades, apoio de boa parte da mídia e palanques repletos de artistas e lideranças políticas da oposição. O povo mostrava que o Regime tinha seus dias contados: segundo relato de primeira mão, Geisel se declarou rendido ao assistir, pela televisão, a uma multidão estimada em mais de 1 milhão que pedia eleições diretas em São Paulo (Gaspari, 2017:277). Com a campanha das Diretas na rua, ficava claro o quanto a ditadura se tornara anacrônica (Sallum, 1996:101).

Em que pese a pressão popular, a Emenda Dante de Oliveira foi rejeitada na Câmara por apenas 22 votos. A direita se uniu para derrotá-la, mantendo seu poder de dar a palavra final sobre quem substituiria Figueiredo no Planalto — a maioria do PDS no Poder Legislativo mostrava ao que veio. Em recado tão claro quanto funesto, soldados do Comando Militar do Planalto cercaram o Congresso durante a votação (Sallum, 1996:103). O articulista político Carlos Castello Branco, à época um dos jornalistas mais influentes do país, autor de colunas diárias publicadas no *Jornal do Brasil* (não aparentado com o primeiro ditador do Regime Militar, diga-se de passagem), sugeria que "a transição da ditadura para o regime democrático não suportaria o impacto de uma eleição direta".[8] Sempre bem informado, Castello anunciava que os militares não tolerariam perder controle do processo de transição, que estariam dispostos a dar um golpe para impedir que o poder passasse às mãos de radicais ou esquerdistas. Criava-se um sério impasse que o sociólogo Basílio Sallum resume nas seguintes palavras: "os militares não deixavam as diretas, mas o Regime já estava desmoronando" (Sallum, 1996:104).

Após a frustração do movimento Diretas Já, o PMDB alterou sua estratégia e, sob a liderança do governador mineiro Tancredo Neves, passou a se organizar para derrotar o PDS no Colégio Eleitoral. Tancredo

8. Castello Branco (1984b). As colunas do Castello eram publicadas no *Jornal do Brasil*. A coleção completa está disponível em: www.carloscastellobranco.com.br. Acesso em: 16 ago. 2024.

era a peça-chave capaz de solucionar o impasse descrito anteriormente: como já havia compreendido Golbery, tratava-se de um peemedebista suficientemente conservador para inspirar a confiança dos militares, a ponto de poder conduzir a redemocratização sem pôr as Forças Armadas na berlinda. A continuação das eleições presidenciais de forma indireta inviabilizava o que militares e conservadores mais temiam: ver um líder esquerdista como Brizola ou Lula no poder. Explorando esse temor, Tancredo conquistou o espaço necessário para costurar uma abertura gradual e segura, palatável para a direita e aceitável para os militares. Em um original jogo de palavras, lançado para sinalizar que não perseguiria as Forças Armadas, o governador mineiro apresentou sua candidatura como "mudancista" ao invés de "oposicionista". Foi na campanha de Tancredo que criaram o termo "Nova República": um sistema democrático, mas conciliador, no qual se viraria a página, não cabendo vinganças nem retaliações (Sallum, 1996:107).

Enquanto o PMDB de Tancredo se preparava para disputar a Presidência, o PDS foi à luta desnorteado e sem uma liderança capaz de uni-lo. Fragilizado pela crise econômica e acuado politicamente, Figueiredo "não teve condições de coordenar o seu partido" na escolha do candidato pedessista, reconhecia Castello Branco em coluna com um elucidativo título: "Nada protege o PDS na sucessão" (Castello Branco, 1984a). A omissão do presidente era mais um sinal de que o Regime Militar colapsara, arrastando consigo a legenda governista.

Em meio à inação do Regime, o principal agente da discórdia pedessista foi Paulo Maluf, o candidato do PDS que enfrentou Tancredo nas eleições indiretas de 1985. Sua meteórica carreira política explica o protagonismo na sucessão presidencial. Membro de uma abastada família industrial paulista, Maluf havia entrado na política nos anos de chumbo do Regime Militar, por indicação do presidente Costa e Silva. Maluf usou dinheiro próprio e dos governos por onde passou para se promover, a começar pela prefeitura paulistana, que ocupou entre 1969 e 1971, durante o auge da repressão. Anos depois, no final da década de 1970, o ex-prefeito conseguiu desbancar o candidato de Geisel nas convenções da Arena paulista que o escolheu para o governo do estado. Uma vez no Palácio dos Bandeirantes, o novo governador realizou grandes obras no estado, além de promover prefeituras pedessistas do Nordeste a fim de angariar apoio em nível nacional, já de olho nas eleições indiretas para presidente. Maluf renunciou então ao governo de São Paulo e se candidatou a deputado federal em 1982, cargo que lhe possibilitou manobrar sua candidatura presidencial por dentro do Colégio Eleitoral (Skidmore, 1988:475-477).

Maluf se impôs a pré-candidatos pedessistas de peso. O ex-governador mineiro e vice-presidente Aureliano Chaves se retirou da disputa. Mário Andreazza, ex-ministro do Interior e coronel reformado, perdeu para Maluf na convenção do PDS, a despeito do apoio do influente governador baiano Antônio Carlos Magalhães (ACM). Um por um, cada qual ao seu tempo, os grupos políticos derrotados por Maluf abandonaram o PDS, fundando o Partido da Frente Liberal (PFL), que aderiu à candidatura de Tancredo. Além de ACM e Aureliano Chaves, entram na lista o governador de Pernambuco Marco Maciel e o ex-governador e senador catarinense Jorge Bornhausen. O PFL reunia políticos situacionistas cujas carreiras haviam deslanchado nos anos em que Geisel ocupou a Presidência, durante o início do processo de abertura. Eram membros de elites locais, representantes da classe política tão criticada pela linha-dura. Em contraste, Maluf crescera politicamente em oposição interna a Geisel — o qual, diga-se de passagem, apoiou a candidatura presidencial de Tancredo.[9] Maluf se tornou a opção política identificada com os anos de chumbo que se seguiram ao AI-5, com a linha-dura e com o retorno à repressão. Enquanto a candidatura de Maluf refletia no lado mais antipolítico do Regime, a aliança entre PMDB e PFL tinha grande apelo na sociedade civil, contando com o apoio da mídia, inclusive da Rede Globo, de longe a maior rede de rádio e televisão do país (Skidmore, 1988:484).

A debandada de egressos da Arena em direção ao PFL e à candidatura de Tancredo foi, no fundo, uma tentativa de se assegurar sobrevivência política no novo regime que se cristalizava, algo não trivial para lideranças que até então defendiam a ditadura militar. Esses políticos situacionistas, ligados umbilicalmente ao autoritarismo, compreendiam que o

9. Aarão Reis (2014:110). Golbery, por sua vez, cerrou fileiras com o candidato do PDS, Paulo Maluf.

centrista Tancredo seria capaz de liderar a formação de uma democracia na qual teriam espaço (Skidmore, 1988:484-486). Era o plano inicial de Golbery, muito embora com a chapa PMDB-PFL ao invés de PP. Já Maluf buscava controlar a direita em um projeto personalista, com clara oposição por parte de ACM, Maciel, Chaves, Bornhausen e — o político mais importante no arranjo que redemocratizaria o Brasil — o senador e futuro presidente José Sarney (1985-90).

Sarney era um dos mais eminentes políticos do Regime Militar, um dos principais líderes daqueles que procuravam lugar seguro na democracia que então nascia. Para evitar surpresas e escapar da lei da fidelidade partidária, o senador maranhense trocou o PDS pelo PMDB ao integrar a chapa de Tancredo como candidato a vice-presidente. Essa manobra foi uma forma sinuosa, porém eficaz, que o governador mineiro encontrou para oferecer a vice-presidência ao PFL, ao qual Sarney teria fatalmente se filiado não fosse a legislação eleitoral vigente.

Com apoio dos pefelistas, Tancredo bateu Maluf por ampla margem no Colégio Eleitoral, com 480 votos a 180, uma verdadeira surra. Para além da votação em si, o mais importante naquela conjuntura era o fato de que Tancredo governaria com antigos arenistas, como ACM, Maciel e Sarney, os quais garantiam aos militares que o futuro governo os respeitaria. Sarney posteriormente declarou que, ao ingressar na chapa de Tancredo, havia estabelecido "com os militares que a transição seria feita com eles e não contra eles. O Tancredo já tinha deixado claro [...] que não ia ter revanchismo [...]. Graças a isso nós atravessamos a transição e o país foi redemocratizado" (citado em Victor, 2022:57).

A conversão dos apoiadores do Regime em democratas se deu às pressas. Sarney, melhor do que ninguém, simboliza a maleabilidade com que certos políticos procuraram se adaptar aos novos tempos. Conforme dito anteriormente, sua associação ao Regime Militar era inconteste: Sarney "elegera-se" governador e senador "biônico" pelo Maranhão, além de ter sido presidente da Arena e do PDS. Mas, por outro lado, o maranhense surgira na vida pública na ala "Bossa Nova" da União Democrática Nacional (UDN), o partido conservador que aderira em peso ao Regime Militar depois do golpe de 1964. À época, ser um "Bossa Nova" significava encampar algumas bandeiras da esquerda, como a reforma agrária, em oposição à "banda de música" udenista, composta por direitistas liderados pelo governador da Guanabara Carlos Lacerda. Os "Bossa Nova" foram preteridos pelo Regime Militar; exceto Sarney, que conseguiu surpreendentemente ascender sob os generais, uma prova da sua capacidade de se adaptar à mudança da direção dos ventos e de galgar postos de mando (Skidmore, 1988:484-485).

A eleição da chapa Tancredo-Sarney selava o final da ditadura. Um civil assumiria o Planalto pela primeira vez em mais de duas décadas. Salta aos olhos a grande contradição deste fato: a ditadura acabou por meio de um processo que envolvia apoiadores do regime, como Sarney, e cujas regras haviam sido estabelecidas pelos próprios ditadores, a começar pela votação indireta no Colégio Eleitoral. Entretanto, deve-se destacar que a disputa presidencial de 1985 foi, sim, um passo fundamental rumo à democracia. Para além da vitória de Tancredo, que sempre militara na oposição à ditadura, aquela eleição presidencial foi a primeira desde 1930 sem candidatos egressos das Forças Armadas, uma indicação clara da mudança do papel político que os militares desempenhariam na Nova República.[10]

GOVERNO SARNEY E O DISFORME PMDB

Em um lance trágico, um tumor no intestino impediu que o presidente eleito Tancredo Neves tomasse posse. O vice-presidente José Sarney assumiu provisoriamente a Presidência. Tancredo faleceu logo depois e Sarney herdou não apenas o cargo, mas também o ministério que havia sido montado pelo seu finado companheiro de chapa. Para o bem e para o mal, a escolha de Sarney em dar posse aos ministros de Tancredo era um sinal de que os acordos tecidos pelo falecido peemede-

10. No período de 1945 a 1964, todas as eleições presidenciais contavam com um candidato de origem militar em destaque: general Dutra e brigadeiro Eduardo Gomes em 1945, brigadeiro Eduardo Gomes em 1950, general Juarez Távora em 1955, marechal Lott em 1960. Em contraste, de 1985 a 2014, não houve candidato de origem militar apoiado por um grande partido ou com chances de vitória. A candidatura e eleição de Jair Bolsonaro, em 2018, quebrou o padrão estabelecido em 1985.

bista — o principal articulador daquela transição então levada a cabo — seriam honrados.

Em suma, uma inesperada e tortuosa sucessão de acontecimentos evolvendo Tancredo ditou os rumos do retorno à democracia: os arranjos para rachar o PDS e aliar-se ao PFL, a chapa com Sarney, a esmagadora vitória no Colégio Eleitoral e a inesperada morte do presidente eleito. O artífice da transição negociada saiu repentina e inesperadamente de cena, deixando a Presidência nas mãos de um político sem as mesmas credenciais democráticas e liderança pessoal. Sarney não contava com a confiança dos líderes das forças oposicionistas. A esquerda do PMDB passou a questionar abertamente o acerto da estratégia adotada, lamentando que obtivera uma verdadeira vitória de Pirro. De fato, Sarney representava mais o PFL do que o PMDB. Com sua posse, o grupo de ex-arenistas que havia aderido à candidatura de Tancredo chegava ao poder — ou melhor, nele permanecia. Entravam na lista pefelistas como ACM, Aureliano Chaves e Marco Maciel, todos os quais viriam a ser eminentes figuras no governo que se iniciava. Não surpreende que, ao longo de seu mandato, Sarney viu-se diante de indefinições e choques entre os dois aliados de conveniência que lhe davam sustentação política, PMDB e PFL. Não era claro a quem o presidente devia responder: à legenda a que estava filiado, que lhe garantia a eleição, ou ao partido de seu coração, do qual ele recrutava seus principais conselheiros e ministros. O pêndulo tendeu ora para um lado, ora para o outro.

Poucos continuaram no PDS depois da acachapante derrota de Paulo Maluf. O PFL herdou a maioria dos políticos aliados ao Regime Militar que não eram malufistas nem correram para aderir ao PMDB. O racha entre PDS e PFL seguiu linhas regionais: a sobrevivência do PDS se restringiu às regiões Sul e Sudeste, ao passo que no Nordeste preponderou a opção pelo PFL. Santa Catarina era a exceção, com os dois partidos competindo para conquistar o eleitorado de direita.

Para aqueles que haviam lutado contra a ditadura, a presidência de Sarney era um pesado custo a se pagar pela democracia. A base parlamentar do presidente era genuinamente conservadora, reunindo praticamente todos os partidos de direita — exceto o PL — e lideranças provenientes da Arena. Já o PMDB virou "o partido que não assume ser governo" (Lamounier, 1990:115); era o que restava aos ex-emedebistas, os quais haviam marcado posição contra os generais anos a fio, enfrentando leis autoritárias desenhadas para proteger justamente os parlamentares arenistas que estavam agora no Planalto.

Políticos esquerdistas não tinham como participar de um governo proveniente da Arena. PT e PDT fizeram oposição a Sarney desde o primeiro dia de seu mandato, disputando o eleitorado à esquerda do PMDB. Estudaremos o PT no capítulo 5; por ora basta dizer que sua força provinha de movimentos sociais, sobretudo sindicatos e a esquerda católica, além da adesão de intelectuais e ex-guerrilheiros que abandonaram a luta armada para disputar votos. O PT mostrou alguma força em São Paulo nas eleições gerais de 1982: a legenda ganhou a prefeitura de Diadema, elegeu seis deputados federais e conseguiu com que Lula recebesse 10% dos votos na corrida para governador, nada mal para um candidato que se apresentava mais como um contraponto ao PMDB do que como uma opção real de governo. Petistas montavam núcleos de militância em vários estados, construindo a base de um partido que em breve ganharia expressão nacional. Em contraste, o personalista PDT era forte somente no Rio de Janeiro, onde Brizola era governador, e Rio Grande do Sul, sua terra natal. O eminente líder trabalhista valia-se da herança varguista, mas não conseguiu implantar seu partido nos demais estados. Não por acaso, o candidato pedetista ao governo de São Paulo em 1982 obteve menos de 1% dos votos válidos.

Fora PT e PDT, as demais forças de esquerda do início da Nova República eram periféricas. O sexagenário PCB retornou à legalidade, após três décadas clandestino, sem conquistar vitórias eleitorais expressivas. Roberto Freire, ex-deputado estadual de Pernambuco pelo PMDB, filiou-se ao "partidão" em 1985, tornando-se seu principal dirigente. O antigo líder comunista Luís Carlos Prestes havia voltado de seu exílio soviético rompido com o PCB, o que explica sua aproximação ao PDT, do qual era presidente de honra. Já o Partido Comunista do Brasil (PCdoB), dissidência maoísta do PCB, formada na década de 1950, manteve-se uma agremiação pequena, com liderança restrita ao movimento estudantil e alguns sindicatos. Em eleições gerais, o PCdoB passou a transitar na órbita do PT. Por fim, o Partido Socialista Brasileiro (PSB) foi recriado em 1985 por Miguel

Arraes. A legenda também se tornou um sócio minoritário do PT, com expressão limitada a Pernambuco, onde seu fundador elegeu-se governador em 1987 e 1995.

O PMDB foi nominalmente o grande vencedor da abertura; estava no governo por ser oficialmente a legenda do presidente Sarney. O partido havia prevalecido ao se transformar em uma ampla aliança contra a ditadura. Mas seu gigantismo vinha com um custo: era uma agremiação demasiadamente heterogênea. De um lado, a ala progressista opunha-se a Sarney a ponto de tentar abreviar-lhe o mandato no processo constituinte — o qual estudaremos no próximo capítulo. O grupo incluía esquerdistas, alguns dos quais oriundos do PCB, bem como futuros tucanos, a exemplo de Mário Covas, FHC e José Serra. Do lado oposto, Sarney foi seguido por vários outros ex-arenistas, os quais haviam deixado o PDS para se filiarem ao PMDB, em vez de ingressarem no PFL. Esses conservadores peemedebistas eram numerosos e, evidentemente, bastante identificados com o presidente.

Não obstante tal heterogeneidade, o PMDB conseguiu afinar seu discurso ao prometer, em um só tempo: diminuir a desigualdade entre classes sociais — isto é, pagar a "dívida social" acumulada durante a ditadura —, promover a retomada do crescimento econômico e dar cabo da inflação. Tratava-se de um projeto tão ambicioso quanto inexequível, haja vista a severidade da crise econômica gestada pelos dois últimos governos militares. De todo modo, foi com base nesse tripé de intenções que o partido havia se mostrado capaz de eleger até "postes" desde 1974, como dizia Ulysses Guimarães. Presidente da legenda, Ulysses pretendia equilibrar as várias correntes do partido com base em grandes vitórias eleitorais que viriam dessa agenda. Sarney se acomodou, aceitando de bom grado o lema que lhe foi imposto: "tudo pelo social". A estratégia deu certo, ainda que por pouco tempo.

Peemedebista moderado, mais centrista do que seus correligionários progressistas, Ulysses contava com sólidas credenciais democráticas (Castello Branco, 1985). O deputado sempre se batera pela abertura do Regime Militar na Câmara, à qual se elegera várias vezes consecutivas, começando antes do golpe de 1964, pelo PSD de São Paulo. Ulysses era uma espécie de concessão dos militares à oposição, nunca tendo sido preso ou perseguido violentamente, até mesmo quando se apresentou como anticandidato presidencial na "eleição" de 1974. O "doutor diretas" — alcunha que Ulysses ganhou em 1984 — era o grande líder do PMDB. O contraste entre sua trajetória e a de Sarney era gritante.

Mais pragmático do que Ulysses, Tancredo havia tentado dar uma cara própria ao ministério ao montar seu governo. Isso explica sua escolha para a pasta da Fazenda: seu sobrinho Francisco Dornelles, um conservador que servira como secretário da Receita Federal no governo Figueiredo e, dali a poucos anos, entraria na política pelo PFL. O primeiro conflito sério entre Sarney e o PMDB de Ulysses se deu justamente em torno da política econômica recessiva implementada por Dornelles para tentar controlar a inflação. A chegada dos civis ao poder não havia resultado de imediato em uma ruptura na política econômica, que continuava sendo ditada por conservadores, a despeito do tripé de intensões peemedebista. Não por acaso, dos ministros herdados de Tancredo, Dornelles foi o primeiro a perder o cargo (Sallum, Graeff e Martins, 1986). O novo titular da Fazenda, o empresário Dilson Funaro, empossado em agosto de 1985, contava com longa e sólida relação com o PMDB paulista (Traumann, 2018: posição 865). Os peemedebistas autodenominados "autênticos" finalmente chegavam ao poder.

De cara, Funaro prometeu que sua gestão se afastaria da ortodoxia que marcara o ministério de Dornelles. O segundo volume desta coleção descreve a história do Plano Cruzado, lançado por Funaro em fevereiro de 1986; cabe aqui ressaltar que o Cruzado parecia botar de pé, como em um passe de mágica, a carta de intenções peemedebista: um congelamento de preços fez a inflação cair, a economia crescer e a renda dos trabalhadores mais pobres subir. O consumo das famílias se expandiu a ponto de fazer com que vários produtos sumissem das prateleiras, gerando um mercado paralelo ilegal no qual os preços subiam com força. O governo acabou tendo que reconhecer o fim do congelamento e a inflação assumiu uma trajetória explosiva, ultrapassando a tenebrosa marca dos 1.000% ao ano.

Do ponto de vista econômico, o Cruzado fracassou, mas politicamente ele foi bastante importante para o PMDB e o governo. O plano permitiu a Sarney romper com a tendência de enfraquecimento do Poder Executivo que tomara impulso no final da ditadura, sob o desastrado governo Figueiredo (Sallum, 1996:130, 131). O novo mandatário se tornou momentaneamente popular, com milhares de voluntários se declarando "fiscais do Sarney", aplicando-se na coerção de reajustes de preços. Além disto, o congelamento e o fim do "imposto inflacionário" propiciado pelo Cruzado contribuíram de forma decisiva para a retumbante vitória do PMDB nas eleições gerais de 1986. Como será detalhado no próximo capítulo, o partido fez maioria no Congresso e ganhou a disputa pelos governos estaduais em quase todos os estados. Junto com a Presidência, que nominalmente ocupava, esses resultados pareciam indicar que os peemedebistas tinham tudo para comandar o país e ditar os passos finais do processo de redemocratização, cujas novas regras políticas ainda estavam por ser escritas.

Mas a tarefa de governar o Brasil estava longe de ser fácil naquele início de Nova República. A grave deterioração econômica e social, com a inflação saindo do controle após o fracasso do Plano Cruzado, fazia de Sarney uma figura impopular, capaz de afundar as pretensões eleitorais de qualquer aliado. Somavam-se à desgastada imagem do governo a desarticulação do PMDB e os vários impasses com o PFL, seu cônjuge de comodidade no Planalto, sobretudo na redação da Constituição de 1988, tema do próximo capítulo.

CONCLUSÃO

Comprometidos com uma abertura controlada por cima, paradoxalmente autoritária, os dois últimos governos da ditadura, presididos pelos generais Geisel e Figueiredo, enfrentavam a oposição interna por parte de militares genericamente conhecidos como linha-dura, que se batiam pela manutenção do estado de exceção. Os linha-dura eram minoria no generalato, mas contavam com forte apoio entre os agentes da repressão, a face violenta do Regime, responsável por torturas e assassinatos de opositores. Apesar de se posicionarem pela abertura, contudo, Geisel e Figueiredo eram ainda mais comprometidos com a segurança e prestígio dos militares, inclusive os responsáveis pelos abusos perpetrados na linha de frente da repressão. A redemocratização foi conduzida de modo a se evitar que futuros governos civis não levassem torturadores e assassinos ao banco dos réus — um cenário que não era de todo improvável, haja vista o exemplo da Argentina.

Na medida em que o Planalto permitia uma controlada distensão, a cerceada oposição civil mostrava força nas urnas, apesar das draconianas regras impostas pela ditadura ao sistema eleitoral. Esse avanço oposicionista galvanizava os linha-dura. O porão do Regime promovia atos violentos para desestabilizar o governo e reverter a abertura. A radicalização chegou ao auge na virada da década de 1980, quando os generais ainda governavam, mas jornais estavam se livrando da censura, presos políticos saíam da prisão e exilados retornavam ao país. O Brasil vivia uma situação um tanto contraditória: oposição e linha-dura se mobilizavam justamente quando "*já* não havia ditadura, mas *ainda* não existia uma democracia" (Aarão Reis, 2014:95). O porão detonava bombas, ao passo que a oposição promovia greves e manifestações de rua que culminaram na gigantesca campanha das Diretas Já.

Tal explosivo estado de embate foi dissolvido em um arranjo negociado pela cúpula do poder em Brasília. O governo não puniu a linha-dura, mas conseguiu contê-la. Sob pressão militar, o Congresso manteve a eleição indireta à Presidência da República, decidida pelo Colégio Eleitoral, instituição do Regime. No entanto, ao contrário do que ocorrera nas décadas anteriores, a votação foi marcada por efetiva disputa entre chapas opostas. Saiu como candidato governista o ex-governador paulista Paulo Maluf, político que ascendera durante os anos de repressão, mas cujo projeto personalista antagonizava lideranças civis do Regime, mais próximas a Geisel e Figueiredo. Esse grupo rachou com Maluf ao apoiar a chapa rival, encabeçada pelo governador mineiro Tancredo Neves, um centrista da oposição. Para candidato a vice-presidente de Tancredo, foi escolhido o ex-governador e senador pelo Maranhão José Sarney, um político da ditadura.

A surpreendente chapa Sarney-Tancredo não era nem da oposição nem da situação, mas era as duas ao mesmo tempo. Com o apoio de Sarney, Tancredo pôde centralizar a costura dos acordos políticos necessários para assegurar vitória no Colégio Eleitoral e, crucial, obter o aval das Forças Armadas de que, caso fosse eleito, os resultados seriam respeitados. À medida que a candidatura Tancredo-Sarney se consolidava, a ruptura com o Regime anterior perdia força, tingindo de cores continuístas o tão almejado retorno dos civis ao poder. Com o voto de quase três quartos do Colégio Eleitoral, Tancredo impôs uma acachapante vitória a Maluf. Entretanto, a crível garantia, por parte dos militares, de que o peemedebista tomaria posse era mais importante do que o resultado da votação em si.

Em um acaso do destino, Tancredo faleceu sem tomar posse, de modo que Sarney, um político identificado com o Regime, acabou por assumir e exercer a Presidência por cinco anos. Tratava-se de um desfecho tão inusitado quanto frustrante para as oposições: a continuidade havia sido mais forte do que a ruptura. Ademais, pesava contra o novo governo o fato de Sarney não contar com a estatura e a capacidade política de Tancredo, tendo chegado à Presidência por uma série de acasos. Em última instância, Ulysses Guimarães, o presidente e líder inconteste do PMDB, garantiu a posse do ex-arenista Sarney em um governo para todos os efeitos peemedebista. Deste modo, no momento em que os generais deixavam o Planalto, era o PMDB quem dava as cartas; Sarney tratava de sobreviver e, na medida do possível, afirmar seu poder e controle sobre o próprio governo. A despeito da contradição que Sarney representava no processo de abertura, porém, seu governo foi capaz de levar a cabo a última etapa da redemocratização, na qual se cristalizaram as regras do jogo democrático que estava por vir, tema do próximo capítulo.

2. Definição de regras indefinidas: reformas eleitorais e a Constituição do consenso[11]

Temos ódio e nojo à ditadura. (*Ulysses Guimarães, discurso na Assembleia Constituinte*)

A Constituição certamente não é perfeita. (*Ulysses Guimarães*)

O PMDB se empoleirou no poder. (*Leonel Brizola, governador do Rio de Janeiro, 1985*)

INTRODUÇÃO

A vitoriosa Aliança Democrática — como foi batizada a coalizão PMDB-PFL que elegeu Tancredo presidente em 1985 — lançou um *Compromisso com a nação*, um documento no qual prometia o "restabelecimento imediato das eleições diretas, livres e com sufrágio universal" para todos os cargos, inclusive o de presidente da República. O documento também adiantava a "convocação de Constituinte, livre e soberana [...] para a elaboração de nova constituição" (Maciel, 2010:17). Pode parecer estranho que uma coligação que acabara de vencer um pleito indireto se comprometesse, com tanta ênfase e em todos os níveis do Estado, com a implementação de eleições diretas. A estranheza aumenta quando se considera o passado político recente do presidente Sarney, uma legítima cria da ditadura. No entanto, em que pese as várias contradições do processo de redemocratização, o fato é que o retorno à democracia se impôs. Eleições passariam a decidir a sobrevivência dos políticos. Para manter sua influência e poder, mesmo aqueles que tinham construído

11. Com Gabriel Caseiro.

suas carreiras a partir de indicações feitas pelos militares passariam a depender do voto popular. Para recorrer a uma formulação clássica, a democracia era o jogo a ser jogado, não havia alternativa na praça.

Este capítulo trata da definição da armadura institucional que daria corpo à democracia que então nascia. Mais especificamente, se descrevem o tortuoso processo de redação da Constituição de 1988 e a elaboração das leis eleitorais e partidárias acertadas — e por vezes proteladas — naqueles anos. Por ser mais institucional e relativamente menos factual do que o restante deste livro, este capítulo se estende temporalmente, apresentando o desenvolvimento das regras eleitorais que se iniciaram nos anos 1980, mas só se consolidaram em meados da década seguinte. As páginas seguintes também abordam o contexto de crise político-econômica do período, com destaque para o inicialmente voluntarioso governo Sarney, que terminou impopular, colecionando uma sucessão de fracassos no controle da inflação e na contensão da deterioração social do país.

VARRENDO O ENTULHO AUTORITÁRIO NAS ELEIÇÕES CONSTITUINTES

Sarney assumiu a Presidência comprometido com a redemocratização, com a remoção do que à época se convencionou chamar de "entulho autoritário". Como vimos no capítulo anterior, os militares haviam manipulado a legislação eleitoral para deter o crescimento do MDB. Ao fomentar eleições plebiscitárias, o bipartidarismo criado pelos ditadores acabara colocando o Regime em xeque. A criatura — o MDB, a oposição consentida — havia se voltado contra o criador — a ditadura. A engenharia institucional saíra pela culatra. Ao longo da abertura, os "casuísmos eleitorais" visaram adiar o inadiável, garantindo a eleição de Figueiredo e a manutenção de eleições indiretas para presidente. Varrer o "entulho autoritário" foi a base do compromisso político que viabilizou a Aliança Democrática de Tancredo e Sarney. Do ponto de vista eleitoral, isso significava o retorno às eleições diretas para a Presidência da República e a derrubada das restrições vigentes à formação de partidos. Tudo o mais — o que não era pouco e menos fundamental — estava aberto à discussão, deveria ser debatido e decidido por uma Assembleia Nacional Constituinte.

A despeito da morte de Tancredo, os compromissos assumidos pela Aliança Democrática foram honrados. Logo após a posse de Sarney, uma emenda constitucional restaurou a eleição direta em todos os níveis, incluindo a Presidência. A legislação também previu um novo e amplo alistamento, com a criação de títulos eleitorais com números únicos em âmbito nacional. De importância quantitativa relativamente menor, mas com grande impacto simbólico, estendeu-se o voto aos analfabetos, que à época compunham cerca de 10% do eleitorado (Brasil, 1985a; 1985d). Garantia-se o pleno sufrágio universal no Brasil — com vexatório atraso. Por fim, ainda em 1985, uma nova emenda convocou a eleição de uma Assembleia Nacional Constituinte para o ano seguinte (Brasil, 1985b).

O desafio e a pressa eram enormes: para que os parlamentares constituintes fossem eleitos de acordo com as novas regras, fazia-se necessário recadastrar todos os eleitores em poucos meses. Como atestam os jornais da época, realizou-se um verdadeiro "mutirão cívico" em postos de recadastramento (Ministro... 1986:5). A novidade tinha por objetivo coibir fraudes como inscrições múltiplas de eleitores e o uso de títulos de falecidos. De fato, o recadastramento representou um salto na modernização do sistema eleitoral brasileiro. Partidos, candidatos, mídia e a sociedade como um todo foram beneficiados pela disponibilização pública das estatísticas e resultados eleitorais. A partir de então, passou a ser possível traçar um retrato acurado e detalhado do perfil do eleitorado brasileiro, algo especialmente caro aos estrategistas de partidos políticos e pesquisadores da ciência política.

Além do importantíssimo recadastramento eleitoral, os preparativos para as eleições gerais de 1986 também determinaram o marco inicial das regras que, dali para a frente, regulariam a participação dos partidos no jogo político. Duas leis de 1985 permitiram a formação de coligações partidárias estaduais tanto nas eleições majoritárias (governadores e senadores) quanto nas de representação proporcional (deputados federais, estaduais e vereadores).[12] Ao se coligarem, os partidos juntariam

12. Brasil (1985c; 1985e). Note-se que coligações são efêmeras (valem apenas para uma eleição) e locais (dois partidos coligados em um estado não precisam se coligar no restante da Federação).

suas forças e disputariam as eleições como se houvessem se fundido em uma única legenda, dividindo entre si o tempo de propaganda eleitoral e a distribuição de cadeiras parlamentares. Se dois ou mais partidos estivessem coligados, o quociente partidário seria calculado com base nos votos recebidos pela coligação como um todo.[13] Abria-se espaço para que políticos de partidos inexpressivos conseguissem cadeiras legislativas graças à coligação com legendas de populares "puxadores de votos", os candidatos bons de urna, eleitos com resultados bem acima do quociente eleitoral.

As leis de 1985 instituíram ainda as normas básicas para a Horário Gratuito de Propaganda Eleitoral, eliminando os resquícios de censura provenientes da Lei Falcão e do Pacote de Abril, arbitrariedades legais estudadas no capítulo anterior. A legislação estabeleceu, em parágrafo único, que "não depende de censura prévia a propaganda partidária ou eleitoral feita através do rádio ou da televisão, respondendo cada um pelos excessos cometidos" (Brasil, 1986). A lei criou também novos critérios para a divisão da propaganda eleitoral, assegurando mais tempo às legendas com maior representação no Congresso, mas garantindo uma fatia para os partidos pequenos. Uma questão se impunha: como se daria essa divisão entre partidos maiores e menores. O tempo de propaganda era essencial para a viabilização dos novos partidos. Contudo, corria-se o risco de que o acesso ao recurso atraísse franco-atiradores, dispostos a criar "siglas de aluguel". Havia, portanto, boas razões para que a partilha do horário eleitoral não fosse excessivamente generosa com os novos entrantes. A lei aprovada foi sensível a essa preocupação, espremendo os vários partidos novos em um tempo de rádio e televisão relativamente pequeno. Os partidos maiores, herdeiros do bipartidarismo do Regime Militar, ficaram com a parte do leão do horário gratuito eleitoral. Nesta operação, o PMDB foi o grande beneficiado por ser então o maior partido, mas PDS e PFL também largaram bem à frente dos demais.

13. O quociente eleitoral é a razão entre o total de votos válidos e o número de vagas a serem preenchidas na circunscrição eleitoral: o custo em votos para a obtenção de uma cadeira. Já o quociente partidário é a fração dos votos dados à legenda e o quociente eleitoral, definindo quantas cadeiras serão conquistadas pela sigla.

Cabe ressaltar a força do horário eleitoral em um período em que as redes de rádio e televisão se expandiam rapidamente pelo país. Cada vez mais brasileiros ouviam rádio e, sobretudo, assistiam à TV. Inserções em horário nobre eram um instrumento poderosíssimo na arregimentação de votos. Por um bom tempo, eleições, especialmente as majoritárias, eram decididas pelas campanhas veiculadas no horário eleitoral.

A eleição geral de 1986, a primeira desde que o poder havia voltado às mãos dos civis, foi um teste de forças, uma primeira medição do poderio eleitoral dos partidos de acordo com novas regras democráticas. Por ter comandado a transição, o PMDB partiu com corpos de vantagem. A estratégia adotada durante o regime militar — manter unida em torno de si a frente oposicionista — havia gerado um partido enorme, capilarizado, com presença em todo o país e que, de quebra, disporia de mais tempo do horário eleitoral do que os demais. Não por acaso, o PMDB foi o grande vencedor das eleições gerais de 1986. O partido levou todos os governos de estados, com a única exceção de Sergipe, onde o PFL saiu vitorioso. Tão ou mais importante, o PMDB emplacou nada menos do que 260 deputados e 38 senadores, compondo sozinho e com folga maioria nas duas casas. Como veremos ao longo deste livro, esta seria a última vez que uma única legenda lograria tal feito na Nova República. Com 118 e sete cadeiras na Câmara e Senado, respectivamente, o desempenho do PFL ficou aquém do esperado por suas lideranças, dadas sua força no Nordeste e influência junto ao governo Sarney. Ainda assim, tais resultados garantiam à legenda a posição de segunda grande força política nacional.

A explicação mais corrente da vitória peemedebista nas eleições de 1986 é o Plano Cruzado e sua acabrunhada extensão, o chamado "Cruzadinho". Como vimos brevemente no capítulo anterior e analisaremos a fundo no segundo livro desta coleção, o congelamento de preços parecia ter, como que em um passo de mágica, derrubado a inflação ao mesmo tempo que fazia a economia crescer e o salário dos mais pobres se elevar em termos reais. Muito embora o Cruzado já se mostrasse insustentável, com bens sumindo das prateleiras e preços subindo em mercados informais, a equipe de Funaro decidiu manter o congelamento até depois das eleições gerais de 1986, quando o malogro do plano já era patente.

Entretanto, a influência eleitoral do Cruzado tende a ser exagerada pela crônica política. Em primeiro lugar, deve-se notar que as eleições de 1986 foram basicamente uma disputa bipartidária, ainda com o sabor de plebiscito contra ou a favor da ditadura. Os pleitos para governador ocorreram em um único turno; na prática, havia espaço para apenas duas legendas em cada estado. De maneira geral, no Sul e Sudeste, o PMDB enfrentou o PDS e, nas demais regiões, o PFL. A vitória do PMDB foi, em realidade, o fracasso dos dois partidos oriundos da Arena, ainda abalados pelo racha causado por Paulo Maluf nas eleições indiretas para presidente. Além disto, não se deve esquecer que o PFL era parte da coalizão do governo Sarney, o que lhe dava condição de explorar o Plano Cruzado eleitoralmente.

No fundo, a derrota pefelista foi fruto de uma malfadada estratégia traçada por Marco Maciel, então ministro chefe da Casa Civil, que rechaçou possíveis alianças estaduais com o PMDB, argumentando que o PFL deveria aprender a andar com as próprias pernas se quisesse ser um partido democrático de direita. O fracasso nas urnas levou à queda de Maciel. Em seu lugar, cresceu a influência palaciana de ACM, ministro das Comunicações, cujo principal objetivo passou a ser a defesa do governo Sarney — além da montagem de um verdadeiro império de comunicação na Bahia, como detalharemos no capítulo 4.

O aumento de votos e cadeiras parlamentares registrado pelo PMDB não destoou do padrão verificado desde o início da abertura. O partido simplesmente crescia a cada eleição desde 1974. Nessa escalada, incorporou quadros egressos do PDS e, em 1986, do PFL. Um exemplo notório desta fuga das legendas de direita era o futuro presidente Fernando Collor de Mello, um deputado eleito pelo PDS que havia apoiado a candidatura de Maluf no Colégio Eleitoral. Após a derrota malufista, Collor trocou de lado, filiando-se ao PMDB para disputar e vencer a eleição ao governo de Alagoas em 1986. Dito de outro modo, a maioria conquistada pelo PMDB na Constituinte amparava-se em sua crescente heterogeneidade. É por este motivo que o cientista político David Fleischer (1990) notou que, se reunidos em um único partido, os antigos membros da Arena controlariam a maioria das cadeiras da Constituinte. Esta observação capta a essência da conjuntura política da época: a direita detinha a maioria, mas havia se fragmentado, dispersando suas forças sob a liderança progressista.

PROGRESSISTAS, CONSERVADORES E O ENTRAVE CONSTITUINTE

A Assembleia Constituinte iniciou seus trabalhos em meio a uma forte aceleração da inflação, que aprofundava as terríveis mazelas sociais deixadas pelo Regime Militar. Na medida em que a popularidade de Sarney despencava, na esteira do fracasso do Plano Cruzado, duas crenças gerais herdadas do período autoritário ganhavam força de verdades estabelecidas: a direita jamais elegeria um presidente e a democracia só sobreviveria se minorasse as profundas desigualdades sociais do país.[14] Essas duas teses se conectavam em um ponto: o mercado eleitoral brasileiro era um terreno propício à emergência de líderes políticos dispostos a fazer promessas inexequíveis, comprometendo-se para amanhã o que havia sido negado aos mais carentes por séculos. Acreditando nisso, a ala da esquerda do PMDB, os progressistas como os futuros tucanos Mário Covas e FHC, procuravam abreviar o fracassado governo Sarney. Opor-se ao Planalto, antecipando a eleição presidencial, era a chance que restava aos progressistas do PMDB. Postergar a eleição era jogar água no moinho dos esquerdistas Brizola e Lula que, por terem feito oposição a Sarney desde o seu início, estavam mais bem posicionados para explorar eleitoralmente a frustração gerada pelos insucessos do governo.

De acordo com tais teses, os conservadores, direitistas egressos da Arena, pouco ou nada tinham a ganhar com a redemocratização. O grupo reunia os membros do PFL e PDS, além dos vários peemedebistas próximos a Sarney. Sob a ameaça de se tornarem atores secundários, de menor importância na nova ordem em gestação, os conservadores se agarraram à preservação do mandato presidencial para adiar o que parecia inevitável: seu desalojamento definitivo do poder.

14. Quanto ao primeiro ponto, ver Soares (1973). Para uma formulação da segunda tese, ver Lamounier (1990).

A clivagem entre Sarney e conservadores, de um lado, e progressistas do PMDB, de outro, cristalizou-se no processo Constituinte e teve efeitos palpáveis no texto que viria a ser elaborado. A princípio, os peemedebistas eram maioria na Assembleia Constituinte e, portanto, seus líderes poderiam ditar a redação do texto constitucional; mas não era claro se o partido se manteria unido. Os progressistas tomaram a dianteira na disputa pelo comando da Assembleia. Após se eleger líder do PMDB no Congresso, o então senador Mário Covas apoiou o deputado peemedebista Bernardo Cabral na votação pela relatoria da Constituição. Já Ulysses, eleito presidente da Assembleia, indicou o senador FHC para relatar o regimento interno da carta; coube então ao futuro presidente a importante tarefa de estabelecer as normas com base nas quais seria escrita a Constituição.

FHC inovou: em lugar de seguir o modelo adotado em 1946, quando o pré-projeto de constituição foi elaborado por um pequeno grupo formado pelos principais nomes de cada partido, o senador propôs um modelo descentralizado, construído de baixo para cima, abrindo espaço à participação de todos os constituintes na construção do texto final (Tauil, 2021:89-96). Na primeira fase, os constituintes foram divididos em 24 subcomissões, cada uma das quais encarregada de elaborar a primeira versão do texto da área temática que lhe correspondia. Em um segundo momento, os 24 anteprojetos seriam enviados a oito comissões que tratariam dos seguintes tópicos: soberania e direitos individuais, organização do Estado, sistema de governo, eleições, sistema tributário e orçamento, ordem econômica, ordem social e, por fim, uma única comissão sobre família, educação, cultura, esportes, ciência, tecnologia e comunicação. Após serem aprovados por essas comissões, os anteprojetos seriam entregues a uma Comissão de Sistematização, na qual caberia ao relator Bernardo Cabral consolidar todos aqueles textos em um único projeto.

Os relatores desempenharam papel-chave na elaboração dos projetos que chegaram à Comissão de Sistematização. O regimento interno lhes conferia a prerrogativa de propor o texto de referência, que só deixaria de integrar a Constituição se substituído por emenda aprovada pela maioria em cada comissão. O que os relatores escreviam, portanto, tinha caráter de *status quo*, sendo bastante difícil contrapô-los com versões alternativas. Na qualidade de líder do PMDB na Constituinte, coube a Mário Covas indicar a maioria dos relatores, privilegiando a ala progressista de seu partido. Contribuiu para a iniciativa de Covas o erro estratégico cometido por José Lourenço, o líder do PFL, que privilegiou a indicação dos presidentes das subcomissões e comissões, um cargo menos importante do que o dos relatores.

Os progressistas saíam em clara vantagem. Além de liderança na Assembleia e maioria entre os relatores, os progressistas contavam com o apoio de uma sociedade civil mobilizada. Os debates travados nas subcomissões eram abertos ao público. Os corredores do Congresso passaram a ser frequentados por pessoas ligadas aos mais diversos movimentos sociais, para os quais a Constituição era a grande oportunidade de se fazer do Brasil um país socialmente mais justo. Mas os conservadores ainda detinham poder suficiente para virar o jogo, como se verá no restante desta seção.

O embate entre relatores progressistas e presidentes conservadores foi particularmente ruidoso na Subcomissão da Política Agrícola e Fundiária e na da Reforma Agrária. Covas indicou para o cargo de relator o peemedebista pernambucano Oswaldo Lima Filho, ex-ministro da Agricultura do governo João Goulart, cujos direitos políticos haviam sido cassados pela ditadura (CPDOC, 2024a). Consistentemente com sua trajetória, Lima Filho escreveu um anteprojeto amplamente favorável à reforma agrária que, em suas palavras, repararia uma dívida social proveniente da "época colonial, [quando] o sistema latifundiário brasileiro impregnou-se de feudalismo" (Assembleia Nacional Constituinte, 1987a:3). O anteprojeto de Lima seguia com tom denunciativo, afirmando que "o problema agrário se apresenta agravado pela 'modernização conservadora do campo', adotada pelo regime autoritário" (Assembleia Nacional Constituinte, 1987a:8). Além de ordenar a formação de um fundo público para a reforma agrária, o projeto impunha limites legais ao tamanho das propriedades rurais e criava mecanismos para que camponeses pudessem adquirir a posse da terra na qual trabalhavam.

O pefelista maranhense Edson Lobão, presidente da Subcomissão, reagiu ao anteprojeto de Lima Filho, evitando que um texto favorável à divisão de terras fosse enviado à comissão temática. Lobão fez com que os trabalhos da Subcomissão voltassem à estaca zero, alegando que as sessões haviam sido inviabilizadas por "distúrbios decorrentes do conflito entre os que aprovavam o referido substitutivo e a maioria da Representação do P.M.D.B. e das bancadas do P.D.T., do P.T., do P.C.B. e do P.C. do B.". Em seguida, o presidente pôs em votação e aprovou um substitutivo que garantia "o direito de propriedade de imóvel rural, que deve cumprir uma função social". A definição de tal função era bastante vaga: as terras deveriam ser aproveitadas "racionalmente", de modo a conservar seus "recursos renováveis", obedecer às leis do trabalho e, por fim, "propiciar o bem-estar dos proprietários e dos trabalhadores que dela dependem" (Assembleia Nacional Constituinte, 1987b).

Ainda que abrisse caminho para a implementação da Consolidação das Leis do Trabalho (CLT) no campo, uma novidade no Brasil de então, a intervenção de Lobão foi conservadora: seu texto atendeu aos interesses dos que defendiam a manutenção da estrutura agrária brasileira. Essa era a bandeira da União Democrática Ruralista (UDR), organização fundada por lideranças da elite rural justamente para evitar que a Constituição levasse a cabo uma reforma agrária. Destacava-se na UDR Ronaldo Caiado, futuro presidenciável, senador e governador de Goiás. Lançando mão de uma retórica anticomunista e com apoio *in loco* de representantes da linha-dura do Regime Militar, Caiado declarou fazer parte de um movimento "para acender a chama da liberdade" (Pilatti, 2008:154).

A vitória conservadora na Subcomissão de Reforma Agrária se repetiu na Comissão da Ordem Econômica, cujo relator, o senador progressista Severo Gomes, viu seu parecer substituído pelo texto redigido pelo deputado Rosa Prata. Um detalhe é revelador: ambos os parlamentares eram filiados ao PMDB, embora pertencessem a grupos rivais. Já na Comissão de Ciência e Tecnologia o conflito entre conservadores e progressistas acabou em uma espécie de empate técnico, sem que nenhum dos lados fosse capaz de prevalecer. Ao fim dos trabalhos, a Comissão simplesmente não aprovou nem parecer nem substitutivo (Pilatti, 2008:123).

Marcados por galerias cheias e manobras regimentais, tais embates estiveram a pique de descambar para a troca de sopapos. Em meio ao tumulto, um fato geral se impunha, aplicável à Constituinte como um todo: por mais que os líderes do Congresso fossem majoritariamente progressistas, eles não conseguiriam controlar o processo de redação da Constituição, uma vez que a maioria da Assembleia era conservadora. Em outras palavras, o desenho do regimento interno elaborado por FHC dava uma impressão equivocada da força progressista. Essa dicotomia entre liderança progressista e voto conservador gerava um empate entre os dois grupos. Em política, não basta ter maioria, é necessário organização partidária, que os progressistas do PMDB detinham; mas tampouco satisfaz o controle da liderança: é necessário conciliá-la com a maioria dos votos, que pertencia aos conservadores.

O impasse entre liderança progressista e maioria conservadora brecou o processo Constituinte como um todo. Os progressistas das comissões e subcomissões viram-se alvo da investida de conservadores. Os dois lados buscavam impor suas aspirações e visões de mundo ao texto constitucional. Nesse processo, os progressistas do PMDB contavam com o apoio do PDT e do PT para dar conteúdo social à Carta, tentando fazer com que a Constituição promovesse transformações significativas — o caso da reforma agrária, salientado anteriormente, é um notório exemplo de fracasso progressista. Já os conservadores, menos organizados, adotavam uma postura mais reativa do que propositiva, buscando limitar o que viam como os exageros e ameaças da esquerda. Ao fazê-lo, é certo, acabavam por apontar para um texto menos estatista que o defendido pelos progressistas, mas seria exagero dizer que defendiam ou propugnavam um modelo liberal. Em sua maioria, os conservadores apoiavam a intervenção do Estado na economia tal como havia sido levada a cabo sob os militares, quando muitas e enormes empresas estatais foram criadas. A diferença com relação aos progressistas se dava na ordem econômica, com a defesa da propriedade privada, e no limite ao estado de bem-estar social, com pouco espaço para políticas redistributivas que onerassem os mais ricos.

Em que pese os embates constitucionais relacionados com a economia, o maior imbróglio, que tudo travava e complicava, impedindo acordos e negociações, referia-se a uma questão puramente política com implicações de curto prazo: a duração do mandato presidencial. Sarney não abria mão de governar por cinco anos.[15] Mas os progressistas, liderados por Covas, queriam antecipar a eleição presidencial, reduzindo o mandato a quatro anos. Em seu anteprojeto de regimento interno, FHC inseriu um artigo que conferia aos constituintes a possibilidade de aprovar modificações da carta vigente, herdada do Regime Militar, antes mesmo da aprovação da nova Constituição. Seria algo necessário para se livrar o mais rápido possível do "entulho autoritário", argumentavam. Sarney se deu conta dos riscos que corria, que os tais decretos constitucionais poderiam ser usados para encurtar seu mandato, ou até mesmo introduzir reformas que fizessem o sistema de governo caminhar para um parlamentarismo. Na votação nominal que decidiu a matéria, a maioria rejeitou os tais decretos constitucionais; Sarney derrotou os progressistas no primeiro *round* e os derrotaria nos seguintes. Ficava patente o que já se sabia: a centro-direita conservadora, próxima do presidente, tinha mais votos que a centro-esquerda progressista.

Acossada pela liderança progressista na Constituinte e ameaçada pela tese de que somente a esquerda era viável nas urnas, a direita agarrava-se com todas as forças a Sarney, ou melhor, à duração de seu mandato. Entretanto, como ressaltado, para os progressistas do PMDB, abreviar o desastroso governo Sarney, ao qual estavam associados por meio de sua legenda, era uma questão de vida ou morte. Se Sarney deixasse rapidamente o poder, ainda havia chances de vencer as eleições presidenciais que definiriam seu sucessor. Protelar o pleito favorecia a esquerda de Brizola e Lula. Desse modo, a extensão do mandato presidencial perpassava todos os debates constitucionais e correntes ideológicas.

No final das contas, a decisão sobre o mandato presidencial ficou nas mãos de Bernardo Cabral, o relator da Comissão de Sistematização. O Anteprojeto de Constituição a ser escrito por Cabral não precisava necessariamente acatar as decisões tomadas nos estágios anteriores, nas subcomissões e comissões, que no caso haviam decidido pelo mandato presidencial de cinco anos, a favor de Sarney. A Comissão de Sistema-

15. Pela Constituição vigente, o mandato presidencial deveria se estender por longos seis anos. Sarney aceitava reduzi-lo em um ano, alegando que esse fora o teor do acordo celebrado por Tancredo.

tização era o estágio mais importante e crucial de todo o processo: seu texto assumiria o caráter de *status quo* constitucional. Em suma, o relator Bernardo Cabral contava com muito poder. Mais do que reunir em um só anteprojeto os textos parciais elaborados separadamente nas Comissões, cabia-lhe a difícil tarefa de conciliar visões divergentes, limando arestas e acertando acordos. Noviço na política e sem o estofo para desempenhar a tarefa que lhe fora reservada, Cabral demorou-se a emitir seu parecer e dar forma ao texto a ser votado. No centro do furacão que se armava, estavam a definição da extensão do mandato de Sarney e a adoção do parlamentarismo.

Para encurtar uma longa e ainda um tanto obscura história, ante a possibilidade de Cabral prejudicar Sarney, os conservadores passaram a defender uma alteração do regimento interno da Constituinte. A virada ocorreu no início de 1988, quando o deputado Roberto Cardoso Alves apresentou e viu aprovado um requerimento que tirava da Comissão de Sistematização o caráter de *status quo*. Com a mudança, tudo o que havia sido escrito até então teria de ser confirmado em Plenário, artigo por artigo, pela maioria absoluta dos constituintes. A modificação permitiu também a apresentação de um substitutivo integral ao pré-projeto da Sistematização. Em outras palavras, com a aprovação da modificação regimental proposta por Cardoso Alves, depois de um ano de trabalho, a Constituinte voltava à estaca zero.

A iniciativa de Cardoso Alves recebeu apoio de um amplo grupo de deputados autodenominados de "Centrão", que unia os conservadores do PMDB a quase todos os membros do PFL, PDS e PTB. O Centrão nasceu com maioria confortável para mudar as regras em meio ao jogo. Caía por terra a vantagem acumulada até então pelos progressistas.

A vitória do Centrão evidenciou que a maioria dos constituintes, independentemente de filiação partidária, era composta por egressos da Arena. Diante da possibilidade da aprovação de um texto inclinado à esquerda, escrito sob a influência dos progressistas, os ex-arenistas se organizaram para anular as vantagens que seus adversários haviam conquistado até então. Contudo, essa articulação conservadora era mais negativa do que positiva: seus membros se uniram para barrar as propostas mais radicais dos progressistas, mas careciam de coesão suficiente para elaborar e apresentar um projeto de Constituição alternativo. Deve-se ressaltar, ainda, que o anteprojeto da Comissão de Sistematização e o substitutivo elaborados pelo Centrão divergiam principalmente em temas polêmicos que regulariam a ordem econômica e social, como a reforma agrária. Do ponto de vista institucional, a divergência se limitava à forma de governo (presidencialismo ao invés de parlamentarismo) e ao mandato de Sarney (cinco anos ao invés de quatro).

É duvidoso que o Centrão tivesse saído do papel se não contasse com o apoio direto do Planalto. Em consequência, conclui-se que Sarney e a extensão de seu mandato estavam por detrás da reviravolta conservadora que redefiniu os rumos do processo constituinte. Sem o estímulo e a intervenção direta do presidente, o Centrão sequer teria se formado, que dirá reescrito o regimento interno. Seja como for, o fato é que, já transcorrido um ano de seus trabalhos, a Assembleia viu-se diante de um profundo e inusitado impasse constitucional. E se não houvesse maioria para aprovar artigos específicos? O Brasil ficaria sem constituição? Não demorou para que tal risco se tornasse uma possibilidade real.

A CONSTITUIÇÃO DO CONSENSO E O FORTE PODER EXECUTIVO

Ao mudar as regras no meio do jogo, o Centrão ameaçou gerar um "buraco negro": a possibilidade de que a Assembleia não aprovasse texto constitucional algum (Nossa..., 1988:63). Como o quórum exigido para aprovação de todo e qualquer artigo passara a ser a maioria absoluta do Plenário, o equivalente a 281 votos, tal buraco negro não era uma possibilidade remota.

O risco de os constituintes fracassarem em escrever uma Constituição se manifestou logo na primeira votação no Plenário, que decidiria o preâmbulo da carta. Além de laico, sem a palavra "Deus", o anteprojeto oriundo da Comissão de Sistematização fazia referência à participação popular direta, insinuando uma eventual superação da democracia representativa. Em reação, o Centrão apresentou um substituto com referência explícita a Deus e sem menção à democracia direta. O preâmbulo do Centrão foi votado primeiro sem angariar maioria no Plenário. Votou-se em seguida o texto proposto pelos progressistas, sem Deus e com democracia participativa, o qual tampouco obteve votos suficientes para ser aprovado. Se a votação prosseguisse, a Constituição não teria preâmbulo, o que em si não era um problema. Mas o resultado anunciava que tudo o mais, tudo que restava a aprovar, seria engolido pelo "buraco negro". Sem um acordo entre as partes, dificilmente se aprovaria qualquer artigo constitucional que causasse controvérsia. Se a disputa entre Deus e a democracia participativa dera em água, que dizer do restante do texto?

Imediatamente, os lados em confronto deram-se conta de que haviam caído em um saco sem fundo; para escaparem do furo em que se meteram, para aprovar uma constituição, seria necessário costurar acordos. No caso do preâmbulo, um grupo aceitou a referência a Deus, enquanto o outro fez o mesmo com relação à democracia direta. A costura que permitiu o consenso foi alinhavada em reunião matutina entre os líderes dos dois campos, os quais, à tarde, didaticamente explicaram os termos do acordo no Plenário para que os demais parlamentares votassem a contento. Este padrão prevaleceu ao longo das votações seguintes. Com o correr do processo, a polarização que marcara até então a Constituinte cedeu lugar a acertos entre as lideranças dos dois principais partidos, PMDB e PFL. De tal modo, ao fim e ao cabo, o texto constitucional acabou tomando a cara da coalizão que elegera a chapa Tancredo-Sarney. A distribuição de forças impôs a moderação. Não havia lugar para rupturas ou retrocessos. É certo que a ala progressista registrou mais vitórias em função de sua maior capacidade de liderança e do estado de penúria social em que vivia o Brasil. No geral, contudo, verificou-se um certo hibridismo, uma combinação entre distintas visões e tendências, clara em duas áreas de enorme importância social: saúde e educação.

Nominalmente, a Constituição universalizou a cobertura pública de saúde, estabelecendo-a como um direito fundamental. *Grosso modo*, vigorava até então o sistema corporativo oriundo da Era Vargas, que limitava a assistência médica aos trabalhadores com contratos formais e, salvo algumas poucas exceções, excluía uma multidão de desprivilegiados, trabalhadores informais e rurais. A universalização era uma enorme mudança, defendida ferrenhamente pelos progressistas; a questão era como se daria tal cobertura pública universal. Típico da Constituição, o resultado foi um texto genérico o suficiente para ser aprovado por consenso, o qual obriga ao Estado a prover saúde a todos, sem definir precisamente o que isso significa. A carta tampouco estabeleceu claramente de onde viriam os recursos necessários para atender o conjunto da população. Por fim, o texto acenava aos conservadores ao abrir espaço à livre-iniciativa no setor, permitindo o desenvolvimento de um sistema híbrido. Ficava implícito que os mais pobres teriam alguma assistência pública, qualquer que fosse sua qualidade, ao mesmo tempo que se garantia à elite a possibilidade de continuar pagando para ser bem assistida (Rocha, 2019:160-171).

Solução similar deu-se no tema da educação: o Estado passou a ter como dever sua universalização sem que se cuidasse de prover os meios necessários para sua implementação e aprimoramento. Ficou decidido que os municípios e estados seriam responsáveis por universalizarem os ensinos fundamental e médio, respectivamente, cabendo à União contribuir com recursos para tal. Como veremos no segundo volume desta coleção, essa meta de fato foi alcançada no ensino fundamental nos anos 1990, mas o Brasil continuou atrás de países similares, vizinhos na América Latina, tanto em anos de estudo quanto em relação à qualidade do ensino. No entanto, a exemplo do que ocorria com a saúde, manteve-se espaço para a educação privada às classes média e alta — com direito a deduções no imposto de renda, diga-se de passagem (Menezes Filho e Fernandes, 2019:110-113).

Enquanto progressistas e conservadores chegavam a um delicado equilíbrio na redação do texto constitucional, alguns grupos se impuseram como verdadeiros vencedores: funcionários públicos, aposentados e pensionistas. Os burocratas ganharam estabilidade e um regime de progressão na carreira, dois pontos pleiteados por seus sindicatos. As mudanças faziam sentido em um país em que os chefes do Executivo recorrentemente abusavam de seu poder para promover redes clientelistas com contratações arbitrárias, perseguindo servidores politicamente alinhados à oposição. Apesar de ter contribuído com a profissionalização das carreiras de Estado, estas mudanças acabaram por engessar o Orçamento e a máquina pública. Alguns órgãos estatais saíram-se especialmente vitoriosos, como o Ministério Público, que conquistou independência e autonomia financeira. Por fim, as atribuições e prerrogativas do STF foram expandidas, seguindo a tendência do ocidente no pós-guerra, quando virou norma que se reforçasse o poder dos juízes para garantir direitos humanos e evitar a ascensão de governantes autoritários.

Do ponto de vista fiscal, a principal questão da Constituição foi a Previdência Pública. Os progressistas aprovaram a universalização da cobertura do sistema previdenciário, que até então era restrita aos trabalhadores do mercado formal, a exemplo do que ocorria com a saúde. Ademais, a carta também estabeleceu o salário mínimo como piso dos benefícios da Previdência. A universalização da Previdência era um tema socialmente relevante, pois muitos idosos não haviam contribuído com o sistema. Vários viviam no meio rural, onde a Previdência contava com baixíssima capilaridade, ou trabalhavam no mercado informal, sem carteira assinada. A reforma teve enormes impactos positivos na vida de idosos de baixa renda e de seus familiares; mas a Constituição não teve o mesmo cuidado para garantir uma fonte de financiamento correspondente. A carta deu aos governos nos três níveis a prerrogativa de recolherem Contribuições Sociais, porém essa receita não contava com rubricas específicas. De todo modo, mesmo se as contribuições sociais fossem integralmente utilizadas para pagar aposentadorias e pensões públicas, suas receitas não eram vultosas o suficiente para financiar por completo a universalização da Previdência. É notável que a questão previdenciária já se impusesse como um sério problema fiscal na década de 1980, quando a estrutura demográfica brasileira ainda lhe era favorável, quando a pirâmide etária tinha base alargada e topo afinado; o envelhecimento populacional verificado nas décadas seguintes aumentaria ainda mais o rombo da Previdência.

A principal exceção à solução de consenso do processo constituinte foi o debate sobre o sistema político. A possível adoção do parlamentarismo dividiu a Assembleia. Boa parte dos progressistas do PMDB defendia a mudança que, se adotada de imediato, representaria uma derrota para Sarney e seu grupo, que se uniram em torno da defesa do presidencialismo. Nesse caso, PDT e PT se alinhavam aos interesses de Sarney ao defenderem o presidencialismo, quer pela memória da atabalhoada reviravolta parlamentarista contra Goulart, na década de 1960, quer pela aposta em Brizola e Lula nas eleições presidenciais vindouras. Em que pese o apoio da esquerda, porém, a interferência do Planalto foi crucial para definir o resultado da votação — com franco apoio dos militares, sobretudo do ministro do Exército Leônidas Pires Gonçalves (Castello Branco, 1988). Derrotados, os progressistas do PMDB fecharam um acordo de última hora para que a questão fosse decidida em um plebiscito marcado para 1993, cinco anos depois da aprovação do novo texto constitucional. Sarney colecionava mais uma vitória ao ver a questão protelada para a década seguinte.

Graças às negociações e aos acordos firmados pelas lideranças partidárias, a Constituinte escapou do "buraco negro": seus membros escreveram uma carta que de fato definiu as regras do jogo democrático. Exceção feita à forma de governo e ao mandato de Sarney, as decisões relativas ao desenho institucional beiraram o consensual. Um importantíssimo exemplo do consenso alcançado se deu na regulação do equilíbrio entre os poderes Executivo e Legislativo, tema relacionado com uma questão particularmente espinhosa: o decreto-lei. Pela Constituição da ditadura, presidentes podiam baixar tais decretos, os quais tinham força imediata de lei: não podiam ser emendados e, se não fossem apreciados em 30 dias, eram automaticamente aprovados por decurso de prazo. O máximo que os parlamentares podiam fazer era rejeitá-los, isto dentro do prazo exíguo de 30 dias estabelecido pela Constituição. Como mencionado anteriormente, até o governo Figueiredo, os parlamentares nunca ousaram fazê-lo. Ou seja, os decretos-lei eram o mecanismo legal por meio do qual os generais governavam como ditadores.

Era praticamente consenso a necessidade de se limitar a força do decreto-lei. Entretanto, havia receio de que, ao aboli-lo, a Constituição reconduziria o Brasil à instabilidade política e paralisia governamental que marcara o período democrático entre 1945 e 1964, quando os presidentes se viam constantemente enredados em impasses com o Congresso. De maneira geral, os constituintes estavam convencidos de que era preciso evitar a experiência anterior, dotando o Executivo de instrumentos legislativos para governar de forma célere, superando os obstáculos impostos por Legislaturas morosas, tendentes à paralisia. Essa visão era compartilhada por todas as correntes políticas, unindo conservadores a progressistas. Em especial, os pedetistas eram favoráveis ao fortalecimento do Poder Executivo, já antecipando que um eventual governo Brizola fosse arrastado ao confronto com o Congresso, como ocorrera com as administrações de Vargas e Goulart.

Os constituintes acharam na Constituição italiana de 1947 a saída para o *conundrum*: a Medida Provisória (MP) que, na prática, mantinha a prerrogativa do Executivo de editar decretos com força de lei em casos de "relevância e urgência". A grande diferença entre o decreto-lei e a MP é a inversão da consequência do decurso de prazo. As MPs têm validade de 30 dias, mas perdem eficácia se não forem aprovadas dentro desse período. Em tese, essa curta vigência limitaria a capacidade do Poder Executivo de governar por decreto. Seguindo os passos de seus colegas italianos da década de 1940, porém, os constituintes deixaram a válvula de escape aberta: a Constituição não vedou explicitamente a reedição das MPs que caducassem. Em função desse importante detalhe, as diferenças entre o decreto-lei e a MP destituíam-se de consequências práticas. Dali em diante, todos os governos recorreram com frequência à reedição de MPs, a começar já por Sarney.

Com a inflação anual ultrapassando a barreira dos quatro dígitos, em 1989, o presidente enviou uma série de MPs à Câmara para regulamentar o Plano Verão, pacote que incluía corte de gastos, aperto monetário e reajuste de tarifas, além do já amplamente desacreditado congelamento de preços. O plano foi recebido com ceticismo por todos em função do fracasso das iniciativas anti-inflacionárias anteriores. Além disto, o caráter parcialmente contracionista das medidas antagonizava a esquerda. Após longas e arrastadas negociações, o Congresso aprovou o bojo do plano em meio a concessões de parte a parte. Entretanto, algumas negociações se estenderam por mais de 30 dias, com o que uma das MPs acabou por perder a validade sem ser votada. Sarney a reeditou, empurrando ao Congresso a tarefa de lidar com o fato consumado, de decidir se apreciaria ou não uma MP reeditada. A decisão dos parlamentares seguiu a orientação geral contida no texto constitucional, no sentido de abrir a válvula de escape em nome da governabilidade. Vale frisar aqui uma conclusão: o próprio Congresso Nacional decidiu que MPs poderiam ser reeditadas (Figueiredo e Limongi, 2001). Na década de 1990, os governos Collor, Itamar e FHC — este último, ironicamente, um ferrenho crítico da reedição das MPs do Plano Verão — usaram e abusaram da reedição de MPs. Ao não ter segurança de como os congressistas votariam, o Planalto manobrava para que não se apreciasse MPs, reeditando-as logo em seguida. O governo FHC foi de longe o mais profícuo nessa prática, até que uma emenda constitucional limitou a reedição das MPs, em 2001, como descreveremos no capítulo 4.

São enormes as vantagens estratégicas que a reedição das MPs confere ao Executivo. Como as MPs têm força imediata de lei, ao avaliá-las, os parlamentares são obrigados a comparar dois cenários: o que está em vigor desde sua vigência e o que ocorreria após uma eventual votação contrária na Câmara. A opção "deixar as coisas como estavam", o *status quo* vigente antes da promulgação da MP, não figura entre as alternativas possíveis. Contudo, deve-se ressaltar a principal razão em função da qual o Congresso concedeu esse enorme poder ao Executivo: o temor generalizado de paralisia decisória e a crise de governabilidade que, de acordo com a interpretação então canônica, teria definido os destinos da experiência democrática anterior a 1964. A fim de evitar esse cenário, os políticos não hesitaram em fortalecer a figura do presidente, mesmo que isso significasse certa continuidade da ordem vigente durante o Regime Militar.

Além da possibilidade de editar e reeditar MPs, a Constituição conferiu ao Executivo outra arma legislativa poderosa: o controle sobre a elaboração e execução do Orçamento Federal. A carta deu ao Legislativo a possibilidade de oferecer emendas aos projetos de lei apresentados pelo Executivo, o que não era o caso durante a ditadura. Entretanto, a possibilidade de oferecer emendas ficou circunscrita aos gastos com investimentos, uma parcela reduzida, ainda que significativa, do Orçamento. Mesmo no que se refere aos investimentos, deputados e senadores não podem criar despesas sem identificar as receitas correspondentes. Ou seja, a participação parlamentar via emendas se reduz à realocação de gastos em investimentos previstos por propostas iniciais do Executivo. Reduzindo ainda mais a força dos congressistas, o Executivo detinha a prerrogativa de simplesmente não executar as emendas aprovadas em Plenário. O resultado é que, após fazer com que suas emendas sejam aprovadas em Plenário, algo longe de trivial, os parlamentares ainda têm que negociar a liberação dos recursos com o Planalto.[16]

Ao mesmo tempo que fortaleciam as prerrogativas do Executivo, as lideranças partidárias expandiram seu próprio poder ao tornarem permanente o papel que desempenharam na elaboração do texto constitucional, quando a pauta dos trabalhos foi negociada pelos caciques progressistas e conservadores — conforme vimos anteriormente nesta seção. A prática institucionalizou-se com a criação do Colégio de Líderes, o qual foi incorporado ao novo Regimento Interno da Câmara dos Deputados em 1989. Composto pelas lideranças dos principais partidos e pelo presidente da Câmara, esse seleto grupo passou a controlar a pauta de votações, decidindo de antemão as matérias que iriam ao Plenário. Mas o poder dos caciques não para por aí. Em questões de procedimento, líderes representam suas bancadas, reduzindo em demasia a participação individual dos parlamentares, cujas intervenções acabam restritas à ratificação dos acordos previamente celebrados. Vem desse desequilíbrio entre líderes e seguidores o pejorativo tratamento dado ao parlamentar típico: os membros do "baixo clero", integrantes de uma maioria sem voz ou influência, que de relevante só tem o mandato.

Em suma, as regras do sistema político que surgiam no final dos anos 1980 não reduziram radicalmente o poder que o Executivo herdara da ditadura. Graças ao poderoso instrumento das MPs, os presidentes mantiveram-se no papel de legislador número um; vota-se o que o Planalto determina. No que se refere ao Legislativo, concentrou-se poder na mão dos líderes das legendas. Desta forma, em que pese a crescente fragmentação partidária que ocorreria nas décadas seguintes, o Congresso manteve-se apto a negociar de forma célere com o Poder Executivo. O governo não precisa se dirigir aos deputados individualmente; basta-lhe lidar com o Colégio de Líderes. Não procede, portanto, a comum afirmação de que o Poder Executivo era fraco ante a um intratável Legislativo;

16. Como se verá no final deste livro, no governo Dilma o Congresso passou uma emenda constitucional que limitou a discricionalidade deixada ao Executivo para executar as emendas aprovadas pelos parlamentares.

precisamente o oposto se verificou nas décadas seguintes à redemocratização — ainda que essa correlação de forças fosse se alterar em benefício do Congresso no final da década de 2010, em um período além do escopo deste livro. Por fim, salta aos olhos o continuísmo de instituições autoritárias na Nova República: o Executivo pode governar por decreto e a maioria dos deputados, principais representantes do povo junto ao poder, é reduzida à ratificação dos acordos negociados entre o presidente da República e os cardeais dos grandes partidos.

INDEFINIÇÃO E CONSOLIDAÇÃO DAS LEIS ELEITORAIS APÓS A CONSTITUIÇÃO

Além da relação entre os poderes Executivo e Legislativo, a outra grande questão institucional que se impôs durante a redação da Constituição dizia respeito às eleições. Era preciso estabelecer as regras que regeriam a disputa política no novo regime democrático que surgia. Como vimos no começo deste capítulo, o governo Sarney aprovou, em 1985, várias leis que garantiam o sufrágio universal e o recadastramento geral do eleitorado. A nova legislação foi aprovada a toque de caixa, tendo em vista as eleições gerais do ano seguinte, nas quais foram escolhidos os parlamentares constituintes. A carta por eles redigida consolidou os avanços das leis de 1985. O Capítulo IV da Constituição, que trata dos Direitos Políticos, estabeleceu a soberania popular por meio do sufrágio universal e do voto direto, secreto e obrigatório às pessoas alfabetizadas entre 18 e 70 anos.[17] Já o Capítulo V, sobre os direitos dos Partidos Políticos, assegurou a livre criação, fusão, incorporação e extinção de legendas. A Constituição introduziu também a eleição em dois turnos para presidente, governadores e prefeitos em municípios com mais de 200 mil eleitores.[18] Por fim, estabeleceu-se a data da primeira eleição direta para presidente da República: 15 de novembro de 1989,

17. O voto é facultativo para eleitores com idade acima dos 70 e para os jovens entre 16 e 18 anos, além dos analfabetos.
18. Artigos 77, 28 e 29, respectivamente.

tópico do próximo capítulo. Começaria, então, o jogo democrático da Nova República.

A Constituição garantia a livre participação política em eleições diretas, os princípios básicos da democracia. Mas os constituintes deixaram uma série de questões cruciais à legislação ordinária. Ficou para depois a definição de temas como as condições para fundação e registro de partidos, a filiação partidária e, de suma importância, a divisão do tempo na propaganda gratuita e do então incipiente fundo partidário. Nesses temas, para além das leis eleitorais de 1985, a política seguia "entulhada" pela herança do autoritarismo. Por um bom tempo, restava aos parlamentares talharem remendos transitórios em pleitos específicos.

Em especial, a cada eleição chegava-se a um acordo *ad hoc* para regular o tempo de propaganda gratuita reservado aos partidos. A tarefa não era nada simples. De suma importância, a divisão da propaganda estava diretamente relacionada com o encaminhamento da transição do bi ao pluripartidarismo. O sistema partidário imposto pelos militares não desaparecera com o retorno dos civis ao poder; pelo contrário, a competição nas urnas seguiu marcada pela desigualdade: por terem herdado a estrutura dos partidos criados pelos militares, PDS, PFL e PMDB levavam vantagens sobre as legendas novas, criadas do zero, como PT, PDT, PTB, PL, PSB e PSDB. O principal benefício dado aos "herdeiros" do Regime referia-se à propaganda eleitoral gratuita, a qual, como vimos anteriormente, desde a eleição de 1974 havia se tornado o meio privilegiado pelo qual as campanhas se organizaram no Brasil. As leis eleitorais estabeleciam o tempo de propaganda de acordo com o desempenho nas eleições anteriores. Com gordas fatias no horário de rádio e televisão, candidatos peemedebistas e pefelistas levavam a dianteira na disputa por votos, contribuindo para a perpetuação das vantagens herdadas do período militar.

A rigor, ao se crer no discurso democratizante do governo Sarney e do PMDB, teria sido necessário abrir o sistema político às novas legendas, garantindo-lhes um bom quinhão de fundos públicos de campanha e tempo de propaganda eleitoral. Só assim se viraria a página da ditadura, que havia imposto o bipartidarismo justamente para excluir as esquerdas. Mas é evidente que a peemedebistas e pefelistas era conveniente dividir os recursos eleitorais entre si, mantendo a concentração de votos em um sistema próximo ao bipartidarismo.

Outra importante questão dizia respeito à fragmentação partidária: uma legislação eleitoral demasiadamente generosa com os pequenos partidos fatalmente geraria incentivos para a criação de novas legendas, o que poderia dificultar a tarefa do Executivo na formação de blocos parlamentares governistas. Como enfatizado anteriormente, os constituintes entendiam por necessário evitar situações de impasse entre governo e Congresso, as quais seriam mais prováveis se o número de partidos operantes na Câmara crescesse em demasia.

Em meio à indefinição, o sistema político caminhou de forma tortuosa e vacilante em direção ao pluripartidarismo nos anos que se seguiram à Constituinte. Conforme veremos no próximo capítulo, o segundo turno entre Lula e Collor nas eleições presidenciais de 1989 excluiu PMDB e PFL da corrida pela Presidência, padrão que se manteria dali em diante. No que se refere às eleições parlamentares, as leis de 1985 acabaram dando estímulo à fragmentação partidária ao permitirem que coligações funcionassem como se fossem grandes legendas. As transferências de votos intracoligações viabilizavam partidos pequenos, pouco expressivos nas urnas. Sozinhas, tais legendas não conseguiriam eleger candidatos. Recorrendo às coligações, contudo, partidos diminutos saltavam a cláusula de barreira implicitamente imposta pelo quociente eleitoral, participando da divisão dos assentos legislativos graças a coligados "puxadores" de votos.

As coligações valiam tanto para as eleições proporcionais quanto para as majoritárias. Abriam-se, assim, duas frentes de negociação interconectadas. Por um lado, os partidos pequenos contribuíam com suas breves, porém relevantes fatias no horário eleitoral a fim de engordar o tempo de televisão dos candidatos a cargos majoritários de suas coligações. Em troca, os puxadores de voto, os quais geralmente eram expoentes dos partidos grandes, possibilitavam as eleições dos parlamentares das legendas pequenas com resultados abaixo do quociente eleitoral.

A permissibilidade da legislação com relação às coligações serviu de motor para uma rápida fragmentação partidária. Os cinco partidos representados na Câmara em 1982 (PMDB, PDS, PTB, PT e PDT) deram lugar a 12 nas eleições seguintes, as primeiras realizadas de acordo com as leis de 1985. De todo modo, como visto, o PMDB contava com maioria naquela legislatura, cuja composição ainda mantinha um caráter bipartidário, com o PFL firme em segundo lugar. Mas o número de partidos deu um novo salto no pleito de 1990, quando nada menos do que 19 legendas elegeram deputados federais. Trata-se de um aumento de quase quatro vezes em menos de uma década.

Diante do temor de que a fragmentação continuasse a crescer, as lideranças dos principais partidos políticos formaram o consenso de que era preciso limitar a criação de novas legendas e dificultar a sobrevivência dos partidos pequenos. O resultado foi a aprovação de duas importantes leis: a dos Partidos e a das Eleições, em setembro de 1995, que finalmente preencheram o vazio deixado pela Constituição (Brasil, 1985f; 1997c). A nova legislação introduziu uma cláusula de desempenho aos partidos, por meio da qual se buscava reduzir o número de siglas representadas no Legislativo e, consequentemente, ampliar a fatia das grandes legendas na propaganda gratuita e no fundo partidário. Para se ter uma ideia do potencial das novas regras, tivesse sido aplicada de chofre, apenas sete partidos atingiriam tal cláusula — o que teria significado um retorno à configuração da legislatura de 1982 (Brasil..., 2018). Para evitar consequências tão drásticas e abruptas, a legislação previu um período de transição, postergando sua aplicação para as eleições de 2006. Até lá, algumas legendas pequenas poderiam se consolidar e sobreviver sob as novas regras. Esperava-se também que, com menos partidos e livre de restrições orçamentárias, seria possível ampliar o Fundo Partidário, restringindo a influência das contribuições privadas às campanhas.[19]

Mas a nova cláusula de barreira prevista na Lei dos Partidos de 1995 não chegou a ser implementada. Representantes de legendas pequenas apresentaram ações diretas de inconstitucionalidade junto ao STF, alegando que a lei violava os princípios constitucionais de pluralismo político e de autonomia partidária (Brasil, 2006; 2007). Em 2006, meses antes da sua entrada em vigor e quase 10 anos depois da sua aprovação, em decisão unânime, o STF deu vitória aos partidos pequenos,

19. As revelações da CPI que investigou as contas de campanha de Fernando Collor e o Escândalo dos Anões do Orçamento contribuíram decisivamente para o consenso em torno da necessidade de se adotar o financiamento público de campanhas. Os dois escândalos são abordados no próximo capítulo.

derrubando a cláusula de barreira. Em seu voto, o ministro relator Marco Aurélio Mello considerou que a lei implicaria o "esvaziamento da atuação das minorias" (Brasil, 2006). Em seguida, a fragmentação partidária ganhou impulso redobrado, fazendo do Congresso Nacional um dos campeões mundiais em número de partidos: havia nada menos do que 30 na legislatura de 2018.[20] Tamanha fragmentação partidária poderia ter comprometido estruturalmente a governabilidade do país se o Poder Executivo não fosse tão forte, constitucionalmente habilitado a baixar medidas provisórias e controlar o Orçamento, conforme salientado na seção anterior.

Não obstante a derrubada do artigo com que se pretendia conter a fragmentação partidária, a Lei dos Partidos e das Eleições foi fundamental para estabilizar o regramento do sistema político partidário. A lei criou e regulamentou a distribuição do Fundo Partidário com base nas representações legislativas de cada legenda. Como se verá no capítulo 5, esses recursos foram cruciais para o fortalecimento financeiro e profissionalização eleitoral do PT, cuja crescente bancada parlamentar condicionou um salto de receitas. Também se estabeleceu o critério definitivo para a divisão do horário eleitoral gratuito, separando-o em duas fatias. Dois terços do tempo passaram a ser alocados aos partidos e coligações de acordo com o tamanho de suas bancadas na Câmara, contadas na data de início da legislatura em curso. O outro terço restante seria distribuído equitativamente entre todos os partidos — incluindo aí os pequenos, servindo, portanto, de combustível para a fragmentação partidária. Desse modo, com a aprovação dessas duas leis, o Congresso pôs fim à era das regras *ad hoc* aprovadas antes de cada pleito.

Após a aprovação da Lei dos Partidos e das Eleições, as reformas eleitorais tornaram-se cada vez mais marginais, focadas em temas específicos, sinal de solidificação das regras que gerem a disputa política. Os desmandos do passado haviam ficado para trás. Talvez a única exceção tenha sido a emenda da reeleição, aprovada em 1997, que permitiu a

20. Embora fora do escopo deste livro, vale ressaltar que, em 2017, o Congresso aprovou a Emenda Constitucional nº 17 (Brasil, 1997b), que finalmente impôs o início escalonado da aplicação de cláusula de barreira.

participação e vitória de FHC na corrida presidencial do ano seguinte (Brasil, 1997a). Como se argumentará no capítulo 4, tratou-se de um explícito casuísmo, muito embora a medida tenha sido um caso isolado, não desencadeando uma deterioração institucional ou, pior, um retorno às viradas de mesa da ditadura.

Um exemplo de reformas pontuais e relevantes, consequências de pressões da sociedade civil, diz respeito à diminuta e vexatória participação feminina na política. Dos 536 parlamentares constituintes, apenas 26 eram mulheres, e todas na Câmara, nenhuma no Senado. A primeira tentativa de se reverter esse quadro ocorreu nas eleições municipais de 1996, quando foi estabelecida uma reserva mínima de 20% das vagas para mulheres na formação das listas partidárias de candidatos (Brasil, 1995). No entanto, a reserva era contabilizada a partir do total máximo de candidaturas permitidas a cada legenda, quase sempre maior do que o número efetivo de candidatos de fato inscritos. Somente em 2009 estabeleceu-se o mínimo de 30% não mais para a *reserva*, mas para o efetivo *preenchimento* das vagas. A reforma também garantiu recursos do Fundo Partidário a campanhas de candidatas (Brasil, 2009). A lei parece ter surtido algum efeito, apesar de reviravoltas em sua implementação, com uma flexibilização aprovada no Congresso e posteriormente julgada inconstitucional no STF.[21] Em que pese os avanços, a política brasileira segue desproporcionalmente masculina, com a representação feminina bem abaixo de níveis internacionais. Esse lamentável fato se reflete no restante deste livro. Com exceção da presidente Dilma Rousseff, eram homens praticamente todos os protagonistas da narrativa que se segue, políticos que atuaram em posição de mando em nível nacional no Brasil desde a redemocratização.

21. A partir de 2010, houve um acentuado crescimento na proporção de candidaturas femininas para a Câmara dos Deputados e, desde 2014, o mínimo legal de 30% tem sido ultrapassado. A partir das eleições de 2018, houve também um aumento significativo do número de parlamentares eleitas; mesmo assim, ainda se está bem aquém de uma representação equitativa: em 2022, elegeram-se 91 deputadas, menos de 18% da Câmara.

CONCLUSÃO

O governo Sarney foi comprometido com o novo regime democrático que então surgia. De saída, logo em 1985, foram aprovadas emendas parlamentares que deram um impulso à democratização do sistema eleitoral brasileiro, permitindo a ampla formação de partidos e apresentação de candidatos. Limpava-se boa parte do "entulho autoritário" antes que os eleitores fossem às urnas para escolher seus representantes na Assembleia Constituinte. Tinha início, então, a base das regras que regulariam as eleições dali em diante. Também se estabeleceu um novo patamar na participação do eleitorado, com a criação de um cadastro eleitoral nacional e extensão do direito do voto aos analfabetos.

Eleitos de acordo com essas novas regras, no pleito de 1986, os parlamentares constituintes foram incumbidos de escrever o texto que regraria a vida política, econômica e social da Nova República. A chamada Constituição Cidadã trazia expresso em si o compromisso com a democracia, consolidando o sufrágio universal e a liberdade de associação. Avanços à parte, contudo, o processo constituinte foi bastante conturbado. As desavenças no interior da coalizão governista traçaram os tortuosos rumos da redação da carta de 1988. Logo de saída, a ala progressista do PMDB assumiu as rédeas da redação do texto constitucional. Mas os progressistas não contavam com o controle integral do partido, muito menos com maioria na Assembleia. Forças da centro-direita identificadas como o Centrão rechaçaram uma constituição progressista, a mudança do sistema de governo e uma redução do mandato de Sarney. Entretanto, os conservadores se mostraram incapazes de agir em conjunto para impor um novo texto mais afinado ao seu ideário. Um impasse se formou: se os propositivos progressistas eram minoria na Assembleia, a maioria conservadora não contava com a liderança necessária para tomar as rédeas do processo constituinte.

A solução a esse impasse veio na forma de acordos, costurados a portas fechadas pelas cúpulas progressistas e conservadoras. Os projetos que entrariam na Constituição eram acertados previamente nos bastidores antes de irem ao Plenário, para serem aprovados em votações quase unânimes. Fruto do consenso, a Carta conservou várias características do Regime Militar, a começar por um Poder Executivo forte ante o Legislativo. Optou-se por não se constitucionalizar as regras que regulam a criação e gestão dos partidos, bem como aquelas que especificam os detalhes das eleições. Uma nova Lei dos Partidos foi afinal aprovada em 1995. Nela buscou-se reduzir o número de legendas, iniciativa que caiu por terra por decisão do STF, o qual abriu caminho para a notável fragmentação partidária que caracteriza a política nacional.

A Constituição introduziu mudanças, ao menos nominalmente, a exemplo da universalização dos serviços públicos de educação, saúde e previdência. Entretanto, não se impuseram à minoria rica os custos necessários para se viabilizar o estado de bem-estar social que então se criava no papel. O Brasil se democratizou sem que se alterasse profundamente a ordem política e social herdada dos militares: o Executivo seguiu fortalecido em um sistema presidencialista, os partidos oriundos dos velhos Arena e MDB continuaram dando as cartas no Congresso e a sociedade permaneceu marcadamente desigual.

3. O início do jogo democrático: da eleição de 1989 à vitória de FHC

> É vencer ou vencer. (*Fernando Collor de Melo ao anunciar o Plano Collor*)
>
> Fui a ama-seca dele quando ele era presidente da República. (*FHC sobre Itamar*)
>
> FHC poderia almejar a Presidência da República, mas... na Noruega. (*Ulysses Guimarães*)

INTRODUÇÃO

Este capítulo descreve o início do jogo político democrático da Nova República, jogado de acordo com as regras criadas na carta de 1988, livre do "entulho autoritário" deixado pelos militares. A Constituição estabeleceu a data da primeira eleição direta para presidente, em fins de 1989, um ano após sua promulgação. Era a primeira vez em quase 30 anos que eleitores iriam às urnas para escolher o mandatário, em um pleito realizado de forma direta, sem as arbitrariedades e manipulações típicas do Regime Militar. Tratava-se do marco definitivo. A transição à democracia chegava a seu fim; a ditadura ficava para trás, dando espaço a um novo regime que, apesar de inúmeros defeitos, mostrou-se, ao longo das décadas, de uma resiliência insuspeita. Apesar de Collor — o primeiro presidente eleito da Nova República — ter caído em um processo de *impeachment*, em meio a um mal-estar na sociedade com uma sucessão de escândalos de corrupção, o jogo democrático seguiu adiante. O conturbado governo Itamar conseguiu finalmente conter a inflação. Premiado por ter montado a equipe do Plano Real quando chefiava o Ministério da Fazenda de Itamar, o relativamente desconhecido FHC foi eleito presidente em 1994 pelo consideravelmente pequeno PSDB. A partir de então, nas duas décadas seguintes, PSDB e PT disputariam a Presidência, em um período de solidificação institucional e fortalecimento democrático sem paralelo na história do Brasil.

AS ELEIÇÕES DE 1989

A eleição presidencial de 1989 foi um marco no processo de redemocratização. O pleito, além de histórico, foi *sui generis*. Em boa medida, uma coisa explica a outra: foi *sui generis* por ter sido a primeira depois de um longo e arrastado retorno à democracia. O momento tão aguardado finalmente chegara: a decisão pelo voto direto e popular depois de três décadas. Valeria a vontade popular, de forma plena, sem a necessidade de respeitar acordos ou a oferta de garantias para os que deixavam o poder. Foi *sui generis* também por ter sido uma eleição presidencial solteira, sem qualquer outro pleito concomitante que servisse de parâmetro. Para completar, a eleição ocorreu em dois turnos — a grande inovação institucional. O presidente só seria eleito se contasse com o voto da maioria dos votos válidos, coisa que esteve longe de ocorrer nas quatro eleições realizadas entre 1945 e 1960. As novidades e incertezas eram tamanhas que nenhum político sabia ao certo como se comportar naquele pleito de fim de década.

Uma longa lista de candidatos se apresentou naquelas eleições: eram nada menos do que 22 pretendentes, os quais representavam praticamente todas as correntes políticas relevantes em atividade no país. Ninguém quis ficar de fora, todos procuraram testar sua força nas urnas. Não poucos se valeram da oportunidade para conquistar seu lugar ao sol, como os desconhecidos Enéas Carneiro e Marronzinho. O generoso Horário Gratuito de Propaganda Eleitoral garantia a todos os candidatos a possibilidade de se comunicarem diretamente com o eleitorado, que, diga-se de passagem, era enorme, tendo atingido a marca dos 82 milhões — ou 55% da população, ante respectivos 15 milhões e 22% nas eleições de 1960, a última direta para presidente (Limongi e Guarnieri, 2019).

A profusão de candidatos não passou despercebida. Para os observadores da época, parecia que o caos imperaria no sistema político brasileiro dali para a frente. O arguto colunista Castello Branco mostrava-se preocupado com a "desagregação dos grandes partidos, os quais, mais uma vez na história republicana, se mostram inadequados a cumprir o papel de intermediário entre o povo que supostamente congregam e o poder" (Castello Branco, 1989a). Mas a profusão de candidaturas não se repetiria no futuro: os políticos entenderam o funcionamento do mercado eleitoral nacional e calibraram a oferta nas eleições seguintes. Como se verá no restante deste livro, PT e PSDB passariam a liderar as disputas presidenciais a partir dos anos 1990, aglutinando as principais forças políticas do país, não muito diferente de um sistema de fato bipartidário.

A ojeriza ao governo Sarney ditou a tônica da campanha de 1989. Em coluna intitulada "Todos lutam por ser o anti-Sarney", Castello ressaltava que "a situação é de tal ordem que os candidatos se nivelam no combate a Sarney e na expectativa de que o presidente não dê qualquer sinal de simpatia por seu nome" (Castello Branco, 1989b). O desconforto vinha de longe: desde o fracasso do Plano Cruzado, políticos oficialmente governistas tentavam se dissociar da figura do presidente. Conforme visto no capítulo anterior, o plano havia temporariamente reduzido a inflação, redistribuído renda e feito a economia crescer. O sucesso repentino e inesperado deu a Sarney uma popularidade efêmera, a qual se esboroou juntamente com a base do plano, o insustentável congelamento de preços. O sucesso inicial do Cruzado havia ajudado o PMDB a conquistar sua última grande vitória eleitoral, nas legislativas de 1986, quando a legenda formou maioria na Assembleia Constituinte. O reconhecimento de que o Cruzado fracassara, anunciado logo após a apuração dos votos, deixou na população o gosto amargo de que fora vítima de um engodo; pela primeira vez se falou em estelionato eleitoral. A inflação retornou com muito mais força do que antes. A pobreza voltou a crescer, indicando que a dívida social herdada do Regime Militar não seria paga. O lema do governo, "Tudo pelo Social", àquela altura se resumia a um mote simplesmente ridículo.

A carga tóxica emanada por Sarney era tema especialmente espinhoso para o PMDB, a legenda à qual o presidente estava filiado. O partido havia sofrido uma prévia do que estava por vir nas eleições municipais de 1988. Até então a grande máquina eleitoral do país, o PMDB perdeu as principais cidades do centro-sul para a esquerda e centro-esquerda: o PT ganhou em São Paulo, Porto Alegre, Vitória e Campinas, o PDT venceu no Rio de Janeiro e o PSDB levou Belo Horizonte.

Por mais que os progressistas do PMDB se comportassem como se integrassem a oposição, a legenda estava de fato no governo, nomeando a maioria dos ministros, em especial os responsáveis pela economia até fins de 1987 — justamente os mais identificados com o fracasso em se domar a inflação. De todo modo, Ulysses Guimarães, presidente do PMDB e da Constituinte, apostava no legado de sua liderança democrática e na mística da sigla. Curiosamente, o "Doutor Diretas" parecia esquecer uma frase dita alguns anos antes, segundo a qual "já houve tempo em que o PMDB elegia até poste de rua. Mas esse tempo já passou" (Frases..., 2015). Peemedebistas cogitaram lançar o governador paulista Orestes Quercia, mas Ulysses impôs-se como cabeça de chapa, centrando sua campanha no papel que desempenhara na elaboração da "Constituição Cidadã". Seu desempenho eleitoral foi pífio, angariando menos de 5% dos votos válidos, muito pouco diante dos generosos 22 minutos de tempo de televisão com os quais o PMDB contou durante o programa eleitoral obrigatório.

O PFL era o segundo partido na linha de contaminação que emanava de Sarney. O presidente teria aderido àquela legenda ao invés do PMDB não fosse o acordo que o conduziu ao posto de vice de Tancredo Neves nas eleições indiretas de 1985. Pefelistas figuravam entre as principais lideranças do governo Sarney, a exemplo dos ministros das Comunicações, ACM, e das Minas e Energia, Aureliano Chaves — o qual havia sido o vice de Figueiredo no último governo da ditadura. Aureliano foi o candidato do PFL nas eleições de 1989, encabeçando uma melancólica campanha que não chegou sequer a 1% dos votos válidos.

Igualmente fracassadas foram as demais candidaturas que representavam a direita. O ruralista Ronaldo Caiado fez da propriedade rural a plataforma do minúsculo Partido Democrático Nacional (PDN), não conseguindo pontuar 1%. É notável que tanto Aureliano quanto Caiado, dois legítimos representantes da direita, ficaram logo atrás do comunista Roberto Freire, o candidato do PCB. Um pouco melhor se saiu o empresário Guilherme Afif Domingos, que se apresentou pelo PL com uma plataforma liberal elaborada pelo economista Paulo Guedes, futuro ministro da Economia do governo Bolsonaro. Afif chegou a despontar como a opção conservadora, mas terminou a corrida com menos de 5%. Entre as figuras conhecidas da direita, o ex-governador Paulo Maluf chegou em primeiro lugar, muito embora não tenha passado da quinta colocação, com 8% dos votos válidos.

A criação do PSDB foi a saída encontrada por um grupo de progressistas do PMDB para se valer do que restara de capital político do partido, acumulado durante a transição democrática. Ao criarem a legenda, lideranças como os senadores Mário Covas e FHC, o ex-governador José Richa, o ex-ministro da fazenda Bresser Pereira e o deputado José Serra empunharam a bandeira da ética, denunciando o envolvimento de governos peemedebistas em escândalos de corrupção — em especial, as administrações de Orestes Quércia e do próprio presidente Sarney. Além disto, do ponto de vista institucional, o PSDB congregou defensores do parlamentarismo. Embora o centro gravitacional do partido fosse o estado de São Paulo, ele atraiu lideranças emergentes no Nordeste, como o então governador do Ceará, Tasso Jereissati, e seu afilhado político, o prefeito de Fortaleza Ciro Gomes.

Em que pese o apelo à ética, deve-se reconhecer que a criação do PSDB foi ditada pelo calendário eleitoral. O principal objetivo dos autointitulados tucanos era lançar Mário Covas à Presidência, evitando a fila de candidatos do PMDB, na qual estavam Ulysses e Quércia. A plataforma do partido buscou o apelo das bandeiras progressistas, empunhadas pelo grupo na Constituinte, às quais os estrategistas da candidatura Covas acharam por bem acrescentar um nebuloso "choque de capitalismo": uma agenda que poderia incluir privatizações e abertura econômica, ou não. A ambiguidade marcaria a atuação dos tucanos até a eleição de FHC. O partido não sabia se era de esquerda ou de direita, queria ser ambas as coisas e acabou ficando em cima do muro. De todo modo, com votação confinada ao estado de São Paulo, Covas amargou um quarto lugar na corrida presidencial de 1989, com 11% dos votos válidos. Era bem mais do que conseguiu Ulysses e outros candidatos do *establishment* político, mas muito pouco para quem tinha pretensões de chegar ao Planalto. Tentativa de se mostrar palatável à direita, a bandeira do "choque de capitalismo" não surtiu o resultado esperado.

A disputa pela Presidência se deu em torno de candidatos que, de uma forma ou de outra, não eram ligados ao governo Sarney nem haviam assumido protagonismo nas disputas eleitorais entre Arena e MDB. A infindável crise que caracterizou os anos 1980 impelia o eleitorado a procurar novas opções: Collor, Lula e Brizola. Desse trio, Collor foi sem dúvida a grande surpresa.

Ex-governador de Alagoas com recém-completos 40 anos, Fernando Collor de Melo construiu sua campanha à Presidência na denúncia à elite política em geral, acusada de corrupta e "empreguista", e ao governo Sarney em particular. O jovem candidato havia se destacado nacionalmente ao combater os privilégios de servidores públicos em seu pequeno e empobrecido estado, o que lhe valeu a alcunha de "caçador de marajás", repetida nacionalmente em veículos de peso, como a revista *Veja* e a Rede Globo. Nas eleições, Collor ampliou seu apelo, associando o combate ao empreguismo à defesa dos "descamisados", dos miseráveis, em nome dos quais combateria as falcatruas perpetradas pela casta que — segundo seu combativo argumento — controlava o Estado.

É notório que a origem familiar de Collor não condizia com o seu discurso. Seu pai era um dos mais lídimos representantes dos clãs políticos alagoanos, tendo sido senador e governador do estado. Do lado materno, seu avô fora um importante ministro de Getúlio Vargas. O prestígio da família era tamanho que Collor, filiado à Arena durante a ditadura, fora indicado prefeito de Maceió. Mas nada disso importava na campanha do paladino dos "descamisados" contra a elite política — à qual ele evidentemente pertencia. Tampouco era relevante sua passagem pelo PMDB, que havia lhe permitido eleger-se ao governo de Alagoas quando Sarney ainda era popular. A fim de concorrer para presidente em 1989, Collor trocou o PMDB pelo minúsculo Partido da Reconstrução Nacional (PRN), o qual nada representava; era um vazio político positivo naquelas eleições, capaz de dar ao candidato a falsa imagem de *outsider*.

Munindo-se dessas credenciais de conveniência, Collor saltou à frente na disputa eleitoral logo nas primeiras pesquisas, antes mesmo do início legal da campanha. A vantagem sobre os demais candidatos era tão grande que muitos apostavam em sua vitória já no primeiro turno. Collor tinha força entre os mais pobres e menos escolarizados (Lamounier, 1990:137-140). O apelo junto à elite também era intenso. Com um discurso socialmente conservador e economicamente liberalizante, apresentando-se como o candidato do "mundo livre" na Guerra Fria que então terminava, Collor se tornou a peça-chave da direita, a opção antiesquerda, o único capaz de bater Brizola e Lula. O presidente da Rede Globo Roberto Marinho relutou, mas as pesquisas de opinião o fizeram apoiar Collor, a mais viável opção conservadora; o grosso da mídia nacional o seguiu a contento (Conti, 1999:121, 168).

À frente nas pesquisas, Collor procurou administrar a vantagem conquistada. Por exemplo, foi o único candidato que se recusou a participar dos antológicos debates de televisão do primeiro turno, os quais atingiam altíssimos níveis de audiência. O ex-governador tornava-se o alvo predileto dos demais, dispensando a oportunidade de se defender ao vivo. Assim, com o desenrolar da campanha, sua candidatura perdeu fôlego, terminando a primeira rodada com 30% dos votos válidos, muito aquém do necessário para encerrar o pleito àquela altura. Collor encararia um esquerdista no segundo turno; a questão era quem seria o seu adversário: Brizola ou Lula.

Brizola figurava como o esquerdista favorito para chegar ao segundo turno, para o assombro dos conservadores, inclusive o próprio Collor. Notável por sua brilhante capacidade oratória, o ex-governador fluminense se destacou nos debates, chamando Maluf de "filhote da ditadura" e Collor de "criatura do regime", ambos os quais teriam "engordado" quando os militares estavam no poder. Na medida em que Lula crescia nas pesquisas de opinião, Brizola partiu para o ataque à chapa do petista, tecendo acusações ao seu vice, o senador José Paulo Bisol, do PSB gaúcho. Brizola abusou de sua verve. Seus programas de televisão consistiam em longos monólogos, um modelo de comunicação à época já bastante antiquado. Enquanto isso, Lula procurava se beneficiar da imagem anacrônica de seu rival esquerdista, declarando ao *Jornal do Brasil* que Brizola "tem o vício de levantar falsidade sobre os outros e de achar que deve reinar sozinho, porque tem um pouco de populismo, de caudilhismo, o que é normal para um político das décadas de 1940 e 1950" (citado em Gomes, 2014:82).

A campanha petista não poderia ter sido mais diferente do que a veiculada pelo PDT. O PT lançou no horário eleitoral a "Rede Povo", uma divertida paródia da Rede Globo, com atores do próprio canal de televisão, simpatizantes da candidatura de Lula (Conti, 1999:213-214). Além disso, a legenda fora capaz de criar bases de apoio em praticamente todos os estados. Também foi importante a coalizão com o PSB de Miguel Arraes, governador de Pernambuco. Enquanto Lula colhia votos em todo o Brasil, Brizola não alçou voo fora do Rio Grande do Sul e do Rio de Janeiro, estados onde havia sido governador.

A disputa entre os dois representantes da esquerda foi bastante acirrada, decidida por menos de um ponto percentual: Lula passou ao segundo turno com 17,19% dos votos válidos, contra 16,51% de Brizola. O antigo líder trabalhista sentiu o golpe, mas acabou "engolindo o sapo barbudo", apoiando Lula no segundo turno. Verificou-se uma gigantesca transferência de votos: entre os dois turnos das eleições, Lula cresceu de 12% para 73% dos votos válidos no Rio de Janeiro e 7% para 69% no Rio Grande do Sul (Gomes, 2014:108).

Covas também apoiou Lula, levando o PSDB consigo, ainda que Collor tenha tentado se aproximar dos tucanos. Havia de fato alguma afinidade entre os programas econômicos de Collor e do PSDB. Portanto, ao que parece, a clivagem que caracterizou o segundo turno daquela eleição era mais de cunho político, destilado no processo de redemocratização, do que econômico, definido pelo embate entre socialismo e liberalismo: os progressistas Lula, Brizola e Covas estavam de um lado, enquanto Collor recebeu apoio de praticamente toda a direita, incluindo o PFL e a parcela conservadora do PMDB (Sallum, 2015:77). Ulysses Guimarães permaneceu neutro. O velho peemedebista tentou se aproximar de Lula, oferecendo-lhe um valioso apoio que foi rechaçado pelo candidato (Rocha de Barros, 2002:302).

Collor derrotou Lula em uma disputa acirrada. O petista encurtou significativamente a distância ao primeiro colocado, chegando a empatar nas pesquisas de opinião realizadas antes do último debate, promovido pela TV Globo. No dia seguinte, o noticiário da Rede Globo apresentou uma edição tendenciosa do embate para passar a impressão de que Collor havia dado uma surra em Lula. Em um artigo quantitativo recente, o qual explora a descontinuidade entre municípios à época com e sem cobertura da Rede Globo, Cavgias et al. (2024) encontram evidências bastante robustas de que a edição do debate favoreceu significativamente o candidato do PRN. Como a eleição foi decidida por pequena margem, não pode se descartar que a intervenção da Globo tenha sido decisiva na vitória de Collor.

Os dias finais da campanha foram marcados pela polarização. A possibilidade de que a esquerda chegasse ao poder gerou reações exageradas entre políticos e empresários. O presidente da Federação das Indústrias do Estado de São Paulo (Fiesp), Mario Amato, chegou a prever uma fuga em massa de capitais caso Lula fosse eleito. A reta final da corrida presidencial descambou para o vale-tudo. Collor veiculou mentiras sobre a vida particular de Lula em seu programa eleitoral, ao passo que parte da mídia identificou incorretamente petistas aos sequestradores de Abilio Diniz, empresário liberado do cativeiro no dia do segundo turno da eleição.

O resultado incerto e apertado conferiu um caráter dramático ao pleito. Collor venceu Lula por uma margem de 6% dos votos válidos, o equivalente a cerca de 4 milhões de votos. Mas a vitória foi inconteste, verificada em quase todos os estados — as exceções foram Rio de Janeiro, Rio Grande do Sul e Pernambuco, confirmando a importância do apoio de Brizola e Arraes a Lula. Controlando para características de cada município, Faganelo et al. (2022) não encontram uma diferença social significativa entre os eleitores dos dois candidatos, contrariando a tese de que Collor teria vencido com o voto da população pobre do interior, nos "grotões" do país. Em outras palavras, Collor bateu Lula em todos os estratos sociais e tipos de municípios. Do ponto de vista regional, os autores do mesmo estudo mostram que a vantagem de Collor se alargava no Norte e Centro-Oeste, regiões com menor participação na composição do eleitorado. Lula, por sua vez, teve pequena vantagem na região Sul.

A passagem de Lula ao segundo turno e o crescimento de sua campanha na reta final das eleições foram inesperadas. Entretanto, tomando em conta os resultados eleitorais verificados no longo processo de abertura, iniciado na eleição de 1974, a vitória de um candidato vindo das fileiras da direita, cuja carreira política teve início no Regime Militar, foi uma completa e inegável surpresa. A tese de que a esquerda ou centro-esquerda necessariamente ganharia eleições após a redemocratização caía por terra. O eleitorado conservador, avesso a esquerdistas como Lula, revelava-se grande o suficiente para eleger Collor. Após três décadas de ditadura e eleições indiretas, um civil finalmente assumiria a Presidência pelo voto direto; ninguém apostaria, no início de 1989, que esta figura seria alguém como Collor.

PRESIDENCIALISMO DE COALIZÃO E A MONTAGEM DO GOVERNO COLLOR

Em artigo seminal, Sérgio Abranches (1988) chamou atenção para um traço distintivo do presidencialismo brasileiro: a necessidade do presidente em montar uma coalizão partidária para governar. O imperativo decorre do fato de o país ter um sistema pluripartidário, no qual geralmente a legenda do mandatário não é majoritária em nenhuma das casas do Poder Legislativo. Como a aprovação de leis requer apoio da maioria, para obtê-la presidentes precisam recorrer a coalizões partidárias. Abranches acrescenta ainda que os presidentes distribuem as pastas ministeriais dando maior atenção ao critério regional do que ao partidário, assumindo que os partidos brasileiros careceriam de consistência. A fim de angariar apoio no Congresso, o governante não pode se privar de liberar verbas nem de distribuir cargos públicos. Em outras palavras, as coalizões no Brasil não funcionariam como as existentes em regimes parlamentaristas, as quais são formadas pela adesão a um programa comum e mantidas sob a ameaça constante da dissolução do governo e convocação de eleições antecipadas. Cabe observar que Abranches escreveu seu famoso artigo antes da promulgação da Constituição de 1988. Empiricamente, portanto, sua análise se apoia na experiência do período 1945-64. Uma vez que a Constituinte manteve eleições proporcionais para a composição da Câmara dos Deputados, era provável que o Brasil voltaria a conviver com partidos governistas minoritários, que o imperativo notado por Abranches continuaria a ter validade: para governar, os presidentes teriam que ser apoiados por coalizões.

Collor foi eleito por um partido sem expressão alguma, o PRN, pequeno na Câmara e inexistente no Senado na data de sua posse. A legenda cresceu na Legislatura que assumiu em 1991, mas ainda assim seguia pequena: era a quarta bancada na Câmara, com 40 deputados, e a menor no Senado, restrita a apenas uma cadeira. Desse modo, o governo Collor confirmava a tese de Sérgio Abranches — para ser preciso, tratava-se de um caso extremo. A despeito de sua verve contra o *establishment* político, Collor teria que negociar e buscar o apoio dos líderes partidários para aprovar medidas legislativas; por óbvio, não poderia contar exclusivamente com o PRN para tanto. Restava saber como a base governista seria construída.

Para complicar as coisas, Collor havia sido eleito em uma "eleição solteira"; em seu primeiro ano de governo, teve que conviver com a Câmara e o Senado eleitos quatro anos antes. Entre a posse dos parlamentares constituintes em 1987 e a de Collor, em março de 1990, muita água passara debaixo da ponte. A experiência constitucional e as eleições presidenciais contribuíram decisivamente para o rearranjo das forças partidárias. Vários partidos, como o próprio PRN, foram criados no interior do Legislativo por meio da migração entre siglas. O mais afetado por esse rearranjo partidário foi o antes todo-poderoso PMDB. De maioria na Legislatura de 1987, com 260 cadeiras na Câmara, o partido caiu para 108 em 1991, número que ainda lhe garantia o posto de maior bancada, apesar de representar uma pálida imagem do que fora na década anterior.

Diante da pulverização do Congresso e da pequena bancada do PRN, era de se esperar que Collor buscasse os partidos que o apoiaram no segundo turno das eleições de 1989. O PFL saiu na frente, emplacando três ministérios: Saúde, Educação e Ação Social. O PTB ocupou uma pasta, com o sindicalista Antônio Rogério Magri no Trabalho. Por fim, o PDS ficou com a Secretaria de Administração Federal, então com *status* de ministério. Para completar o quadro, Collor nomeou dois ministros filiados ao PMDB: Bernardo Cabral — que havia sido relator da Constituinte — foi para a Justiça e Joaquim Roriz assumiu a Agricultura, mas deixou o cargo sem completar um mês na função para disputar o governo do Distrito

Federal. Ambos aceitaram o convite em nome próprio, sem a chancela do PMDB, o qual, para todos os efeitos, não participava formalmente da coalizão governista.

O restante das pastas foi ocupado por figuras sem filiação partidária, que se aproximaram de Collor durante a campanha presidencial. Destacavam-se a ministra da economia, Zélia Cardoso de Melo, uma jovem professora da Universidade de São Paulo (USP), e Ozires Silva, fundador da Embraer, que ocupou a Infraestrutura. Esses dois ministros assumiram pastas gigantescas: o ministério de Zélia aglutinava Fazenda e Planejamento e o de Ozires, nada menos do que Minas e Energia, Comunicação e Transportes. Ou seja, dois ministros sem filiação partidária comandariam a economia, a gestão do Estado e praticamente todas as obras tocadas pelo governo, por onde passaria o grosso das verbas públicas federais. Collor justificou suas escolhas afirmando que montava um ministério de "notáveis", expoentes da sociedade civil sem relações diretas com a vida político-partidária do Brasil. A lista também incluía os acadêmicos José Goldemberg (Saúde e, em seguida, Educação), Hélio Jaguaribe (Secretaria de Ciência e Tecnologia) e Celso Lafer (Relações Exteriores). O presidente mencionava os "notáveis" para promover seu governo como uma administração técnica, alheia à política, em linha com sua campanha à Presidência.

Mas a retórica não deve ser confundida com a prática. Apesar do discurso de aversão ou recusa à política tradicional, Collor não deixou de compartilhar o poder com partidos de direita. É verdade que, por um lado, ao nomear um técnico para o superministério da Infraestrutura, o presidente tolheu o acesso de políticos a boa parte das verbas públicas, fato que os congressistas não se cansariam de se lamentar. Mas, por outro lado, não se pode ignorar o peso do PFL em uma Esplanada que havia sido drasticamente enxugada pelo novo presidente, em linha com suas promessas eleitorais: dos 23 ministérios existentes no governo Sarney, sobraram apenas 12. Excluindo as pastas tradicionalmente ocupadas por funcionários de Estado (Relações Exteriores, Exército, Marinha e Aeronáutica), o PFL ficou com mais de um terço dos ministérios, um naco para lá de considerável. Embora Collor fosse do PRN, era o PFL que estava com os dois pés no governo. Como se verificará a seguir, o partido continuou cumprindo esse papel até o *impeachment*, ao passo que os "notáveis" caíram um por um. Já os ministros militares foram constrangidos pelo presidente, que os obrigou a tomar posse em traje civil, em um espalhafatoso sinal de que a era das Forças Armadas no poder havia de fato terminado — mas não sem gerar indignação entre inconsoláveis generais.

A principal questão no trato de Collor com o Congresso foi o PMDB. O partido não compôs os ministérios, quer pela falta de espaço, quer pela tendência de algumas de suas lideranças em oporem-se a Collor, a começar por Ulysses Guimarães. Entretanto, o presidente inevitavelmente precisaria do apoio peemedebista para formar maioria no Congresso. Em 1990, o governo contava com PFL, PDS e PTB, os partidos com ministérios, além de pequenas legendas de direita — a exemplo do Partido Democrata Cristão (PDC). Junto, esse bloco governista controlava 46% das cadeiras da Câmara. Era uma grande minoria, mas minoria ainda assim era. O quadro se tornou um pouco mais favorável ao Planalto na Legislatura que assumiu em 1991; porém, o presidente seguia em situação delicada, com um bloco parlamentar cravado em 50% da Câmara (Figueiredo e Limongi, 2001:115). Ainda que fosse tecnicamente maioria, a base governista dava uma vantagem esquálida a Collor.

Pressionado pelas dificuldades em ver aprovada sua agenda legislativa, o presidente saiu a campo em busca de aliados. Collor bem que tentou, mas não conseguiu atrair o PSDB, legenda à qual dispensava simpatia pessoal e alguma afinidade programática, haja visto o "choque de capitalismo" defendido por Mário Covas nas eleições de 1989. O próprio Covas se opôs a apoiar o governo, em que pese e disposição em contrário manifestada por outros líderes do partido (Carvalho, 2012:290-91). De todo modo, o PSDB era ainda relativamente pequeno no Congresso, com apenas 38 cadeiras na Legislatura de 1991, duas a mais do que o francamente oposicionista PT. Para colocar a força dessas duas legendas em perspectiva, vale observar que ambas estavam abaixo do PDT, que contava com 45 cadeiras.

Em suma, não procede que Collor governara desprovido de uma base parlamentar, se restringindo a nomes alheios à política e se recusando em lidar com o Congresso — afirmações bastante comuns nas reconstituições do período e nas explicações de seu *impeachment*. É fato que a base governista inicialmente não era majoritária, porém ela não apenas existia como equivalia a quase metade da Câmara. Além do mais, quando se deu conta de que precisava expandir seu apoio parlamentar para garantir governabilidade, o presidente não hesitou em atravessar o Rubicão e fechar acordos com Leonel Brizola e José Sarney, até então seus anátemas, a fim de conseguir apoio do PDT e de parte PMDB, como se esmiuçará a seguir. Dessa conclusão advém uma segunda constatação: eram chave na manutenção da governabilidade a coordenação das pequenas legendas de direita, o bom entendimento com o PFL e, talvez o mais importante e complicado, o apoio de Sarney, líder dos conservadores do PMDB. Equilibrar todos estes partidos e lidar com o ex-presidente — e senador pelo Amapá a partir de 1991 — não seria fácil, sobretudo a uma figura politicamente desastrada como Collor.

O MALFADADO PLANO COLLOR

Os índices de inflação ultrapassavam os 80% ao mês quando Collor assumiu a Presidência. A escalada inflacionária chegava a um pico histórico: nunca a inflação havia sido ou seria novamente tão elevada quanto no início de 1990. Vivia-se à beira de um descontrole total da economia, com um risco real do derretimento hiperinflacionário da moeda brasileira. Diante do enorme desafio de conter a inflação, o presidente jogou todas as suas fichas no Plano Collor, anunciando-o de supetão no início de seu mandato. As medidas eram muitas, incluindo o já tradicional congelamento de preços, o qual foi ofuscado por um inédito e controverso bloqueio de aplicações financeiras que reduzia drasticamente o dinheiro que as pessoas poderiam sacar dos bancos. Collor apresentou seu plano como sua "bala de prata" com a qual o dragão inflacionário seria derrubado; em uma estratégia bastante arriscada, partiu para o tudo ou nada.

O desenho e o impacto do Plano Collor na economia serão detalhados no segundo volume desta coleção. Este capítulo foca em seus aspectos políticos, os quais não eram nada triviais. O governo precisava de maioria no Congresso para aprovar as muitas MPs que compunham o plano —

foram 22, baixadas logo no primeiro dia do mandato. Em uma demonstração de força e determinação pessoal, o presidente saiu a pé do Palácio do Planalto com as medidas debaixo do braço, atravessou a praça dos Três Poderes e as entregou pessoalmente no Congresso. Para além da atenção da imprensa, sabe-se lá o que Collor esperava obter com tal encenação. Imaginou, talvez, que o Congresso não ousaria enfrentá-lo, que sua pequena base parlamentar seria suficiente para garantir a aprovação de todas as MPs, sem quaisquer modificações. Após ganhar a primeira eleição presidencial direta em três décadas e com a inflação mensal se aproximando dos três dígitos, o presidente provavelmente achava que o plano passaria por aclamação; caso contrário, o ônus do fracasso caberia não apenas a ele, como também e principalmente aos legisladores.

A despeito de suas expectativas napoleônicas, Collor teve que lidar com o experiente Ulysses Guimarães e os demais caciques do PMDB, isso para não falar da ferrenha oposição da esquerda.[22] Fazendo uso da prerrogativa regimental que seu papel de líder do PMDB lhe conferia, Ulysses indicou pessoalmente todos os relatores das MPs editadas pelo presidente. A ministra Zélia e sua equipe lamuriavam que o plano havia sido elaborado como um pacote de medidas entrelaçadas, sem espaço para modificações; todavia, tiveram que se sentar à mesa com os peemedebistas. Ulysses mostrava a Collor que seu poder presidencial, embora grande, não era ilimitado. MPs entram em vigor imediatamente, mas podem ser emendadas e rejeitadas. Em outras palavras, não havia como ignorar a vontade da maioria parlamentar.

Cada uma das MPs e suas eventuais emendas foram a voto, após vagarosas e por vezes conflituosas negociações entre os técnicos do governo e os líderes peemedebistas. As votações nominais replicavam o padrão que marcara a Constituinte: o plenário só se manifestava após a celebração de acordos prévios, firmados e anunciados pelos líderes partidários ao Plenário. Todos faziam concessões aqui e ali — inclusive o governo, para frustração de Collor. As negociações emperraram na

22. Para evitar confusão, note-se que a aproximação entre Collor e o PDT viria mais tarde, como será relatado adiante.

mais controversa de todas as medidas: a MP nº 168, que limitava os saques bancários de contas correntes e poupanças. Nesse ponto não houve acordo. O governo se mostrou irredutível à pressão do PMDB, que defendia limites maiores. Os peemedebistas alegavam que os correntistas relativamente pobres, mais dependentes das cadernetas de poupança e menos inclinados a acumular dólar, eram especialmente prejudicados pelo bloqueio. Como as duas partes não arredavam pé, a liderança do PMDB levou a voto o seu substitutivo que, se aprovado, modificaria o alicerce central do Plano Collor.

O governo saiu vitorioso na votação que se converteu no primeiro teste de sua base parlamentar. A MP nº 168 passou tal como o governo a havia escrito, conquanto por uma pequena margem, com votos de um terço do PMDB (Sallum, 2015:97). Ulysses não logrou manter seu partido unido; a heterogeneidade do PMDB mostrava sua cara. O medo do descontrole inflacionário também contribuiu para a aprovação do bloqueio idealizado por Zélia. Como explicado no capítulo anterior, MPs entram em vigor de imediato, mas devem posteriormente ser aprovadas ou rechaçadas pelo Congresso, a quem cabe, portanto, o ônus de mudança do *status quo*. As cadernetas de poupança já estavam obstruídas; uma derrota do governo as desbloquearia de chofre, e sabe-se lá o que ocorreria com a inflação.

Entretanto, a oposição continuou tentando derrubar o bloqueio financeiro. O PDT alegou inconstitucionalidade no confisco ao entrar com ação no STF. O plenário da Corte deu ganho de causa ao governo, provavelmente pressionado pelo fantasma da hiperinflação. O ministro do supremo Celso de Mello foi uma voz dissonante e minoritária ao declarar que "apropriação indébita de bens é furto" (Sallum, 2015:97). Com barulho e percalços, fazendo bem mais concessões do que imaginara, o governo por fim conseguia aprovar o Plano Collor.

A vitória no confisco aparentemente subiu à cabeça do presidente. Confiante que poderia derrotar o PMDB em Plenário, Collor repudiou os acordos costurados nas MPs aprovadas até então, vetando todas as emendas que haviam sido aprovadas após as negociações entre o governo e PMDB. Foi uma declaração de guerra. O presidente e seus estrategistas provavelmente acreditavam que o PMDB estava batido, que suas lideranças não teriam forças para se contrapor ao governo. Se foi mesmo essa a avaliação — é difícil imaginar explicação alternativa —, o Planalto errou feio.

Os limites políticos do governo já eram patentes desde o princípio. Embora tenha derrotado a oposição com a manutenção do bloqueio financeiro, o Planalto obteve derrotas parlamentares em outros pontos no Plano Collor. Por meio da MP nº 154, o plano proibia a indexação salarial, um dos principais canais de retroalimentação da inflação. Trabalhadores do setor privado entraram na Justiça contra a medida, recebendo ganho de causa de um juiz do Trabalho de Minas Gerais. Collor respondeu baixando a MP nº 185, que vedava à Justiça do Trabalho reajustar salários, gerando forte reação por parte de centrais sindicais, inclusive da governista Força Sindical, que rompeu com o presidente. O Congresso derrubou então a tal MP nº 185. O governo não se deu por vencido e resolveu esticar a corda, reeditando a MP rejeitada. Para que o detalhe não passe despercebido, cabe ressaltar o fato: o governo não reeditou uma MP que havia caducado, que perdera validade por decurso de prazo; a MP nº 185 havia sido simplesmente derrubada no voto parlamentar. O STF não engoliu a afronta e declarou tal reedição inconstitucional. Em seguida, a Câmara votou um projeto de lei reinstituindo a indexação salarial. A peça foi devidamente vetada pelo presidente, que acrescia, assim, mais uma camada de conflito à trama.

O imbróglio terminou com uma solução de compromisso: o governo baixou outra MP, que não reinstituía indexação, tal como queriam a maioria dos parlamentares e as centrais sindicais, mas que permitia reajustes salariais. A medida foi então aprovada pelos deputados, uma garantia de que os assalariados teriam um tratamento mais brando do que o inicialmente projetado pelos autores do Plano Collor. Era uma questão naturalmente contenciosa, pois mexia com o bolso dos trabalhadores e com um dos principais motores de propulsão da inflação (Sallum, 2015:101-109).

A vitória do governo ao aprovar o cerne do Plano Collor veio com custos políticos. A altivez com que o presidente entregou as 22 MPs no Congresso fez com que "as bancadas de partidos comprometidos com o governo" saíssem do embate parlamentar "ressentidas". Castello Branco explica a causa do descontentamento: “a impressão deixada é de que não são propriamente líderes os que agiram em nome do governo, mas delegados da presidência para transmitir instruções recolhidas na assessoria da ministra da Economia”. Para piorar, o colunista notou que “os ministros de Collor pouco ou nada têm feito para ajudar o governo” (Castello Branco, 1990b). Concluía Castello que “o fôlego do governo e do país se mede neste momento pelo ritmo que domina os trabalhos do Congresso. Ritmo lento, nervoso, com sobressaltos e alívios" (Castello Branco, 1990a). Transparecia a inabilidade política de Collor. Era um começo mais difícil do que o jovem presidente havia antecipado ao tomar posse.

Do ponto de vista econômico, o Plano Collor foi um retumbante fracasso. Após um rebate momentâneo, os índices de preço voltaram a ultrapassar a casa dos 20% ao mês, bem abaixo dos extremados 80% de antes, mas ainda assim uma inflação altíssima. Não se sabia o que seria do governo após tal malogro. O próprio Collor havia afirmado, em seu discurso de posse, que “a meta número um de meu primeiro ano de governo não é conter a inflação, é liquidá-la”. O mandato mal começava e o presidente já via seu principal objetivo cair por terra, pateticamente desperdiçando a tal “bala de prata” que carregara na algibeira. A população pagou o ônus. O “sequestro da poupança”, como ficou conhecido o coração do plano, afetou e desorganizou a vida das pessoas; pior, causou uma fortíssima recessão. Como era de se esperar, o apoio popular ao governo despencou. No dia da posse, segundo o *Datafolha*, a expectativa em relação ao governo era ótima ou boa para 71% dos entrevistados. Três meses depois, esta taxa havia caído para 36% (Avaliação..., 1992). Deve-se ressaltar, porém, que o presidente ainda contava com aprovação de mais de um terço dos entrevistados. O confisco e a volta da inflação não haviam reduzido sua popularidade inteiramente a pó, quer em função de um apelo que o “caçador de marajás” ainda detinha junto ao seu eleitorado, quer pelo fato de a maioria da população ser, à época, excluída do sistema bancário, não tendo sido diretamente prejudicada pelo confisco.

Ainda não era o fim da Presidência de Collor, mas tudo ficaria mais difícil ao jovem mandatário, que começou a sofrer sucessivas derrotas parlamentares. Seu governo foi substancialmente menos bem-sucedido no trato com o Congresso do que seus sucessores. O presidente iria perder 14 votações, de um total de 61 medidas enviadas ao Congresso, só ganhando quando uma parcela significativa do PMDB o apoiava. Essa média de derrotas (23%) é significativamente superior ao que se observaria dali em diante: as taxas de FHC e Lula foram de 5% e 10%, respectivamente (Figueiredo e Limongi, 2015:79).

Um exemplo de derrota, marcada por uma boa dose de inépcia, foi a MP nº 215, que extinguia o imposto sindical. A medida ficou meses em tramitação, nunca indo a votação no Plenário. O governo a reeditou várias vezes até que a Câmara aprovou o Projeto de Lei nº 58 que, menos radical, previa o fim do imposto paulatinamente até 1995.[23] Contrariado, Collor vetou o projeto de lei, embora não tenha apresentado nenhuma outra MP sobre o tema. Em consequência, a legislação voltou a ser a de antes, com trabalhadores obrigados a pagar anuidades a sindicatos — por mais três décadas, até que o governo Temer revogasse o imposto (Diniz, 2005:252).

Em uma verdadeira barafunda política e ideológica, um acuado Collor se aproximou do PDT do governador Leonel Brizola, que conseguiu liberar recursos para obras como as da Linha Vermelha, autopista na entrada da cidade do Rio de Janeiro. Brizola tentava justificar-se ao lembrar das campanhas golpistas sofridas pelos presidentes Vargas e Goulart. Mas a guinada "collorida" não pegou bem entre esquerdistas, inclusive pedetistas. O estranho fato contribuiu para a decadência política de Brizola, que nunca mais se elegeria a cargo algum após seu impopular segundo governo fluminense (52% desaprovam..., 1994).

Para Collor, porém, a aproximação com Brizola rendeu frutos. Com os votos de toda a bancada pedetista, a maior entre os partidos de esquerda, o governo conseguiu evitar que o Congresso aprovasse uma Lei Complementar regulamentando o uso das MPs. O tema era de suma importância na relação entre Executivo e Legislativo, pois a falta de regulamentação permitia ao governo reeditar MPs indefinidamente. Por se tratar de Lei Complementar, sua aprovação dependia de maioria absoluta. Também foi decisivo um acordo entre Collor e Sarney, graças ao qual os conservadores do PMDB rechaçaram o projeto de lei. Em troca, o presidente se comprometeu — e não cumpriu — a continuar as obras da ferrovia

23. Projeto de Lei de Conversão (PLV) são alterações impostas pelo Congresso a MPs.

Norte-Sul, que haviam sido iniciadas na gestão do ex-presidente (Sallum, 2015:129).

Com a inflação voltando a se acelerar, em meados de 1991, Collor editou um ambicioso pacote fiscal elaborado pela equipe do ministro Marcílio Marques Moreira, um economista e diplomata que substituíra Zélia na Economia. As medidas envolviam o fim de isenções fiscais, corte de gastos, o estabelecimento de idade mínima de aposentadoria e a expansão do programa de privatização em curso, inclusive a universidades públicas e estatais de telefonia. A reação foi forte. A oposição respondeu aprovando uma nova lei salarial na Câmara, mais permissiva a reajustes do que a MP que o governo havia editado durante o Plano Collor. O presidente optou por não vetar a nova lei, segundo o ministro da justiça Jarbas Passarinho, para evitar "novos confrontos com o Congresso" (Sallum, 2015:146). Inflação gera conflito distributivo, com os trabalhadores exigindo reajustes e empresários repassando-os aos preços. Em meio à espiral inflacionária, enfraquecia-se o governo.

A carestia fez com que o Superior Tribunal de Justiça (STJ) determinasse um reajuste das aposentadorias. O Tribunal de Contas da União (TCU) respondeu positivamente, editando parecer segundo o qual havia dinheiro para tanto. Collor envolveu o Congresso na questão ao enviar-lhe um projeto de lei que elevava a contribuição previdenciária a fim de cobrir os novos gastos da Previdência. Lideranças políticas não pouparam o governo, tecendo-lhe críticas generalizadas. A grita incluía ACM, um aliado de primeira hora, segundo o qual o presidente "não pode ditar as regras para o país" (Castello Branco, 1992). Sorumbáticos com Collor desde sua posse, generais foram a público reclamar da queda do poder de compra do soldo pago aos militares.

O presidente acusou o golpe em abril de 1992, quando realizou uma reforma ministerial que abria de vez a Esplanada à base aliada. O gigantesco Ministério da Infraestrutura foi desmembrado em Minas e Energia, que ficou com Pratini de Morais, do PDS, e Transportes e Comunicações, cujo ministro passou a ser o senador peemedebista Afonso Camargo Neto, ex-ministro dos Transportes no governo Sarney. Era uma importante mudança, com o PMDB não apenas entrando no governo, mas abocanhando uma pasta com enormes recursos. O pefelista Reinhold

Stephanes substituiu o sindicalista Magri no Ministério do Trabalho e Previdência Social. Agraciando ACM, Collor nomeou o baiano Ângelo Calmon de Sá para a Secretaria de Desenvolvimento Regional. Por fim, Jorge Bornhausen, outro cardeal do PFL, assumiu a articulação política do Planalto (Conti, 1999:510-511). Entre os importantes ministros sem filiação partidária, os tais notáveis, restava apenas Moreira na Economia.

A reforma ministerial de 1992 foi uma brusca guinada de rumo, uma tentativa radical de solidificar a base parlamentar do governo. Contudo, ficou claro de saída que a reforma não apaziguaria a relação com o Congresso. Com relativamente poucas pastas para distribuir e a economia em crise, o cobertor do governo era curto. Ao abrir sua administração ao PMDB e expandir o peso do PFL nos ministérios, o presidente fez com que as lideranças do PTB, PL e PDC se sentissem preteridas, frustradas a ponto de fundarem o então denominado Bloco Parlamentar Independente. Não obstante o nome, o bloco tinha por objetivo pressionar o governo por cargos. Buscava-se intensificar a relação de tais legendas com o Planalto, deixando claro uma franca relação de dependência. A iniciativa parecia um presságio do que estava por vir: o terremoto que sacudiria Brasília e derrubaria Collor ainda naquele ano.

O *IMPEACHMENT* DE COLLOR

Logo após a reforma ministerial do começo de abril de 1992, a revista *Veja* publicou denúncias de Pedro Collor, o irmão do presidente, contra PC Farias, um empresário alagoano que trabalhara como tesoureiro da campanha "collorida" três anos antes. Segundo Pedro, PC comandava esquemas de corrupção envolvendo sobras de campanha e achaques a empresários. Ganhava assim destaque na política nacional uma série de reportagens que a *Veja* e outros veículos publicavam sobre a corrupção no governo. As investigações seriam capazes de gerar uma campanha contra o Planalto à qual a maioria dos políticos e uma multidão de manifestantes adeririam nos meses seguintes.

A princípio, as acusações de Pedro Collor não alteraram a relação entre Congresso e governo. A imprensa centrou fogo nas atividades escusas de PC Farias e poupou o presidente. O grosso dos parlamentares minimizou a questão, tratando-a como o típico e conhecido problema decorrente da administração das sobras de campanha. Doações de empresas não eram permitidas no período, apesar de serem praxe, tidas como normais por todos os partidos. Uma exceção era o PT, que só começou a contar com dinheiro pesado de empresas em meados dos anos 1990. Talvez por esse motivo, os parlamentares petistas estivessem à vontade para repercutir as denúncias de Pedro Collor; mas os repúdios ficaram restritos àquela bancada.

A situação do governo piorou de chofre em maio, quando a *Veja* publicou uma matéria de capa com o título "Pedro Collor conta tudo", estampado ao lado de uma foto do irmão do presidente com semblante desafiador. Em uma longa entrevista, Pedro revelou uma sequência de detalhes pessoais de Fernando, envolvendo sexo e drogas. O entrevistado também teceu ilações que ligavam o irmão a PC Farias, o qual seria "o testa-de-ferro do Fernando" (Pedro..., 1992).

A repercussão foi rápida e contundente: deputados e senadores do PDT, PMDB e PSDB aderiram à solicitação do PT, que criou uma Comissão Parlamentar Mista de Inquérito (CPMI) para investigar as denúncias. ACM manobrou para que Benito Gama, um fiel correligionário do PFL baiano, presidisse a CPMI (CPI..., 1992:4). Mas a relatoria da comissão ficou a cargo do senador peemedebista Almir Lando. Além do relator, o PMDB emplacou maioria na CPMI, assumindo, assim, papel central no processo que levaria ao *impeachment* do presidente.

No mês seguinte, a revista *IstoÉ* publicou entrevista na qual um motorista afirmava ter ter sido o portador de pagamentos à família Collor, feitos por seu funesto tesoureiro (*IstoÉ*, 1992). A *Folha de S.Paulo* pediu em editorial a renúncia do presidente para evitar o que seria um penoso processo de *impeachment* (Os rumos..., 1992). O impedimento presidencial tornou-se então uma possibilidade real quando veio a público que familiares de Collor usavam um Fiat Elba comprado com um cheque-fantasma, em nome de uma pessoa fictícia que PC Farias usava em suas tramoias. Até então publicamente contra o *impeachment*, Ulysses Guimarães mudou de posição, segundo o jornalista Costa Pinto (2019: posição 4087), levando o *establishment* político consigo.

Collor reagiu em duas frentes. Na política partidária, o presidente se aproximou ainda mais de ACM, indicando o pefelista baiano Eraldo Tinoco para o Ministério da Educação e o jovem deputado Luís Eduardo Magalhães, filho do governador da Bahia, para a liderança do governo na Câmara (Conti, 1999:510, 641). ACM tornou-se o principal fiador de Collor no PFL, a peça fundamental do presidente na luta para permanecer no poder. A escolha do cardeal pefelista fazia sentido. Segundo a jornalista Eliane Castanhede, "com o PFL atrelado ao presidente Collor, não há votos suficientes para o *impeachment*, nem condição para a renúncia". A jornalista acrescentou que "ACM acompanha o jogo como enxadrista. Pronto para o xeque-mate" (Coluna..., 1992:6) — que seria dado pela oposição, como se verá adiante.

Mas o chefe baiano era ambíguo. Por um lado, declarava-se contrário ao *impeachment*, afirmando que não estariam dando ao presidente o direito de defesa "por força da pressão da mídia" (ACM..., 1992:7). ACM atacava o vice-presidente Itamar Franco, que assumiria o Planalto após a queda de Collor, afirmando que lhe faltava "representatividade para o exercício da Presidência" (Antônio Carlos..., 1992:6). Contudo, em paralelo, o governador tecia uma enxurrada de críticas à política econômica, além de afirmar que a corrupção era sim um problema a ser combatido dentro do governo — ACM dizia querer "menos crise econômica" e "crise moral" (Política, 1992:8). Para completar o quadro, o líder pefelista deixava ainda que seus correligionários — incluindo seu filho Luís Eduardo e o relator da CPMI, Benito Gama — se movimentassem livremente para assegurar o espaço do clã no novo governo em formação. Embora se posicionasse oficialmente contra o *impeachment*, Luís Eduardo desempenhou um importante papel na transição ao novo governo. Segundo descrição de primeira mão, foi o deputado que garantiu ao *O Globo* um furo de reportagem relativo a cheques-fantasmas; se até Roberto Marinho, o todo-poderoso chefe das Organizações Globo, entrava na dança, então os dias de Collor estavam definitivamente contados (Costa Pinto, 2019: posição 4293).

Perdido, sem pulso da situação, Collor quis crer que tinha apoio da população, convocando-a a se manifestar, saindo às ruas de verde e amarelo para defender seu mandato. A iniciativa não poderia ter sido mais desastrada: opositores reagiram trajando e pintando o rosto de preto. Grandes manifestações populares contra o governo tomaram força Brasil afora a partir de agosto. Em sintonia com as ruas e impulsionada pelas revelações da mídia, os membros da CPMI aprovaram o relatório de Lando, no qual se lia que Collor havia agido em desacordo com "a dignidade, a honra e o decoro do cargo de chefe de Estado" (Conti, 1999:690). Poucos dias depois, Barbosa Lima Sobrinho e Marcello Laveniére, respectivamente, os presidentes da Associação Brasileira de Imprensa (ABI) e da Ordem dos Advogados do Brasil (OAB), entregaram um pedido de *impeachment* ao Congresso. O presidente da Câmara, o peemedebista Ibsen Pinheiro, aceitou o documento e abriu o processo que derrubaria Collor — no qual o próprio Pinheiro votou pelo impedimento presidencial.

A avalanche contra Collor arrastou consigo quase todo o PFL; à exceção de ACM, o partido procurou se dissociar do radioativo presidente. Marco Maciel, líder do governo no Senado, foi à tribuna declarar-se em estado de espera, pedindo ao presidente que se defendesse (Carvalho, 2012:253, 287, 288). Enquanto o governador de Pernambuco Joaquim Francisco se posicionava publicamente contra Collor, a deputada Roseana Sarney, filha do ex-presidente, fundou uma Comissão Suprapartidária Pró-*Impeachment*, por ela mesmo presidida (Sallum, 2015:384).

Na surdina, bem ao seu estilo, Sarney manobrava pela queda de Collor. Além de fazer com que uma jovem pefelista — sua filha — se lançasse na liderança do *impeachment*, o ex-presidente contribuiu com o distanciamento entre peemedebistas conservadores e o Planalto. Era uma péssima notícia para o presidente, que desde o início de seu mandato dependeu da dissidência do PMDB para aprovar leis no Congresso. Não é claro por que o então senador pelo Amapá agiu dessa forma. Talvez houvesse desejo de vingança, já que Collor ganhara as eleições de 1989 atacando seu governo. Mas pesa contra essa hipótese o fato de o ex-presidente ter se aproximado do seu sucessor antes da crise, conforme vimos anteriormente neste capítulo. Outra explicação não excludente é o notório faro político de Sarney: ao entender que Collor tinha seus dias contados, o maranhense engrossou as fileiras do movimento favorável ao *impeachment*. Provavelmente, o ex-presidente não foi o único baluarte da direita a trocar de lado pelos mesmos motivos. Collor se mostrou incapaz de agir, de organizar a reação, de oferecer razões e ganhos concretos para aqueles que se dispusessem a se bater pelo seu mandato.

Mais uma vez, Sarney embarcou na canoa certa. Enquanto caciques políticos se movimentavam para abrir espaço para o *impeachment*, o STF estabeleceu que a votação seria aberta, uma decisão crucial, contrária a Collor em função de sua impopularidade. Em setembro, o *Datafolha* averiguava que a maioria da população se opunha ao presidente, com apenas 12% se declarando contra o *impeachment* (Sallum, 2015:386). Naquele mesmo mês, a Câmara votou pelo impedimento por ampla margem: 441 a favor e apenas 38 contrários, boa parte dos quais do PFL baiano, seguindo ACM (Câmara dos Deputados, 1992:22121-22127). No final daquele ano, o Senado julgou Collor culpado das acusações. Em uma desesperada e malfadada tentativa de se livrar das punições previstas no *impeachment*, a perda de direitos políticos, Collor renunciou à Presidência, mas a manobra foi ignorada pelos senadores.

Há várias possíveis explicações para a surra que o Congresso aplicou no presidente. Foi relevante o calendário eleitoral, com pleitos municipais logo após a votação do *impeachment*. Votar pela queda do impopular Collor era um bom negócio a candidatos a prefeito. De fato, dos 89 deputados que concorriam em eleições municipais, 88 votaram contra o mandatário (Sallum, 2015:388). Tratava-se de um fator relevante, mas não suficiente para decidir a enxurrada de votos parlamentares pelo impedimento. Contribuíram também as manifestações de rua e a terrível situação da economia, com recessão e descontrole inflacionário, consequência do fracasso do Plano Collor. Deve-se salientar, no entanto, que nenhum desses fatores era capaz de determinar sozinho o resultado da votação na Câmara: o malogro econômico já se dava em 1990, quando o governo ainda estava firme, ao passo que outros presidentes enfrentaram recessões e manifestações de rua sem serem alijados do poder.

Em que pese todos esses fatores conjunturais, próprios daquele período, não se deve subestimar o importante papel de figuras específicas. Sarney influenciou boa parte do PFL e PMDB, tentando usar o *impeachment* como forma de promover sua filha. Lideranças partidárias como o senador tucano Mário Covas, seu colega peemedebista Pedro Simon e o deputado pefelista Luís Eduardo Magalhães acertaram com Itamar a formação do novo governo. Conforme relatos, o futuro mandatário não se mostrou temeroso: se fosse deixado sozinho, chamaria eleições e, se isso ocorresse, era quase certa a vitória de Lula (Costa Pinto, 2019: posição 4565). Itamar compreendia que o medo ao petista fatalmente uniria o *establishment* político em torno de si. Já Collor — não há outro modo de dizer — provou-se politicamente incompetente. De acordo com Simon, o presidente "não deu bola aos militares, imprensa e partidos políticos, isolando-se no governo com as pessoas que fizeram sua campanha. Quando tentou compor com os partidos já era tarde" (citado em Carvalho, 2012:255). Por fim, cabe destacar o papel de PC Farias, de quem o presidente não soube ou não pôde se dissociar. Essa era uma das condições necessárias para que Collor remontasse seu governo e recuperasse sua relação com lideranças partidárias e empresariais — o que não ocorreu.

O próprio Collor acabou admitindo culpa, embora conservando sua típica altivez, ao declarar que "nunca fui um líder político, sempre fui um líder popular" (Carvalho, 2012:301). É curioso que Collor ainda não entenda que o povo já havia virado a página. O fato é que o primeiro presidente eleito democraticamente na Nova República foi derrubado por um Poder Legislativo com o qual não soube lidar.

DO IMPROVÁVEL ITAMAR À VITÓRIA DE FHC

O Brasil estava em crise quando Itamar Franco, um "político que não era levado a sério" (Costa Pinto, 2019: posição 369), assumiu a Presidência da República, em dezembro de 1992. A inflação anual de quatro dígitos ultrapassava com folga a marca que economistas costumam atribuir à hiperinflação. Tentara-se de quase tudo para resolver o problema, o qual persistia sem perspectiva de solução. A queda do salário real e o aumento da pobreza e desigualdade eram os efeitos mais deletérios do aumento descontrolado de preços. O imposto inflacionário era pago majoritariamente pelos mais pobres.

Além dos fracassos econômicos, os governos da Nova República até então colecionavam escândalos e denúncias de corrupção: o *impeach-*

ment de Collor simbolizava a decepção que se vivia com os políticos no novo sistema democrático. E a roubalheira seguia nos noticiários: logo no início do novo governo, em 1993, o Congresso foi abalado pelo caso dos anões do orçamento, envolvendo um esquema de desvio de recursos públicos para favorecer as grandes empreiteiras, como a Odebrecht, operado pelos líderes de vários partidos — inclusive PMDB, PTB e PFL — cujas baixas estaturas justificavam o apelido dado ao grupo e ao escândalo.

Tendo em vista o descontrole econômico e o desprestígio da classe política, deve-se perguntar como, em 1994, o governo Itamar conseguiu lançar o Plano Real, que finalmente derrubou a inflação. O fato de Itamar ser, à época, um político alijado dos centros de poder torna ainda mais surpreendente esse feito: a única experiência executiva do novo presidente havia sido a Prefeitura Municipal de Juiz de Fora, pouco para quem assumia o comando do Planalto ante os enormes desafios que à época se impunham ao Brasil.

Itamar não contava com um plano de governo definido, muito menos com uma rede de colaboradores preparados para tocar a máquina pública. Até certo ponto, o novo presidente rodeou-se por conhecidos pessoais, políticos mineiros de sua geração. Um exemplo era o obscuro Henrique Hargreaves, que conhecia Itamar desde os tempos de Juiz de Fora e foi nomeado para o importante cargo de ministro chefe da Casa Civil. Não por acaso, articulistas políticos começaram a chamar o novo governo de "República do Pão de Queijo". Itamar também tentou a benquista prática de indicar aos ministérios figuras eminentes e apartidárias, os tais "notáveis". Figuravam na lista os ministros da Cultura e Fazenda, respectivamente, o enciclopedista Antônio Houaiss e o professor da UFMG Paulo Haddad.

No entanto, há exagero na caracterização. Itamar não formou seu governo exclusivamente com notáveis e velhos amigos de Juiz de Fora. Os notáveis não eram propriamente apartidários nem tiveram assim tanto espaço: Houaiss era ligado ao PSB e Haddad ficou apenas alguns meses no cargo. Além disto, e mais importante, Itamar construiu, sim, seu governo junto a lideranças políticas. Ainda durante o processo de *impeachment*, o então vice-presidente ofereceu ministérios em troca de apoio

— articulação que lhe valeu a alcunha de "vice de oposição" por parte da revista *Veja* (Veja, 1992). A costura incluía os pefelistas Bornhausen, Maciel e Cavalcante, o peemedebista Pedro Simon e o tucano FHC (Sallum, 2015:372-381).

Itamar procurou, tanto quanto possível, formar um governo de união nacional, incorporando partidos da direita à esquerda, uma reedição ampliada da coalizão montada por Tancredo Neves em 1985. O PFL não ficou no sereno, controlando pastas importantes, como Integração Regional, Comunicações e Fazenda, esta última durante as curtas gestões de Gustavo Krause e Eliseu Resende. Se comparado ao espaço que tivera no governo anterior, é inegável que o partido saiu ganhando com o *impeachment*. Ao PMDB coube Previdência e Agricultura, além da Casa Civil, encabeçada pelo juiz-forano Hargreaves, quota pessoal do presidente. Não obstante o espaço dado a peemedebistas e pefelistas, o PSDB recebeu uma fatia dos ministérios desproporcional à sua então reduzida bancada parlamentar: coube aos tucanos as pastas do Trabalho, Transporte e, a cargo de FHC, Relações Exteriores e, posteriormente, a crucial Fazenda.

Por fim, para completar o quadro, indicando claramente a tentativa de promover a conciliação entre as principais forças políticas do país, Itamar abriu seu governo aos partidos de esquerda, como o PSB, que ficou com o Ministério da Saúde. O presidente foi além ao convidar a ex-prefeita de São Paulo, Luiza Erundina, então do PT, para ocupar a Secretaria de Administração Federal. Com definições pouco claras, o cargo dava a Erundina *status* de ministra. Mas a cúpula petista não estava disposta a integrar a nova administração. Ainda que o partido tenha contribuído decisivamente para o *impeachment* de Collor — ajudando, portanto, a alçar Itamar ao Planalto —, permanecer na oposição fazia sentido diante da disputa presidencial que se avizinhava em 1994, em cujas sondagens preliminares Lula despontava como favorito. O PT suspendeu a ex-prefeita por aceitar o convite. A medida foi branda, de conciliação, tanto que Erundina retornou ao partido depois de deixar o governo.

No que se refere ao principal desafio vivido no Brasil da época, o combate à inflação, o governo Itamar foi inoperante até o lançamento do Plano Real. Os ministros da Fazenda do PFL não se entendiam com o círculo íntimo do presidente, que hesitava em aceitar as medidas impopulares preconizadas. A ministra-secretária Erundina, como era de se esperar, não se dispunha a endossar cortes de gastos e de pessoal. O resultado era uma altíssima rotatividade na equipe econômica, sobretudo na Fazenda, que contou com três ministros diferentes nos primeiros oito meses do governo. Enquanto isto, a inflação empinava na casa dos milhares. Foi então que, em maio de 1993, Itamar entregou o comando da economia a FHC, que deixou o Itamaraty para assumir a Fazenda. FHC era um renomado sociólogo; não tinha, portanto, formação em economia. Para enfrentar a inflação, o ministro montou uma equipe composta por jovens economistas ligados à Pontifícia Universidade Católica (PUC-Rio), egressos de cursos de doutorado nos Estados Unidos.

FHC contou com notável autonomia no comando da Fazenda em função de circunstâncias conjunturais. O governo Itamar, até então, se mostrara incapaz de afastar a crise política e econômica que dragava o país desde o governo Figueiredo. Tudo indicava que o presidente repetiria o triste papel desempenhado por seus antecessores. Além disto, a repercussão das revelações da CPMI dos Anões do Orçamento contribuiu decisivamente para desgastar ainda mais a já muito abatida imagem do sistema político brasileiro. Os políticos se enredavam em uma crise de legitimidade que, como notou o próprio FHC, em seus *Diários da Presidência*, acabou por favorecer a implementação do Plano Real ao "enfraquecer a Comissão de Orçamento" (Cardoso, 2019: posição 4817), órgão parlamentar responsável por discutir as medidas que o Ministério da Fazenda envia para o Congresso. O mesmo raciocínio valia com relação ao Planalto. Os economistas que trabalhavam com FHC lhe diziam que "não podemos fazer nada porque o governo é fraco", a que o ministro respondia: "ao contrário, só dá para fazer alguma coisa porque o setor político está fraco". Segundo o tucano, Itamar "falava, falava, e ninguém levava mais a sério, porque já se sabia que não era para levar a sério quando ele falava de economia" (Cardoso, 2017: posição 14046).

Para FHC, Itamar era politicamente tão tíbio, incapaz de ler a situação política crítica do momento, que o futuro presidente era obrigado a servir-lhe de "ama-seca", protegendo seu governo de pressões políticas e ameaças vindas de todos os lados. Segundo seus diários, FHC teria sido procurado por membros da cúpula militar, que lhe perguntaram se ele seguiria no cargo de ministro da Fazenda em um novo governo, comandado pelo pefelistas Jarbas Passarinho, senador pelo Pará e ex-ministro da Justiça de Costa e Silva, Médici e Collor. No plano dos militares, Passarinho substituiria Itamar na Presidência após um golpe referendado pelo Congresso. FHC relata que respondeu com um sonoro "não", que nesse caso não ficaria no cargo "nem um dia" (Cardoso, 1917: posição 973). Ao que consta, era uma das últimas tentativas de interferência direta dos militares na política, ao menos até a crise dos anos 2010. A sensação de desgoverno oriunda da queda de Collor e indefinições de Itamar animaram a cúpula das Forças Armadas, criando um vácuo de poder que FHC, seus correligionários tucanos e o PFL lograram preencher, graças ao sucesso do Real.

O segundo volume desta coleção analisa as ideias econômicas por trás do Plano Real. Do ponto de vista político, deve-se notar que o plano era complexo e inovador o suficiente para causar pessimismo e estranheza, até mesmo entre economistas simpáticos ao governo. Depois de tantas derrotas no combate à inflação, não era de se admirar que um plano de difícil compreensão fosse recebido com duras críticas pela oposição e friamente por aliados. O próprio Itamar discordava do programa de privatização apresentado pela equipe do Real como a solução para a questão fiscal brasileira. O FMI tampouco apoiou o plano. Já os economistas do PT se mostravam convencidos de seu iminente fracasso — o senador Eduardo Suplicy foi uma exceção. Em sintonia com o que diziam seus correligionários do ramo, Lula adotou um discurso de descrédito e denúncia à nova moeda ao se lançar candidato à Presidência pela segunda vez.

A despeito das críticas e da desconfiança generalizadas, o Plano Real foi um grande sucesso, debelando o processo inflacionário, representando uma verdadeira guinada na história econômica do Brasil. Quem apostou contra o plano pagou um amargo preço, a começar por Lula, que não repetiu o feito de 1989, perdendo as eleições ainda no primeiro turno. Do ponto de vista político, o grande vencedor foi FHC, que se desligou do governo para concorrer à Presidência. O diplomata Rubens Ricúpero, seu sucessor na Fazenda, foi o ministro que de fato lançou a nova moeda, mas acabou renunciando em meio a um escândalo envolvendo a possível manipulação de dados, inadvertidamente admitida ao vivo na Rede Globo. Ciro Gomes substituiu Ricúpero na pasta e cumpriu sua função no controle da inflação durante os primeiros meses do real. Tanto Ciro quanto Itamar passaram os anos seguintes reivindicando os louros e o reconhecimento pela implementação da nova moeda. Entretanto, para todos os efeitos, a estabilização de preços foi identificada como obra do então candidato a presidente pelo PSDB; em suas próprias palavras, o real "catapultou" FHC ao Planalto (Cardoso, 2019: posição 170).

O Plano Real e as eleições de 1994 são dois eventos politicamente tão conectados entre si que, em retrospecto, não se pode falar de um sem mencionar o outro. Os economistas que idealizaram o Real a princípio achavam que a transição entre a moeda inflacionária para a nova levaria bastante tempo. Contudo, o calendário eleitoral se impôs, acelerando o processo de tal forma que o Real foi lançado em julho, apenas três meses antes do primeiro turno do pleito.[24] Foi tudo muito corrido, mas houve tempo suficiente para que os eleitores compreendessem que o plano estava sendo bem-sucedido em estabilizar a economia. O sucesso do Real se refletiu nas urnas, com a maioria votando no candidato que se apresentava como o principal responsável por sua criação. Olhando para os canais de causalidade no sentido inverso, do Plano Real para a política partidária, constata-se que o fim da inflação fortaleceu o PSDB e o empurrou para a centro-direita. A rápida estabilização de preços fez com que os tucanos conseguissem apoio sólido junto a políticos conservadores, os quais até há pouco eram adversários no processo de redemocratização.

O economista Edmar Bacha, um dos arquitetos do Real, a quem foi delegada a delicada tarefa de negociar o plano com os parlamentares, relata que a perspectiva do fim da inflação abria espaço à direita. O deputado pefelista Luís Eduardo Magalhães ofereceu-lhe apoio por compreender as possibilidades que então surgiam. O clã ACM havia errado ao apoiar o fracassado Cruzado, ao custo de derrotas eleitorais nos anos seguintes. Luís Eduardo queria estar agora do lado certo, apoiando o Real e a candidatura de FHC à Presidência (Bacha, 2024). Além de apostar no Plano

24. Para mais detalhes, ver o capítulo sobre o Plano Real no segundo volume desta coleção.

Real, ao fechar com um candidato tucano, Luís Eduardo se submetia à máxima de que a direita não conseguiria eleger um presidente; a aliança com o PSDB era uma saída pelo centro. Ao menos do ponto de vista conjuntural, o deputado não podia estar mais correto: como veremos no próximo capítulo, esse posicionamento fez de ACM uma das principais forças na política brasileira enquanto FHC esteve no poder.

Coligado ao PFL, FHC elegeu-se presidente da República em primeiro turno com mais de 54% dos votos válidos. A vitória do candidato tucano foi acachapante. FHC ganhou em todos os estados da Federação, com exceção do Rio Grande do Sul, que se tornava um reduto do PT — o partido estava no comando de Porto Alegre e elegeria o governador do estado. Salta aos olhos o contraste com o limitado resultado de Covas em 1989, cuja votação ficara restrita a São Paulo. Decerto, o Plano Real era o carro-chefe da campanha de FHC: foi para conseguir votos que o governo lançou a nova moeda pouco antes do pleito. Mas FHC contou ainda com o PFL para bater o pernambucano Lula no Nordeste. O vice-presidente na chapa PSDB-PFL era o pefelista Marco Maciel, senador e ex-governador de Pernambuco. Mas o principal apoio do PFL nordestino à campanha de FHC veio mesmo de ACM, que terminava seu governo na Bahia e se elegia senador, fazendo seu substituto no estado, o governador Paulo Souto. Dessa forma, o PSDB, um partido essencialmente paulista, estendeu sua influência ao Nordeste, para além do Ceará de Tasso Jereissati e Ciro Gomes.

Lula ficou em segundo lugar com expressivos, porém insuficientes 27% dos votos válidos. Demais candidatos tradicionais, como Brizola e Quércia, não conseguiram sequer 5%; eram resultados humilhantes, piores do que o do extremado, caricatural e independente Enéas, que ficou com a terceira posição. Mais sagaz foi Maluf, que evitou engrossar a lista dos vexados ao se retirar da corrida presidencial, após ver confirmada a aliança entre PSDB e PFL. Consolidava-se a disputa eleitoral com dois polos, PT e PSDB; durante as duas décadas seguintes, nenhuma outra força teria chance em corridas presidenciais.

Maluf compreendeu que seu espaço na política nacional havia sido ocupado pela aliança entre o conservador PFL e o até então progressista PSDB, cujas origens estavam à esquerda do PMDB. A união podia parecer inusitada, porém deve-se lembrar que as lideranças pefelistas haviam rompido com Maluf para apoiar o peemedebista Tancredo na eleição indireta de 1985, conforme explicado no capítulo 1. Deste modo, a coligação que elegeu FHC lembra a junção de forças que havia derrotado Maluf nove anos antes. Comparação similar se aplica ao consenso negociado entre líderes conservadores e progressistas durante o processo constituinte, graças aos quais a Assembleia conseguiu aprovar a Constituição de 1988: estavam por trás dos acertos constitucionais justamente os líderes do PFL, majoritária no Centrão, e do PSDB, legenda então em gestação. Por fim, ambas legendas estavam firmes no governo Itamar.[25]

A aliança entre PFL e PSDB, portanto, não surgiu do nada. Os dois partidos eram compostos por políticos que haviam participado ativamente da redemocratização, negociando-a dentro das legendas que surgiram a partir dos velhos partidos do Regime Militar, Arena e MDB. Mais do que ser de centro-direita, a coligação PSDB-PFL representava o *establishment* político da redemocratização, cujos grupos se uniram para competir com a grande novidade da Nova República, o PT, cuja performance havia surpreendido a todos na eleição anterior. Contudo, era de fato notável a transmigração à qual se submeteram os tucanos: até há pouco de centro-esquerda, opositores dos conservadores oriundos da Arena, os correligionários de FHC agora ocupavam a centro-direita junto com o partido de ACM. Não estranha que a aliança com o PFL tenha gerado dissidência e descontentamento, a começar pelo PSDB baiano, franco inimigo local do clã carlista. Ademais, o ex-ministro Ciro Gomes se tornaria um dos mais vocais críticos a FHC, deixando o PSDB para se filiar a uma série de partidos de esquerda.

A eleição de 1994 foi um divisor de águas em vários sentidos. Com relação à política partidária, o pleito não apenas empurrou os tucanos para a centro-direita, como também obrigou o PT a iniciar uma lenta caminhada rumo ao centro. Conforme veremos no capítulo 5, a derrota para

25. Vale acrescentar que o PDS não participou do ecumênico governo Itamar, talvez porque Maluf cobiçava o papel de candidato de direita a bater Lula nas eleições de 1994.

FHC veio como uma grande frustração para os petistas. O partido havia liderado o *impeachment* de Collor e, até o Plano Real, Lula era favorito na corrida presidencial. O resultado do pleito fortaleceu uma corrente pragmática que transformaria o partido, tornando-o menos avesso a alianças fora da esquerda e mais competitivo eleitoralmente. Sem exagero, pode-se dizer que o caminho para a vitória petista nas eleições presidenciais de 2002 começou oito anos antes, com a primeira derrota para o PSDB.

Do ponto de vista da política nacional, iniciava-se um período de estabilização, no qual FHC e Lula governariam um Brasil mais previsível, com alternância de poder entre PSDB e PT, lembrando bastante um sistema bipartidário. Embora os anos FHC tenham sido coalhados por crises, conforme veremos no próximo capítulo, seu governo foi capaz de implementar políticas públicas bem-sucedidas no longo prazo, a começar pelo controle da inflação, as quais foram mantidas e ampliadas sob Lula. Era um grande avanço, sobretudo após o terror da inflação descontrolada e o trauma do *impeachment* de Collor.

CONCLUSÃO

A eleição de 1989 foi tão importante quanto *sui generis*. O pleito serviu de palco para que diversos grupos políticos se apresentassem pela primeira vez na arena nacional. Ninguém viu razões para ficar de fora, todos acreditaram que era chegada a hora de testar sua força. Como resultado, 22 políticos se candidataram, uma verdadeira multidão em se tratando de uma corrida presidencial. Estavam representadas praticamente todas as tendências em atividade na vida pública brasileira. Mas a disputa logo se polarizou entre dois campos, clivados de acordo com a linha divisória que havia marcado o processo de abertura, opondo conservadores a progressistas. O governador de Alagoas Fernando Collor de Melo assumiu a liderança do campo conservador, conquistando o apoio velado de setores do PFL e PMDB na medida em que os membros desses partidos se davam conta de que não tinham chances reais de vitória. No campo progressista, figuravam os esquerdistas Lula e Brizola, respectivamente, do PT e PDT. O petista conseguiu passar para o segundo turno por poucos votos de vantagem sobre o antigo líder pedetista, para surpresa de muitos, que esperavam um embate entre Brizola e Collor. Lula contou então com o apoio de Brizola e de Mário Covas, do PSDB, partido criado por peemedebistas progressistas ao final dos trabalhos constituintes.

O impopular presidente Sarney fracassava em conter uma inflação anual de quatro dígitos, problema que deteriorava a já grave situação social deixada pelos militares. Havia um forte clima de frustração não apenas com o governo, mas com toda a elite política. As promessas feitas ao longo da transição — controlar a inflação, fazer o país crescer e pagar a dívida social — haviam sido descumpridas. Não surpreende, portanto, que Lula e Collor tenham se destacado nas eleições ao se apresentarem como *outsiders*, tecendo duras críticas a Sarney e a todo o *establishment* político — do qual, aliás, Collor fazia parte.

Ao vencer um apertado e conturbado segundo turno, Collor se tornou o primeiro presidente eleito pelo voto direto desde o meteórico Jânio Quadros. Em campanha, o novo presidente havia prometido choques econômicos e políticos que transformariam o Brasil. Seu governo seria forte e moderno, montado à sua imagem, sem compromissos ou concessões aos partidos tradicionais. Em boa medida, Collor se apresentava como oposto a Sarney e a tudo que seu governo havia representado. O choque econômico veio com o Plano Collor, que não apenas falhou em resolver o problema inflacionário, como também jogou o país em uma forte recessão. O choque político transparecia na redução do número de ministérios, bem como em atitudes que simbolizavam altivez e embate com o Congresso, assumidas dramaticamente pelo presidente.

No entanto, bem consideradas as coisas, a composição do novo governo não era assim tão diversa do que se viu sob Sarney. O PFL, o PDS e, de forma geral, a maioria dos políticos egressos da velha Arena não negaram seu apoio e fidelidade a Collor. Após o fracasso de seu plano econômico, com a popularidade em baixa, o presidente não hesitou em abrir as portas da Esplanada dos Ministérios aos partidos de direita e centro, inclusive o PMDB.

Uma combinação de inaptidão pessoal, frustração com a economia e denúncias de corrupção acarretou o *impeachment* de Collor. Viveu-se um terremoto político que enfraquecia governo e Congresso, ao mesmo tempo que alçava o enigmático e mercurial Itamar Franco à Presidência. Premido pela crise, o novo mandatário buscou amparo em uma coalizão de união nacional, distribuindo pastas a partidos espalhados ao longo do espectro político, da direita à esquerda. Mas o governo parecia azedar rapidamente em função da inação na área econômica. Os ministros da Fazenda entravam e saíam do cargo enquanto a inflação subia sem controle. A mudança fundamental veio em 1993, quando FHC assumiu a Fazenda e montou a equipe de economistas que desenhou o Plano Real, com o qual, finalmente, foi encontrada a solução para pôr termo ao processo inflacionário. Era o fim de um grave e crônico problema: os índices de inflação estiveram, sem interrupção, acima de um dígito desde a década de 1950, subindo para a casa das centenas sob Figueiredo e do milhar durante o governo Sarney.

O Plano Real elegeu FHC à Presidência. O calendário do plano foi desenhado para que o ministro se apresentasse aos eleitores como o responsável pelo recém-conquistado fim da inflação. Graças a esse feito, o até então relativamente desconhecido FHC pôde bater em primeiro turno Lula, que havia liderado com folga as pesquisas de intenção de voto nos primeiros meses de 1994. Além do Real, a aliança com o PFL, beneficiada por sua forte penetração e base nos estados nordestinos, contribuiu decisivamente para a vitória do candidato tucano.

Vista em perspectiva histórica, a coligação PSDB-PFL era ao mesmo tempo surpreendente e plausível. Surpreendente, pois as lideranças dos dois partidos haviam militado em lados opostos: enquanto os progressistas do PSDB combateram a ditadura, que os perseguia com censura, prisão e exílio — veja-se o caso do próprio FHC —, os conservadores do PFL deviam sua vida pública ao Regime Militar. Entretanto, a união também era plausível, por dar continuidade à sequência de acordos entre os dois lados do *establishment* político responsável por conduzir o Brasil à democracia. Basta lembrar que, conforme estudado nos capítulos anteriores, o peemedebista Tancredo Neves ganhou a eleição indireta de 1985 em chapa formada com o até então pedessista Sarney, e que a Constituição de 1988 foi escrita a partir dos acordos acertados entre os progressistas do PMDB e os conservadores do Centrão. Em resumo, a chapa FHC-Maciel cristalizava, nas eleições de 1994, o que havia sido a marca da redemocratização.

Ao firmar uma coligação com o PFL para bater Lula, o PSDB se moveu da centro-esquerda para a centro-direita. Quanto aos pefelistas, a aliança implicou o reconhecimento de sua própria fraqueza, dos riscos de repetir o goro Sarney ou a aventura Collor, com a certeza de que, se tentassem chegar à Presidência pela direita, contribuiriam decididamente para a vitória petista. Era melhor fechar com os tucanos, os adversários progressistas da década anterior, do que perder para o PT. Deste modo, quando FHC surgiu com o Plano Real, os pefelistas se agarraram à sua candidatura. O gambito funcionou: Lula foi derrotado em duas eleições seguidas e FHC, político considerado até então de centro-esquerda, governou com pefelistas, como Maciel e ACM.

As eleições de 1994 iniciaram duas décadas nas quais o Brasil viveu uma espécie de bipartidarismo de coalizão. A Presidência seria disputada, a partir de então, entre coligações capitaneadas pelo PT e pelo PSDB. Com o carisma de Lula e a força de sua máquina partidária, o PT manteve-se dominante na esquerda. Já o PSDB tornou-se a cabeça de chapa antipetista, recebendo votos de eleitores conservadores ou simplesmente avessos ao PT. Foi assim nas cinco eleições seguintes, de 1998 a 2014. Este duopólio só teve fim em 2018, quando Bolsonaro substituiu o PSDB como o líder da direita, a alternativa a Lula.

4. Governos FHC: a modernização com atraso

Eu disse que é fácil governar o Brasil. (*Cardoso, 2015:585*)

Não será fácil governar. (*Cardoso, 2019:1.051*)

A primeira regra da boa briga é escolher o adversário certo. (*ACM*)

INTRODUÇÃO

FHC ganhou as eleições presidenciais de 1994 graças ao Plano Real. Não fosse o Real, ele sequer teria sido candidato e é difícil imaginar que alguém pudesse ter a força necessária nas urnas para derrotar Lula. Uma vez no Planalto, a principal missão do novo presidente era montar um governo capaz de superar o cenário adverso em que o país estava mergulhado desde os anos 1980. E não faltaram crises, dentro e fora do Brasil, desde o começo da presidência tucana. FHC tomou posse em meio à crise do México, o primeiro de vários choques externos que impactaram a economia brasileira na segunda metade da década de 1990. No *front* doméstico, o novo governo teve que lidar com a pressão por reajuste de salários. Em 1995, uma greve promovida por funcionários da Petrobras parou a refinaria de Paulínia, ameaçando secar o fornecimento de gasolina no estado de São Paulo. Se o governo tivesse cedido, o reajuste dos petroleiros provavelmente teria encadeado uma sequência de aumentos salariais em diversos setores, capaz de pôr o Plano Real na berlinda.

Este capítulo descreve a articulação política que FHC e seus aliados promoveram a fim de aprovar as reformas necessárias para evitar o retorno da inflação. Os projetos enviados pelo Planalto ao Congresso abriram a economia e evitaram uma bancarrota fiscal, armando os dois pilares sobre os quais repousava a estabilidade de preços: os dólares que entravam no país mantinham o Real apreciado, ao passo que a sustentabilidade fiscal permitia ao Estado gerir suas contas sem lançar mão de impressão monetária, a grande causa da inflação do passado. Mas formar alianças era crucial não apenas para aprovar reformas; a base governista também fazia frente a grupos de interesse que à época atuavam contra o Plano Real, como o PT e boa parte dos sindicatos. No caso da greve dos petroleiros, o governo não cedeu e a Justiça considerou a paralização ilegal. Não fossem estas vitórias governistas, a inflação poderia ter voltado, o que teria inevitavelmente levado o governo ao fracasso. Manter a estabilidade da moeda era o objetivo número um de FHC. Neste sentido, as páginas seguintes complementam os capítulos do segundo volume desta coleção que analisam as políticas econômicas implementadas nos dois governos tucanos.

BASE ALIADA, PFL E ACM NO PRIMEIRO GOVERNO FHC

O PSDB foi o grande vencedor das eleições gerais de 1994. Além de eleger FHC presidente, o partido emplacou seis governos estaduais, inclusive em São Paulo, Rio de Janeiro e Minas Gerais, onde Mário Covas, Marcello Alencar e Eduardo Azeredo foram eleitos governadores, respectivamente. A guinada foi formidável: em 1990, os tucanos haviam levado apenas o governo do Ceará. O partido cresceu bastante no Congresso, formando a terceira maior bancada na Câmara dos Deputados, com 63 parlamentares, muito além dos 38 da Legislatura anterior.

O PMDB manteve a maior bancada parlamentar, com 107 deputados, e ganhou nada menos do que nove governos estaduais. Esses resultados destoavam da pífia votação que Orestes Quércia recebeu na corrida presidencial daquele ano. O PMDB seguia como principal força política nos estados e no Congresso, a despeito de seu desempenho sofrível nas eleições presidenciais. O PFL também se saiu bem nas eleições. Além de eleger o vice-presidente Marco Maciel, o partido fez a segunda maior bancada na Câmara, com 89 deputados. O PT, PP de Paulo Maluf e PTB ficaram com, respectivamente, 50, 34 e 32 deputados.

O núcleo duro da base governista era a aliança PSDB-PFL, que somava 152 deputados, um bloco considerável, porém bem abaixo da metade da Câmara. Fica assim evidente o grande desafio parlamentar do governo: implementar reformas codificadas em emendas constitucionais, cuja aprovação necessita do apoio de três quintos do Congresso. Para tanto, o Planalto tinha que atrair votos do PP e, principalmente, do PMDB, sem com isso comprometer a união com o PFL. Como veremos a seguir, em seu primeiro mandato, FHC conseguiu encarar razoavelmente bem esse desafio (Couto e Abrucio, 2003).

O imperativo majoritário — ou supermajoritário, se consideradas as emendas constitucionais — se impôs. A coligação eleitoral teria que ser ampliada ao se traduzir em coalizão de governo, isso é, ao passar da arena eleitoral à legislativa. Para montar sua base de apoio, FHC formou seu governo distribuindo pastas ministeriais aos partidos que o apoiariam, como é a praxe em toda e qualquer democracia. Coube a essas legendas indicar nomes para ministérios com enormes fontes de recursos: o PFL ficou com Previdência e Minas de Energia, o PMDB ocupou os Transportes e a Justiça e o PTB, a Agricultura (Biblioteca da Presidência da República, 2024). O PSDB, o partido do presidente, como era de se esperar, controlava pastas estratégicas, chaves para o sucesso do governo e a formação de candidatos que no futuro pudessem se habilitar para concorrer à Presidência. Os tucanos Paulo Renato de Souza, Sérgio Motta e Luís Carlos Bresser-Pereira assumiram a Educação, Comunicações e Administração e Reforma do Estado, respectivamente. A equipe econômica era alinhada ao PSDB: José Serra foi ministro do Planejamento e membros da equipe do Plano Real ocuparam a Fazenda (Pedro Malan), o Banco Central (Pérsio Arida e Francisco Lopes) e o BNDES (Edmar Bacha e André Lara Resende). Cabe enfatizar ainda que todos esses ministros e secretários eram pessoalmente próximos a FHC. Os contornos dessa influência direta do presidente e seu círculo íntimo de colaboradores ganharam nitidez maior quando José Serra assumiu a Saúde.

O mais poderoso político aliado ao governo era ACM, recém-eleito senador depois de seu terceiro mandato como governador da Bahia, onde se consolidara como grande líder político. Como notado anteriormente, a vida pública de ACM deslanchara durante o Regime Militar. Graças aos generais, o baiano fora nomeado para a prefeitura de Salvador e o governo do estado. ACM ocupara a presidência das Centrais Elétricas Brasileiras S.A. (Eletrobras) nos anos 1970, o que lhe rendeu bastante influência sobre o setor elétrico nas décadas seguintes — até a crise energética de 2001, o senador indicou todos os ministros de Minas de Energia de FHC. Filho de um imigrante português e médico de formação, ACM fazia parte de uma nova geração de políticos conservadores nordestinos que ascendeu após o golpe de 1964, um grupo mais urbano e intelectualmente preparado do que as tradicionais oligarquias da região. Essa jovem elite política dos tempos dos generais incluía ainda o discreto e opaco Marco Maciel. O perfil moderado do vice-presidente, porém, contrastava com o estilo agressivo de ACM, o qual por vezes lembrava o estereótipo de um velho coronel nordestino.[26]

Como vimos no início deste livro, ACM havia contribuído para a vitória da chapa Tancredo-Sarney nas eleições indiretas de 1985. O baiano deixou o PDS de Maluf para se juntar ao recém-fundado PFL, que permaneceria no centro do poder na nova ordem democrática que então surgia. A manobra valeu-lhe a nomeação para o Ministério das Comunicações, pasta que ocupou durante todo o governo Sarney e foi fundamental em sua escalada política. O ministro montou uma enorme rede de influência ao autorizar centenas de concessões de rádio e televisão, em uma época em que redes nacionais de comunicação expandiam-se pelo interior do país. Em um acerto com Roberto Marinho, o poderosíssimo presidente das Organizações Globo, ACM conseguiu fazer com que sua empresa de televisão, a diminuta TV Bahia, se tornasse a afiliada baiana da Globo. Como se isso não bastasse, várias estações de rádio ligadas a familiares e aliados locais do ministro também passaram a transmitir a Rádio Globo. Assim, de uma hora para a outra, o clã ACM passou a controlar os telejornais locais que iam ao ar entre programas que à época praticamente detinham poder de monopólio nos meios de comunicação

---

26. Gomes (2001) descreve em primeira mão a truculência de ACM com seus opositores da Bahia durante a ditadura.

(Gomes, 2001:323-418). ACM usou esse verdadeiro império para ganhar as eleições estaduais de 1990, chegando pela primeira vez ao Palácio de Ondina por vias democráticas. Iniciavam-se então duas décadas de forte domínio "carlista" na Bahia, período em que todos os governadores foram apadrinhados pelo grande líder. Entretanto, vale notar que ACM não teve ascendência sobre o Ministério das Comunicações no governo FHC. O presidente jactava-se de ter interrompido a influência pefelista nas Comunicações ao entregar a pasta ao tucano Sérgio Motta — o qual, deve-se ressaltar, não tinha dificuldades para se entender com os líderes do PFL (Cardoso, 2015: posição 2423).

O principal mediador das relações entre FHC e ACM era seu filho, Luís Eduardo Magalhães, deputado pelo PFL da Bahia, presidente da Câmara entre 1995 e 1997 e líder do governo no Congresso a partir daquele ano. Como relata FHC em seus *Diários da Presidência*, Luís Eduardo desempenhou papel crucial na manutenção do equilíbrio da base aliada. A parceria com FHC havia se iniciado nas eleições de 1994: nas palavras do presidente, Luís Eduardo foi o "primeiro a dizer que me ajudaria em tudo durante a campanha" (Cardoso, 2015: posição 702). ACM almejava que seu filho saísse candidato governista após o fim da presidência tucana, substituindo FHC no Planalto. Como sempre, a montagem do governo já compreendia os cálculos sucessórios — e por óbvio ACM não era o único a fazer projeções e alimentar expectativas a respeito, como se verá adiante.

As relações entre ACM e FHC eram fundamentais para o governo, mas nem por isso elas se deram de forma sempre harmoniosa. Logo em 1995, o senador se viu no centro de um escândalo de corrupção ligado ao Econômico, um banco baiano que faliu naquele ano. Técnicos interventores do Banco Central se depararam com um documento que listava contribuições a campanhas nas eleições de 1990, o que era vetado pela legislação vigente.[27] Encontrado dentro de uma pasta de cor rosada, o material foi vasado para imprensa, que deu bastante destaque ao então intitulado "caso da pasta rosa". Vários po-

27. O controlador ou CEO do Econômico, Ângelo Calmon de Sá, havia sido ministro nos governos Geisel e Collor.

líticos figuravam entre os aquinhoados pela generosidade do banco, como o ex-presidente José Sarney e o futuro ministro da Justiça Renan Calheiros, ambos do PMDB. Mas ACM destacava-se no topo da lista, associado a cifras muito superiores às dos colegas (Entenda..., 1996). Para piorar, a quebra do banco teve impacto na economia baiana, afetando os interesses das elites locais às quais o ex-governador e senador era associado.

A reação de ACM foi truculenta. Mirando em especial José Serra, o senador baiano acusou ministros tucanos de se mancomunarem com diretores do Banco Central para forjar a denúncia. O ataque respingou no governo como um todo, que, declarou o senador, "tem mania de criar crises" (A crise..., 1995). ACM fez pressão pela demissão do presidente do Banco Central, Gustavo Loyola (Cardoso, 2015: posição 8938). No auge do escândalo, Luís Eduardo chegou a ameaçar um rompimento com o Planalto. Segundo FHC, a fissura não ocorreu graças à intervenção do catarinense Jorge Bornhausen, presidente do PFL, e membros do PMDB, inclusive Sarney (Cardoso, 2015: posição 9430).

Ao nível partidário, as relações entre PSDB e PFL tampouco eram tranquilas. Entre os tucanos, o ministro das Comunicações Sérgio Motta e o governador do Ceará Tasso Jereissati eram importantes aliados dos pefelistas. Do outro lado da contenda, uma grande fatia do PSDB opunha-se a ACM, por seu estilo ferrabrás e suas origens políticas na ditadura. Vale lembrar que o partido se originara do antigo MDB, que comandou a redemocratização. Vários de seus líderes – inclusive FHC – haviam sido perseguidos e exilados pelo Regime Militar. Pesava também na divisão interna dos tucanos uma clivagem regional: o PFL era forte no Nordeste, ao passo que o PSDB sempre foi um partido baseado em São Paulo. Não surpreende que o cearense Jereissati era mais próximo dos pefelistas do que os paulistas Mário Covas e José Serra. Como se verá no restante deste capítulo, Serra foi o principal adversário de ACM e do PFL dentro do governo. Além de suas relações pessoais com o PMDB, o ministro tinha pretensões presidenciais que se chocavam com os planos que ACM acalentava para seu filho Luís Eduardo.

O DESUNIDO PMDB, O DÚBIO SARNEY E A DIVISÃO DO CONGRESSO

O PMDB se relacionava com o primeiro governo FHC de forma bem mais complexa e conflituosa do que o PFL. Em parte, isso devia-se à sua fraccionada vida interna. O PMDB saiu mais dividido do que nunca das eleições de 1994, quando se completou o longo processo de estilhaçamento da ampla frente de oposição que o partido havia sido durante a redemocratização. Decerto, o PMDB continuava grande; porém, internamente, a legenda se convertera em uma verdadeira federação de partidos estaduais, com diversas facções atadas à máquina estatal e, não raro, inimigas entre si. Nas palavras de FHC: "o PMDB só se une em torno do nada. Se for para decidir alguma coisa, por mais tênue que seja, não haverá unidade alguma" (Cardoso, 2016: posição 931). Destituído de uma liderança nacional, o PMDB era incapaz de definir sua relação com o governo, hesitando entre aderir à situação e se juntar à oposição. O Planalto necessitava dos votos peemedebistas, mas desconfiava do apetite por cargos e sinecuras das facções adesistas. O Ministério dos Transportes, nominalmente sob o comando do peemedebista Odacir Klein, era controlado de perto pela Presidência. Entretanto, a grande dificuldade, o que tornava a relação FHC-PMDB mais espinhosa e delicada, era o fato de a legenda abrigar lideranças com poder de fogo para influir na sucessão presidencial. Para dar nomes aos bois, Sarney e Itamar eram as pedras peemedebistas no sapato de FHC.

Presidente do Brasil na década de 1980 e do Senado entre 1995 e 1997, José Sarney era um dos principais cardeais do PMDB. Sua posição bastante errática com relação ao governo fez com que FHC o caracterizasse como o político mais "hábil" do Brasil, que atingia seus objetivos, mas que nem sempre "entrega" o que havia prometido (Cardoso, 2016: posição 1567). Embora fosse senador pelo Amapá, uma das principais metas do ex-presidente era defender seus interesses no Maranhão, estado então governado por sua filha, Roseana Sarney. Assim como ACM, Sarney se movimentava para promover sua prole. Diferentemente do clã baiano, exclusivamente pefelista, o clã maranhense envolvia tanto o PMDB quando o PFL, ao qual Roseana e seu irmão José Sarney Filho eram filiados.

No intuito de fazer da família Sarney um aliado, FHC tentou em vão trazer Roseana para o PSDB (Cardoso, 2015: posição 21605) e emplacá-la como vice na chapa tucana que disputaria as eleições de 2002 (Cardoso, 2017: posição 12053). No entanto, a teia de interesses dos políticos ligados a Sarney por vezes colocava-o na oposição ao Planalto. Por exemplo, o maranhense usou seu poder de presidente do Senado para coordenar uma reação à reforma tributária desenhada pela equipe econômica (Sarney ataca..., 1995). A campanha tinha apelo entre os governadores, a começar com Roseana Sarney, segundo a qual as novas regras reduziriam a arrecadação dos estados. O bloco ganhou tração e conseguiu barrar a reforma tributária. Sarney também assumiu uma postura intervencionista na área econômica, alinhada à esquerda; por exemplo, o senador se opôs à privatização da Vale do Rio Doce (Sarney condena..., 1995).

Ao deixar a presidência do Senado, o maranhense ensaiou uma aproximação com FHC, dizendo-lhe que "está comigo para valer e quer que eu o utilize à vontade" (Cardoso, 2016: posição 2330). Em paralelo, o ex-presidente flertava com a pretensão de disputar as eleições presidenciais de 1998, o que novamente o pôs em rota de colisão com o governo. Sarney passou a atacar o "neoliberal" FHC, afirmando que, se voltasse ao Planalto, faria "tudo pelo social", em sintonia com seu antigo *slogan*. Em aberta pré-campanha, o senador atacava até mesmo o Plano Real, que teria sido apenas um subproduto do seu — malfadado, deve-se ressaltar — Plano Cruzado (*IstoÉ*, 1997). Para o governo, tornou-se fundamental neutralizar e acomodar as pretensões de Sarney, de seus herdeiros e dos políticos a ele ligados. O esforço de cooptação redundou na nomeação de José Sarney Filho para ocupar a pasta do Meio Ambiente. Era alguma coisa, mas pouco para resolver de vez o imbróglio entre o presidente e o ex-presidente.

Celeumas com Sarney à parte, o principal desafeto peemedebista de FHC era mesmo Itamar Franco. Dado que um havia sido ministro do outro, a inimizade entre ambos pode surpreender. Boa parte da briga não passava de uma disputa de egos em torno da paternidade do Real. Itamar se ressentia do tratamento que lhe era dispensado por FHC e seus colaboradores, os quais minimizavam sua participação no plano, quando não de apresentá-lo como um dos principais empecilhos ao seu sucesso

— não faltam referências nos *Diários da Presidência* ao "despreparo" de Itamar. Por mais que FHC tenha conseguido capitalizar o Real ao se eleger à Presidência, ele não podia simplesmente ignorar as demandas de seu antigo superior hierárquico, que, afinal de contas, ocupava a cadeira presidencial quando a nova moeda foi introduzida.

Em uma tentativa de acomodar Itamar, FHC o nomeou embaixador em Portugal. Mas a indicação não foi suficiente para limar as arestas: o ex-presidente fez o mundo político saber que seu sucessor quis exilá-lo, enquanto a equipe palaciana afirmava que havia atendido a demanda do próprio Itamar — não sem deixar claro que Portugal era o posto apropriado para um diplomata monoglota. O político mineiro retornou ao Brasil a fim de tentar disputar a Presidência pelo PMDB. Sua candidatura não decolou — como detalharemos a seguir —, e Itamar acabou elegendo-se ao governo de Minas Gerais em 1998. O governador tornou-se, então, um dos mais ferrenhos opositores de FHC, uma fonte de onde jorravam incômodos para o Planalto, como a decretação do calote da dívida externa do estado que, apesar de pequena, contribuiu para a crise do Real em 1999. Veemente opositor das privatizações, Itamar chegou a mobilizar a PM mineira ao redor de reservatórios de Furnas, pretensamente no intuito de evitar a venda da empresa à iniciativa privada. O ex-presidente atacava pessoalmente FHC, a quem descrevia como "desleal" (Para Itamar..., 1998). Apesar da estridência, contudo, seu peso na política nacional não se comparava ao de Sarney, senhor de uma funda e sólida rede de relações, cultivada por longos anos de proximidade e exercício do poder que o faziam presença indispensável em toda e qualquer negociação relevante.

Cabia a peemedebistas menos ilustres do que Sarney e Itamar tentar conduzir o partido ao governo. Um dos principais governistas do PMDB era o deputado e futuro presidente Michel Temer. Outro importante aliado era o senador Jader Barbalho, ex-governador do Pará. Contudo, a aproximação de Temer e Jader gerou efeitos colaterais, conspirando contra a paz da coalizão governista. O PFL não via com bons olhos o espaço que o PMDB conquistava no governo. Como de costume e a seu modo, ACM vocalizou o desconforto. Temer era ligado ao deputado baiano Geddel Vieira Lima, que fazia oposição a ACM em seu estado natal. Já com Barbalho o choque era mais direto e explícito: ACM reiteradamente denunciava esquemas de corrupção envolvendo seu colega de Senado, chegando a publicar um livro intitulado *Jader Barbalho: o Brasil não merece.*

Não obstante as trocas de farpas e embates frontais entre as partes, PFL e PMDB compuseram a base do governo. A fim de dar vida e suporte a essa "paz armada", os dois partidos firmaram um acordo pelo qual cada um deles comandaria uma das casas do Congresso: enquanto uma legenda ocupava a presidência da Câmara, a outra presidia o Senado. Essa divisão parlamentar havia se iniciado em 1993, quando o pefelista Inocêncio de Oliveira se tornou presidente da Câmara, quebrando o controle que o PMDB teve na casa desde a redemocratização. O também pefelista Luís Eduardo Magalhães substituiu Inocêncio de Oliveira em 1995. Já a mesa diretora do Senado foi ocupada pelos peemedebistas Humberto Lucena (1993-95) e José Sarney (1995-97).

O governo sustentava ativamente tal divisão de poderes no Congresso. O apoio do Planalto foi determinante em 1997, quando essa partilha se transformou em rodízio, com Temer assumindo a Câmara e ACM substituindo Sarney no Senado. Em seus diários, o presidente relata que a bancada do PSDB votou em massa em Temer e ACM (Cardoso, 2016: posição, 1532). Não há como se confirmar esse apoio por conta do voto secreto, mas a larga margem com que ACM foi eleito — 52 a 28 — sugere que os tucanos de fato votaram no pefelista, sobretudo porque o candidato derrotado, o peemedebista Iris Resende, certamente recebeu votos da oposição (ACM é eleito... 1997). A movimentação palaciana foi mais explícita na Câmara, levando a *Folha de S.Paulo* a noticiar que Temer contara com "ostensivo apoio do presidente Fernando Henrique Cardoso" (Temer é eleito... 1997). A ajuda foi fundamental, já que o deputado recebeu 257 votos, precisamente o mínimo necessário para se conquistar a maioria da casa.

Administrar os conflitos entre os ministros tucanos — em especial os que eram mais próximos a FHC, como José Serra e Sérgio Motta, imbricados com o PMDB e PFL, respectivamente — era o dia a dia da Presidência; a divisão do Congresso entre essas duas legendas não resolvia a infinidade de disputas palacianas descritas em detalhes nos registros de FHC, embora ao menos contribuísse para a estabilidade e coesão de sua base parlamentar, necessárias na aprovação de emendas constitucionais.

APROVAÇÃO DE REFORMAS E O IMBRÓGLIO DA PREVIDÊNCIA

A base aliada do primeiro governo FHC permitiu que o Congresso aprovasse uma série de reformas que efetivamente transformaram a economia brasileira. Logo de saída, emendas constitucionais extinguiram reservas de mercado em setores considerados estratégicos, como telecomunicações e petróleo, abrindo-os para o capital estrangeiro. Graças a essa mudança, o governo pôde privatizar grandes empresas estatais, a exemplo da Telebras. Outra importante vitória foi a aprovação da PEC nº 14, que instituiu o Fundo de Manutenção e Desenvolvimento do Ensino Fundamental e de Valorização do Magistério (Fundef). As regras do fundo disciplinaram a repartição de recursos entre os entes da Federação, abrindo caminho para uma notável expansão da educação pública no ensino fundamental.

As reformas desenhadas para fortalecer as contas públicas, necessárias na sustentação do Plano Real, não foram tão bem-sucedidas. Em especial, o governo colecionou uma série de derrotas, em um processo bastante tortuoso, até aprovar uma desidratada reforma da Previdência. O sistema nacional de aposentadorias — a Previdência — já despontava à época como uma questão central no equilíbrio fiscal. Os déficits começaram a se acumular a partir da promulgação da Constituição de 1988, que universalizou o acesso à Previdência, beneficiando principalmente os mais pobres, porém sem mexer em privilégios que o sistema garantia aos mais ricos. A idade média de aposentadorias era bastante baixa no Brasil se comparada com outros países, um problema que pressionava as contas previdenciárias na medida em que a população envelhecia — um longo processo que apenas se iniciava na década de 1990. O sistema era particularmente generoso com os inativos do setor público, que recebiam a integralidade dos salários pagos aos servidores ativos.

A PEC da Previdência foi enviada ao Congresso em 1995 como uma prioridade da equipe econômica. Redigida pelo deputado peemedebista Euler Ribeiro, a primeira versão da reforma propunha uma série de mudanças substanciais no sistema previdenciário: a substituição de tempo de serviço por tempo de contribuição, o fim das aposentadorias integrais no setor público, o estabelecimento de idade mínima de aposentadoria — 50 para mulheres e 55 para homens — e o pagamento de contribuição por parte dos inativos.

O conteúdo da reforma era polêmico, capaz de gerar contundente reação da sociedade, especialmente por parte dos grupos diretamente afetados. A Força Sindical apoiou a iniciativa, mas a Central Única dos Trabalhadores (CUT) foi contra, juntando-se à ferrenha oposição que o PT fazia ao governo. No Congresso, o projeto enfrentou forte resistência já na Comissão Especial, responsável por sua apreciação preliminar. Diante da eminente derrota, Luís Eduardo Magalhães, o presidente da Câmara, interveio e, arbitrariamente, dissolveu a comissão, remetendo a matéria diretamente ao Plenário, em flagrante desrespeito ao Regimento Interno da casa. O estratagema não rendeu frutos, pois o governo foi incapaz de arregimentar o apoio dos três quintos da Câmara necessários na aprovação do projeto. Em seguida, Luís Eduardo reincidiu: em mais um desrespeito ao regimento, o parlamentar nomeou um novo relator para a matéria: Michel Temer. No desempenho da tarefa para a qual foi convocado, o constitucionalista Temer, líder do PMDB, deu início a uma vitoriosa ascensão política. Luís Eduardo e FHC acertadamente antecipavam que Temer garantiria o apoio da bancada do PMDB, contrabalançando a influência do presidente nacional do partido, o deputado Paes de Andrade, um opositor declarado da reforma. O Planalto também tentou atrair votos do PPB de Maluf, cujos deputados eram majoritariamente contrários a mudanças nas regras da Previdência, em sintonia com a base do partido junto a servidores federais, herança da época da ditadura.

Deste modo, para garantir a aprovação da PEC da Previdência, o Planalto se viu forçado a ampliar sua base de apoio, superando a relação ambígua que mantinha com o PMDB e sacramentando a entrada formal do PPB à base parlamentar. Temer tratou da primeira tarefa. Com relação ao partido do então prefeito paulistano Paulo Maluf, o governo arregimentou seu apoio ao assumir uma dívida de mais de R$ 2 bilhões (valores de 1996) da prefeitura de São Paulo. FHC ainda se comprometeu a entregar um ministério ao PPB, acordo que resultou na indicação do deputado Francisco Dornelles para a pasta de Desenvolvimento, Indústria e Comércio Exterior (Rodrigues, 1996:6; Presidente..., 1996:6). Dornelles viria a se tornar o principal governista do partido, por vezes se chocando com Maluf. A aliança com o Planalto fez com que Dornelles permanecesse no governo dali em diante, assumindo a pasta do Trabalho no segundo mandato de FHC.

Em paralelo à aprovação da reforma da Previdência, o governo perseguia um segundo objetivo no Congresso: evitar que a oposição instaurasse no Senado uma CPI para investigar escândalos relacionados com as falências bancárias e as vultosas intervenções governamentais no setor que se seguiram ao Plano Real. Um exemplo de caso ligado a tais falências era o da Pasta Rosa, citado anteriormente. O Planalto avaliava que a CPI paralisaria o Congresso, lançando por terra as chances de aprovação da reforma da Previdência. Deste modo, as duas frentes de embate parlamentar — Previdência na Câmara e CPI no Senado — se fundiam em uma única batalha política naquele ano de 1996. Em ambos os casos, a peça-chave para a vitória governista era o PMDB: tudo dependia da capacidade de Temer em arregimentar a maioria do partido na Câmara e do próprio Planalto em fazer o mesmo no Senado.

No caso da CPI, os senadores peemedebistas votaram uma prévia, empatando em 10 a 10. A decisão virou contra o governo com o voto de minerva de Sarney, o presidente do Senado, que decidiu pela instalação da comissão. O governo contra-atacou e Jader Barbalho mudou seu voto. O senador paraense havia dito que a CPI era "irreversível", mas, segundo manchete da *Folha de S.Paulo*, "meia hora com FHC mud[ou] a posição de Barbalho" (Meia hora..., 1996:6). Na conversa, o presidente teria prometido que a Receita pararia de investigar as contas do senador, então alvo de investigações por sonegação e enriquecimento ilícito (Salomon e Figueiredo, 1996:6).

O "corpo a corpo" do governo surtiu efeito e, em 21 de março de 1996, o Senado rejeitou a CPI dos Bancos e a Câmara aprovou a reforma da Previdência, tudo no mesmo dia. O PFL atuou como principal partido da base aliada, votando de modo quase unânime com o governo. Dornelles saiu fortalecido ao explorar o papel de "fiel da balança" do PPB em ambas as votações (Quem..., 1996:6). Mas foi Michel Temer que decidiu a parada ao garantir a maioria dos votos peemedebistas. FHC comemorou, registrando que Temer "conseguiu reverter muitos votos, arriscou mesmo ao tomar a frente nessa questão da reforma" (Cardoso, 2015: posição 12968). Em contrapartida, as restrições com que o PMDB era tratado pelo governo foram amainadas; concretamente, o Planalto deixou de lado o controle e a vigilância exercida sobre o Ministério dos Transportes, dando maior liberdade para que os peemedebistas gerissem os recursos vultuosos atrelados à pasta (Cardoso, 2016: posição 1311).

Enquanto se batia na Câmara, Temer sofria ataques na imprensa por ter se aposentado no cargo de procurador do Estado de São Paulo aos 55 anos. O relator não era o único que havia se aposentado prematuramente: o próprio ministro da Previdência, Reinhold Stephanes, tornara-se inativo da prefeitura de Curitiba com apenas 46 anos (Stephanes...1995). Inconsistências pessoais à parte, Temer disse ao que viera, entregando os votos necessários do PMDB. Foi com essa vitória que o deputado abriu caminho para se tornar o presidente da Câmara no ano seguinte (Temer se fortalece..., 1996). Enquanto Temer vencia, saiu derrotado o presidente do PMDB, Paes de Andrade, e a esquerda da legenda que o seguia no Congresso.

Entretanto, a vitória em primeiro turno da reforma da Previdência foi parcial por dois motivos. Primeiro, para conseguir os votos necessários, Temer se viu forçado a fazer inúmeras concessões, desidratando o texto que viria a ser aprovado. O resultado não contentou o governo: o próprio FHC se lamuriou que a reforma final representava "muito pouco avanço" (Cardoso, 2015: posição 13301), que uma "porção de abusos" teriam sido preservados — por exemplo, sumiram as idades mínimas dos aposentados (Cardoso, 2015: posição 132285). Em segundo lugar, as manobras de Luís Eduardo Magalhães deram o ensejo para que PT e PDT entrassem com um Mandado de Segurança no STF. Acolhido pelo ministro Marco Aurelio Mello, o mandato levou à suspensão da tramitação da PEC por dois meses, até que o Plenário da corte decidisse definitivamente a questão em favor do governo (Cruz Neto, 1996).

A PEC foi então à Câmara para ser votada em segundo turno, mas a oposição procurou inviabilizar sua tramitação ao apresentar vários Destaques para Votação em Separado (DVS). A estratégia fazia com que cada um dos artigos da reforma fosse votado separadamente, só podendo ser aprovado se apoiados por três quintos da casa.[28] Em tal toada, o custo e a dificuldade para se aprovar a reforma cresciam exponencialmente. E não foi apenas a esquerda que recorreu ao expediente: deputados pepebistas, ligados a Maluf, apresentaram nada menos do que 11 DVS, a despeito do acordo que a sigla havia fechado com o Planalto. Um desses DVS propunha que o governo pagasse perdas inflacionárias a aposentados, acumuladas desde 1991, uma verdadeira bomba fiscal (Cardoso, 2015: posição 15716).

Em meio às dificuldades geradas pelo volume de DVS, parlamentares da base aliada aproveitaram "para forçar o governo a atender pedidos de cargos e verbas", promovendo o que *O Estado de S. Paulo* chamou de um festival de "rebeldia e desorganização" (Deputados..., 1996:A-4.). O governo reagiu a contento ao aprovar uma resolução que limitava o número de DVS que cada partido poderia apresentar (Brasil, 1996). Ou seja, a fim de aprovar a reforma da Previdência, o governo mudou o Regimento Interno da Câmara — o qual, vale ressaltar, já havia sido infringido pelo presidente da casa. As caneladas renderam fruto, retirando da oposição sua principal arma no combate à reforma. Depois de marchas e contramarchas, mais de um ano e três meses do início da sua tramitação e a um custo elevadíssimo do ponto de vista político-institucional, o projeto foi finalmente aprovado e encaminhado ao Senado. Não obstante o trator passado pelo Planalto na Câmara, o texto aprovado era bastante diferente do original, distante do que o governo almejava aprovar para conter o déficit da Previdência.

No Senado, coube ao relator tucano Beni Veras recuperar a reforma por meio da apresentação de um substitutivo, o qual foi aprovado graças à relativa docilidade das bancadas aliadas na Casa Alta. As mudanças introduzidas no Senado forçaram o retorno da PEC à Câmara, uma vez que a Constituição exige aprovação do mesmo texto pelas duas Casas para a promulgação de uma emenda constitucional. Dada a reforma re-

28. O DVS é um tipo de emenda peculiar, pois, em lugar de oferecer uma alternativa ao substitutivo aprovado, como ocorre em um destaque usual, no DVS o artigo é destacado para ser confirmado em uma votação específica. No caso de uma emenda constitucional, isso implica que cada um dos artigos destacados teria que obter os 306 votos favoráveis para ser incorporado à Constituição.

gimental que limitava a apresentação de DVS e os acertos feitos com o PMDB e PPB, o projeto tramitou com relativa celeridade. Mas a votação final não ocorreu sem percalços: faltou um voto para que a idade mínima para requerer a aposentadoria fosse aprovada. O ex-ministro e deputado Antônio Kandir se absteve e, dando conta das consequências do seu voto, tentou sem sucesso alterá-lo, argumentando que havia cometido um erro no sistema eletrônico de votação (Madueño e Damé, 1998).

O caso Kandir não deixa de ser emblemático: em momentos decisivos, o governo cometeu erros estratégicos que lhe custaram derrotas. O Congresso diluiu o conteúdo da reforma ao longo dos seus três anos de tramitação. Conforme será detalhado no segundo volume desta coleção, as mudanças introduzidas foram insuficientes para evitar o rápido aumento do rombo da previdência nos anos seguintes. No entanto, politicamente, não se deve minimizar o resultado alcançado pelo Planalto; não é tarefa fácil para governo algum reformar o sistema previdenciário, impingindo perdas a grupos específicos de trabalhadores. Assim, desta perspectiva, o governo colheu uma vitória política significativa com a aprovação da PEC da Previdência.

As adversidades vividas ao longo deste tortuoso processo levaram o governo a finalmente azeitar a sua base parlamentar, nela introduzindo, de corpo e alma, PMDB e PPB. Era o que o governo precisava na operação que levaria a uma outra reforma, pessoalmente importante a FHC: a aprovação da PEC da reeleição, uma demonstração de força inequívoca do Planalto, imposta com o intuito de garantir mais um outro mandato ao presidente — e, portanto, aos partidos da base que o sustentava.

ALIANÇA COM O PMDB E REELEIÇÃO

Os percalços na tramitação da reforma da Previdência mostraram claramente os limites da base aliada do governo. Para contar com os votos do PMDB, sem os quais não havia como aprovar emendas à Constituição, era preciso integrar aquele partido ao governo, franqueando-lhe o controle de ministérios. O crucial papel desempenhado por Temer valeu-lhe o direito de nomear seu aliado Eliseu Padilha para a pasta dos

Transportes — a qual, como dito anteriormente, era até então apenas nominalmente controlada pelo PMDB (Cardoso, 2016: posição 4415). O partido também se consolidou no comando da Justiça, cujo ministro, Nelson Jobim, deixou o cargo para assumir uma cadeira no STF. A pasta foi então ocupada pelos peemedebistas Iris Resende e, posteriormente, Renan Calheiros, um ex-integrante da tropa de choque de Collor que contava com a simpatia de Sarney e Barbalho, seus colegas de Senado. Em suma, FHC decidira fazer "uma aliança de verdade com o PMDB". Até então, o presidente "fin[gia] que botei o PMDB, mas de fato botei pessoas em que eu, arbitrariamente, confio" (Cardoso, 2016: posição 5901). O mandatário reconhecia que "não dá pra governar o país com um grupo de amigos" (Cardoso, 2016: posição 5904).

A aproximação com o PMDB gerou descontentamento tanto no PSDB quanto no PFL. O ministro Sérgio Motta declarou que a nomeação de Padilha significava a introdução de uma "quadrilha" no Ministério dos Transportes (Cardoso, 2016: posição 1311). Já ACM, recém-eleito presidente do Senado, passou a bater na área econômica do governo, criticando o pacote fiscal lançado em meio à Crise Asiática de 1997, o qual era marcado por cortes de gastos e aumento de juros (Souza, 1997:A.12). Em uma brusca mudança de posição, o até então fiel aliado governista "causou um transtorno", obrigando a FHC interceder junto a Luís Eduardo Magalhães para apaziguar seu pai (Cardoso, 2016: posição 11963). Deve-se ressaltar que a entrada do PMDB no governo atendia aos projetos presidenciais de José Serra. O tucano não contaria com o apoio do PFL, uma vez que o pré-presidenciável pefelista já estava definido: o próprio Luís Eduardo.

A despeito das reações conflitivas no miolo da base governista, a aproximação do Planalto com o PMDB era fundamental não apenas no embate da Previdência, tópico da seção anterior, mas também para aprovar a emenda da reeleição, que se converteu no principal objetivo político do primeiro governo FHC. A reforma contava com sólido apoio entre tucanos e pefelistas. Para o PSDB, sua aprovação era o caminho por meio do qual o partido se manteria no poder, apoiando-se no sucesso do Plano Real. A emenda da reeleição era ainda conveniente ao PFL, sobretudo a ACM, por acreditar que seu filho Luís Eduardo necessitava ganhar musculatura política para se lançar à Presidência. Um segundo mandato de FHC, portanto, vinha a calhar.

A exemplo do que ocorrera na PEC da Previdência — e em praticamente qualquer outra reforma contenciosa que fosse a voto no Congresso —, a principal questão da reeleição era o PMDB. Defendendo a tese de que o partido deveria lançar candidato próprio em 1998, seu presidente Paes de Andrade estimulou as pré-candidaturas do senador paranaense Roberto Requião e dos ex-presidentes Itamar e Sarney — os quais, como visto anteriormente, haviam acalentado o desejo de retornar ao Planalto (Carta..., 1998:A6). Bem ao seu estilo, Sarney não aceitou nem recusou explicitamente o convite. FHC temia que, em meio a tal indefinição, Sarney viesse a usar sua influência no PMDB e PFL para criar obstáculos à emenda da reeleição, a fim de barrá-lo na corrida pela Presidência (Cardoso, 2016: posição 962). Obter a adesão ou neutralidade do senador era visto como uma condição necessária na aprovação da emenda. Como a reeleição seria estendida aos demais cargos executivos, Roseana Sarney, governadora do Maranhão, seria beneficiada. Talvez por esse motivo seu pai acabou recuando de suas pretensões presidenciais: o senador não apenas depôs suas armas, como ainda passou a trabalhar em favor da aprovação da emenda constitucional (Cardoso, 2016: posição 2056). Mais quatro anos de governo estadual ajudariam Roseana a se preparar para a sucessão presidencial de 2002. Por motivos bastante parecidos, os interesses de Sarney, ACM e seus respectivos sucessores políticos se alinharam na emenda da reeleição, abrindo espaço para sua aprovação.

Se Sarney foi determinante, Temer foi o operador da construção e solidificação do apoio do PMDB à reeleição. Pelos serviços prestados, ele foi eleito presidente da Câmara dos Deputados. As duas questões foram decididas praticamente ao mesmo tempo: os parlamentares primeiro votaram a reeleição, depois elegeram Temer para a Mesa Diretora e, logo em seguida, confirmaram em segundo turno a aprovação da emenda (Cardoso, 2016: posições 1251, 1310, 1578). Além de amplamente criticada como um casuísmo eleitoral de FHC, a aprovação da reeleição envolveu denúncias de compra de votos por parte do governo (Novas..., 1997). De todo modo, com ou sem a compra de votos e apesar de se tratar de uma flagrante mudança de regra em meio ao jogo, para a coalizão no poder o mais importante havia sido conquistado: FHC poderia concorrer na corrida presidencial de 1998. A batalha interna pelo seu posto havia sido adiada para 2022.

Uma vez na presidência da Câmara e com a reeleição aprovada, Temer trabalhou para que o PMDB não lançasse candidato próprio à Presidência em 1998. A questão era crítica: até mesmo FHC achava que a corrida presidencial iria para o segundo turno se Itamar saísse candidato, dividindo com ele os louros do Plano Real junto ao eleitorado (Castanhêde e Cruz, 1998:6). O grupo de Temer ganhou a convenção peemedebista, na qual ficou decidido que o partido se absteria do pleito, uma importante vitória governista. Oficialmente neutro, o PMDB se dividiu: oposicionistas como Itamar e Paes de Andrade não fizeram campanha para FHC, enquanto Temer e demais governistas o apoiaram. Ao fim do processo eleitoral, Temer se impôs como principal líder nacional do PMDB e, dali em diante, nas duas décadas seguintes, o partido não seria cabeça de chapa em eleições presidenciais, mas tampouco sairia do governo.

Paulo Maluf foi um dos principais derrotados na disputa em torno da emenda da reeleição. Obstinado, movido pela ideia fixa de ocupar a cadeira presidencial, Maluf começou a se preparar para o pleito de 1998 tão logo decidiu não tentar a sorte quatro anos antes. Como primeiro passo, em 1995, o então prefeito de São Paulo deu vida ao PPB, fruto da fusão entre o PP e o pequeno PPR. A iniciativa não rendeu frutos; o político paulista falhou em arregimentar forças e levantar os recursos necessários para competir pela Presidência da República. Neste ínterim, o deputado-tornado-ministro Francisco Dornelles atraía o partido para o polo pró-reeleição. Por mais que Maluf tentasse fazer com que a bancada pepebista votasse em bloco contra a emenda, a maioria dos deputados da legenda seguiu a orientação do governista Dornelles. Com a reeleição aprovada, Maluf entendeu que perderia para FHC junto ao eleitorado conservador e desistiu de se candidatar à Presidência. O pepebista disputou então o governo de São Paulo, mas foi derrotado pelo governador tucano Mário Covas, que disputava sua reeleição. Era o fim do malufismo: o antigo líder conservador voltaria à arena política como deputado federal na década seguinte para, graças ao foro privilegiado, se resguardar de uma iminente prisão por corrupção.

Com Itamar e Maluf fora de combate, FHC ganhou mais uma vez as eleições presidenciais em primeiro turno. Lula não passou dos 30% dos votos válidos, mesmo compondo chapa com Leonel Brizola. O velho trabalhista, ex-governador do Rio Grande do Sul e Rio de Janeiro, era outro que se despedia da grande arena política naquela eleição. Egresso do PSDB, Ciro Gomes lançou-se candidato pelo Partido Popular Socialista (PPS) de Roberto Freire, o antigo PCB, então convertido em centrista. Ciro iniciava sua maratona por diversas legendas que lhe renderia derrotas em consecutivas eleições presidenciais dali em diante. A vitória de FHC sacramentou o PSDB como opção de centro-direita a nível nacional. No outro polo, como indicam a chapa Lula-Brizola e o resultado magro colhido por Ciro Gomes, o PT mantinha sua hegemonia nacional sobre as esquerdas.

A aprovação da emenda da reeleição garantiu a unidade da centro-direita. A coalizão PSDB-PFL foi ampliada com a incorporação de PMDB e PPB. Ao longo do segundo mandato de FHC, essa unidade seria posta à prova pela crise econômica que ameaçou a sobrevivência do Plano Real e pelas inevitáveis disputas travadas para definir quem sairia candidato na eleição presidencial de 2002. A peleja se iniciou assim que as urnas de 1998 foram fechadas, quando a crise econômica já batia às portas do país (Couto e Abrucio, 2003).

O OCASO DA BASE ALIADA NO SEGUNDO GOVERNO FHC

A montagem e ampliação da base aliada deram a estabilidade necessária para que o primeiro governo FHC aprovasse uma série de reformas, abrindo a economia e promovendo privatizações. Sobretudo, a base do governo foi capaz de aprovar a emenda da reeleição, sem a qual não se poderia sequer imaginar um segundo governo FHC. De fato, quando o tucano foi eleito pela primeira vez, essa possibilidade não estava nem em cogitação. Os efeitos sociais e econômicos do Plano Real, sem dúvida alguma, foram decisivos para eleger e reeleger FHC.

Mas tudo mudou antes mesmo da segunda posse, na esteira de uma sucessão de crises financeiras internacionais que se iniciaram na Ásia e causaram um *default* da dívida Russa, em 1998. A economia brasileira se tornou então a bola da vez. O Real se desvalorizou em janeiro de 1999, no primeiro mês do novo mandato de FHC. O efeito político imediato da desvalorização foi uma vertiginosa queda de popularidade do governo. O gráfico 1 mostra o tamanho do tombo: de um vale de 17% durante as eleições de 1998, a proporção de entrevistados pelo *Datafolha* que considerava o governo ruim ou péssimo subiu para um pico de 56%. Tratava-se de um recorde da Nova República que somente seria batido por Dilma e Temer, no contexto da grande crise dos anos 2010 que descreveremos no final deste livro. O público encarou a repentina perda de valor do Real como um estelionato eleitoral, já que FHC havia derrotado Lula nas urnas, três meses antes, com base em um discurso de estabilidade e continuidade da política econômica. Vivia-se a ressaca do "populismo cambial", para usar o termo cunhado pelo jornalista Elio Gaspari.

GRÁFICO 1 **Aprovação dos governos FHC (%)**

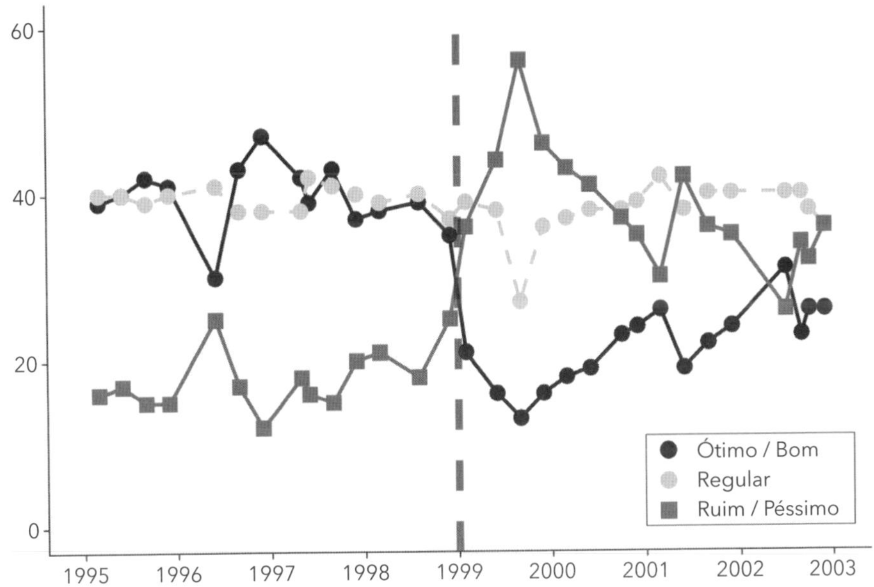

Fonte: Datafolha. Disponível em: https://centrodametropole.fflch.usp.br/pt-br/presidentes-e-governadores/governadores/avaliacao-governadores-datafolha. Acesso em: 16 ago. 2024.

Em meio à crise do Real, logo no início do segundo mandato de FHC, o governo contou com o apoio da base aliada para passar leis que contivessem os gastos e melhorassem as contas do Estado. Os presidentes do Senado e da Câmara, ACM e Temer, convocaram os congressistas para votar tais projetos em janeiro, em meio ao recesso parlamentar. O Planalto conseguiu desta forma, em regime de urgência, aprovar projetos que vieram a consolidar a Lei de Responsabilidade Fiscal. O segundo volume desta coleção esmiuçará a contribuição da lei na resolução da crise, evitando um descontrole cambial que poderia ter acarretado o retorno da inflação. Por ora, basta dizer que as lideranças governistas viabilizaram o esforço fiscal que caracterizou o segundo governo de FHC.

O aperto fiscal e a alta de juros, cruciais na manutenção da estabilidade monetária durante a crise do Real, contraíram a atividade econômica, contribuindo pesadamente para a estagnação que marcou a maior parte da presidência tucana. Na medida em que a economia não crescia e o desemprego permanecia elevado, o presidente seguia impopular. A pronta reação do governo foi suficiente para afastar o retorno da inflação, mas adiava-se *sine die* a retomada do crescimento econômico, prometida durante a campanha presidencial de 1998.

A política econômica contracionista também gerava reações na cúpula do poder. Os cortes orçamentários aguçavam as tensões internas à coalizão. Cada grupo político lutava para preservar os recursos de seus respectivos programas, ministérios e secretarias, argumentando que seus orçamentos eram prioritários na recuperação da popularidade do governo. Obviamente, as pretensões políticas de médio e longo prazo, incluindo a disputa presidencial de 2002, informavam a ação e percepção dos grupos políticos. As lideranças comprometidas com a reeleição de FHC sabiam que a força eleitoral do Plano Real se extinguira, que era preciso encontrar uma nova bandeira em torno da qual a coalizão se apresentaria nas urnas dali a quatro anos. Em meio ao desencanto e penúria gerais, a base aliada teria que fazer uma tarefa difícil e potencialmente explosiva: escolher um candidato para substituir FHC no Planalto.

Logo no primeiro ano do segundo mandato do presidente, em 1999, lideranças governistas começaram a criticar a política econômica, defendendo a promoção de causas sociais, como o combate à pobreza e ao desemprego. Sem dúvida a defecção mais virulenta foi a de ACM — sempre ele. O presidente do Senado passou a propor a criação de um novo imposto cuja receita seria direcionada ao combate à pobreza. A proposta era apresentada em sintonia com parlamentares do PT, como o senador Eduardo Suplicy, um antigo defensor de programas de renda mínima (Bramati, 1999). Outra proposta da esquerda que ACM encampou foi a fixação do salário mínimo em US$ 100, na época o equivalente a cerca de R$ 180, substancialmente acima do piso de R$ 136 então vigente (ACM apoia..., 2000). A pressão surtiu efeito e o governo elevou o mínimo para R$ 151, muito pouco, mas ainda assim mais do que a equipe econômica esperava autorizar (Cardoso, 2017: posição 20883). ACM mostrou força ao pressionar FHC e seu ministro da fazenda, Pedro Malan. O presidente acusou o golpe, registrando em suas gravações diárias: "Antonio Carlos [está] falando sobre temas que atrapalham a governabilidade do Brasil [...] e tem os aplausos do PT" (Cardoso, 2017: posição 12877).

Além da crise econômica, outro motivo para a deterioração da base aliada foram as repentinas mortes do ministro Sérgio Motta e do deputado Luís Eduardo Magalhães, ambas em 1998. Como ressaltado anteriormente, Motta e Luís Eduardo eram responsáveis diretos pela operação e manutenção da aliança PSDB-PFL. O desaparecimento prematuro da dupla abriu espaço para a ampliação das rixas e arestas entre os dois partidos. Para ACM, a morte de Luís Eduardo Magalhães representou mais do que a perda de um filho: sem seu sucessor político na corrida pela pré-candidatura situacionista, o senador não tinha mais motivo para apoiar FHC. Além do mais, o ministro da Saúde, José Serra, um antigo desafeto de ACM, se valia da sua proximidade com o presidente para consolidar sua candidatura presidencial.

Enquanto ACM empunhava e disparava sua metralhadora giratória, Serra armava sua candidatura sem grande alarde, costurando apoio nos bastidores. O ministro deu força à disputa que selaria o fim do rodízio das Presidências das duas casas do Congresso entre PFL e PMDB. A ideia inicial do PFL era que o pefelista Inocêncio de Oliveira tomaria o lugar de Temer na Câmara. Contudo, Serra e demais tucanos argumentavam que era passada a hora de o PSDB comandar a casa. O partido elegera 99 deputados nas eleições de 1998, apenas seis cadeiras atrás do PFL, a maior legenda, e 16 na frente do PMDB, o grande perdedor naquelas eleições parlamentares. Armado com esses números, o deputado tucano Aécio Neves, um mineiro neto de Tancredo Neves, se pôs em campo a disputar a mesa diretora. Aécio e Serra conseguiram atrair alguns rebeldes pefelistas e vários membros de legendas menores, inclusive deputados ligados à Igreja Universal do Reino de Deus.

Inocêncio insistia, não sem alarde, que era ele o natural presidente da Câmara, uma vez que o PFL detinha a maior bancada. Já Aécio recorria à migração partidária para engrossar as fileiras do PSDB. Coube ao presidente da casa, Michel Temer, bater o martelo, decidindo qual dos dois partidos tinha a maior bancada. Não surpreendeu a ninguém quando Temer pendeu para o lado dos tucanos. Assim, com o caminho devidamente preparado por manobras questionáveis, Aécio venceu Inocêncio por larga margem, com 283 votos contra 117. O Planalto dizia que não havia interferido, mas era difícil minimizar os efeitos políticos desta retumbante derrota pefelista. Chegava ao fim a coabitação pacífica entre PSDB e PFL, tanto no Congresso quanto no governo.

A disputa pela Presidência do Senado também foi acirrada e, para se dizer o mínimo, pouco civilizada. O peemedebista Barbalho bateu seu inimigo declarado ACM, o qual buscava a reeleição. Por detrás da derrota do poderoso senador baiano estava o onipresente Serra. Pensando em sua candidatura à Presidência, o ministro havia se aproximado do PMDB, garantindo ao partido sua continuação no comando do Congresso após a vitória de Aécio na Câmara. De nada adiantou a ACM ter alimentado a imprensa com uma enxurrada de denúncias contra Jader.[29] De olho em 2002, Serra contribuiu para o ocaso do PFL nas eleições legislativas e, por tabela, na desarticulação da base aliada que havia sido montada na década anterior.

Já deve ter ficado claro para o leitor que ACM não era homem de levar desaforo para casa. Vencido, o cacique partiu com tudo para o ataque, subindo o tom das críticas que já tecia ao Planalto, declarando que FHC "começa a perder o comando dado pelo povo, que lhe deu todos os pode-

29. A *Veja* de 25 de outubro de 2000 trazia na capa a foto de Barbalho com a chamada: "O senador de 30 milhões de reais".

res menos o de não ser ético ou conivente indiretamente com a corrupção". O mandatário careceria da "dignidade da função" que exercia (ACM, de volta..., 2001). O presidente viu-se, assim, no meio do fogo cruzado; necessariamente, teria que tomar partido na briga. Após o falatório de ACM, FHC tendeu para o lado de Serra na disputa ao demitir todos os ministros carlistas, como Rodolpho Tourinho, das Minas e Energia. Para aumentar ainda mais a dramaticidade do momento, tudo ocorria quando se iniciava uma grave crise energética, a qual estudaremos em detalhe no segundo volume desta coleção. A crise política era tamanha que a Executiva Nacional do PFL chegou a convocar um encontro para decidir se romperia com o Planalto (Ala tucana..., 2001). Parecia que o partido seguiria ACM, descambando para o tudo ou nada. Duas escolhas se impunham: juntar-se à oposição, algo inédito desde a criação da legenda, ou o racha partidário entre carlistas e o que se convencionou chamar de "PFL do B", termo que implicitamente lançava Jorge Bornhausen como a alternativa governista no partido.

Diante da grita, o vice-presidente Maciel costurou um acordo talhado para evitar que a Executiva do PFL votasse pela saída do governo. Ficou acertado que ACM continuaria onde estava, no PFL e fazendo oposição. Em um festival de panos quentes, os demais caciques pefelistas declararam que "o partido respeita a liberdade de opinião dos líderes" (Ulhôa, 2001). Os ministros pefelistas que não eram ligados a ACM permaneceram na Esplanada. Esse era o caso, por exemplo, do ministro do Meio Ambiente, Sarney Filho. Ainda não era a hora de o PFL amargar o jejum da oposição, o que viria a ocorrer durante os governos do PT. Se houve uma mudança, ela se deu dentro do próprio PFL: o partido se tornou mais parecido com o multifacetado PMDB, notavelmente irresoluto em relação ao governo. Além de Maciel, também atuou como apaziguador o tucano Tasso Jereissati, governador do Ceará, que mantinha um canal aberto com ACM (Cardoso, 2019: posição 5757). Nas palavras de FHC, Jereissati defendia sua "ideia fixa" de "romper com o PMDB e não com Antônio Carlos". Para o governador cearense, o PMDB era "o pai e a mãe de toda corrupção" (Cardoso, 2019: posição 2940). Jereissati, não se pode deixar de notar, vestia a roupa de bombeiro com um olho na faixa presidencial, isso é, competia com Serra dentro do PSDB.

A crise política transformou-se em um verdadeiro cataclisma quando ACM foi ao Ministério Público conversar com procuradores sobre esquemas de corrupção envolvendo governo e PMDB. Jactando-se de seu poder pessoal, o senador afirmou saber quem havia votado na cassação do senador peemedebista Luís Estevão, envolvido em um escândalo ocorrido no ano anterior, relacionado com a construção de um prédio do Poder Judiciário em São Paulo. Mas como o voto era secreto, ACM não poderia ter tido acesso à lista, a não ser que tivesse fraudado o sigilo do painel eletrônico. A notícia veio a público com toda a verborragia acusatória do líder baiano. Em polvorosa, a classe política assistia a uma sequência de discursos belicosos na tribuna, que por pouco não descambavam para a troca de sopapos no Plenário. Em decisão salomônica, o Conselho de Ética do Senado aprovou então que se investigasse tanto ACM quanto Barbalho. Para que a vida da casa seguisse adiante, era preciso se livrar daqueles ruidosos e perniciosos desafetos, lançando ao mar a mercadoria indesejável. Antecipando-se à cassação, os dois senadores renunciaram a seus mandatos para preservar seus direitos políticos (Abaixo..., 2001). Em meio à tormenta, o Senado elegeu seu novo presidente, o peemedebista sul-mato-grossense Ramez Tebet (pai da futura senadora, presidenciável e ministra Simone Tebet), que havia sido recém-empossado ministro da Integração Nacional, após atuar no Conselho de Ética do Senado, inclusive nos casos de Estevão e do painel eletrônico. Tebet chegou ao cargo em meio à tensão, com apoio do governo e rejeição explícita e teatral do PFL, cujos senadores votaram em branco e, ato contínuo, deixaram o Plenário (Cardoso, 2019: posição 11317). A base governista ruía; sobre tais escombros, a candidatura Serra caminhava.

Em termos institucionais, um dos principais reflexos daquela tumultuada sucessão parlamentar foi a aprovação da PEC nº 472/1997, que regulamentava o uso de medidas provisórias, não permitindo ao governo reeditá-las mais do que duas vezes. A PEC tramitava há bastante tempo; trazê-la a voto foi um compromisso assumido e cumprido da campanha de Aécio à presidência da Câmara. A nova lei limitou o poder do Executivo. Como vimos anteriormente neste livro, as MPs têm força de lei, mas caducam se não forem aprovadas no Congresso depois de um prazo determinado (30 dias antes da reforma e 60 a partir de então). O governo

FHC explorava à exaustão a brecha criada pela falta de regulamentação do assunto, reeditando várias vezes inúmeras MPs não votadas. Com o correr do tempo, a reedição sem conta de MPs havia se tornado corriqueira, permitindo ao Executivo governar como que por decreto. De Sarney à segunda administração FHC, cada governo editou em torno de 120 MPs, com um máximo de 160 no primeiro FHC e um mínimo de 89 no relativamente curto governo Collor. Em síntese, a simples edição de MPs era algo normal. FHC, por seu turno, as reeditou mais de 5 mil vezes, prática que Sarney, Collor e Itamar levaram a cabo com muito mais parcimônia — apenas 22, 70 e 363 vezes, respectivamente (Couto e Abrucio, 2003:294).

Concretamente, com a reedição de MPs, o Congresso, ou mais especificamente a coalizão legislativa do governo, delegava poderes ao Executivo, sobretudo com relação à política econômica, tópico da maior parte das medidas reeditadas. Restava à oposição centrar fogo nas reformas constitucionais. Com a nova regulamentação, o Legislativo amarrou as próprias mãos, pois MPs teriam que ser votadas em até 120 dias. A aprovação tácita deixou de ser uma alternativa. Para o Executivo, as consequências práticas da nova regulamentação foram pequenas, uma vez que não se coibiu o mais importante: a própria edição de MPs. Mas de todo modo o *status quo* de antes era obviamente mais conveniente ao Planalto, que via a reforma se concretizar em meio às brigas internas de sua coalizão. ACM, diga-se de passagem, defendeu vivamente a PEC.

A derrota do PFL nas eleições para a presidência da Câmara e do Senado aprofundou a crise da base governista, um processo que já vinha de antes, em uma conjuntura econômica bastante adversa para o governo. FHC foi taxativo ao afirmar que "houve um esgarçamento da aliança partidária em função da disputa pelas mesas" (Cardoso, 2017: posição 21814). O governo perdeu o controle do jogo parlamentar a partir de 2001, em uma reviravolta cujas peças instrumentais foram Aécio e Barbalho, mas cujo principal arquiteto era José Serra. Ciente da objeção do PFL às suas pretensões presidenciais, o ministro da Saúde alterou o centro de gravidade da aliança que levara FHC ao poder. O PMDB tomou — ainda que parcialmente — o lugar do PFL.

A DERROTA DE SERRA NAS ELEIÇÕES DE 2002

Foi com as alianças políticas em frangalhos e a popularidade no chão que FHC e seus aliados montaram a chapa governista que disputaria as eleições presidenciais de 2002. A ruína da base aliada colocava em questão a própria coligação governista: não era certo se PFL e PMDB formariam chapa ou apoiariam um candidato do PSDB. Em meio a impasses e indefinições, a campanha de 2002 conduziu o jogo político palaciano ao longo do segundo mandato de FHC. Enquanto o Planalto se via sem rumo ante o pleito, a oposição construía uma candidatura forte em torno de Lula, que, como é sabido, ganharia a disputa. Esta seção é sobre o lado derrotado daquelas eleições: a candidatura de José Serra. As páginas que se seguem se complementam com as primeiras seções do próximo capítulo, que descrevem a história do PT, de sua criação à vitória de 2002.

Os principais nomes no páreo para se tornarem candidatos governistas eram líderes do PSDB: os governadores Mário Covas e Tasso Jereissati e os ministros Paulo Renato Souza e José Serra. Em seu segundo mandato em São Paulo, Covas não contava com boa avaliação: a mediana de ruim ou péssimo entre entrevistados pelo *Datafolha* era 30% durante seu segundo mandato, acima dos 27% registrados como ótimo e bom no mesmo período (Avaliação..., 2024). Também pesava contra o governador na corrida presidencial o fato de ele ter amargado um quarto lugar nas eleições de 1989, como vimos no capítulo anterior. Entretanto, na ausência de um nome de consenso no PSDB, Covas figurava como uma opção razoável; embora fosse pouco competitivo a nível nacional, ao menos poderia construir um consenso dentro do PSDB, destacando-se por sua liderança desde a redemocratização e sua vida pública reconhecidamente idônea. FHC entendia que o PSDB estava perdendo a "grife de partido limpo", que havia destacado a legenda na política nacional, junto com o PT (Cardoso, 2017: 21010). Talvez por este motivo, o presidente gravou em seus diários que Covas era seu candidato (Cardoso, 2017: posição 9729). Mas o governador deixou a vida pública antes das eleições, acometido por um câncer de bexiga que o vitimou em 2001.

Tasso Jereissati era a alternativa a Covas entre os governadores do PSDB. Diferentemente de seu colega paulista, Jereissati era muito bem avaliado no Ceará, integrando o seleto grupo dos governadores mais populares do Brasil (Tasso lidera..., 1998). Dado sua ligação com o PFL e ACM, o cearense era a opção natural em uma eventual reconstrução da base governista. Mas as chances de Jereissati se reduziam na medida em que o senador baiano se convertia em um crítico ferino do governo, empurrando pefelistas para fora da base aliada. A fenda que rachava a coalizão se estendeu pela linha regional. Jereissati opunha-se aos demais cardeais do PSDB, que viam em ACM um inimigo. FHC lamuriava-se que "o Tasso está querendo organizar as forças do Nordeste — a Roseana, ele, o Jarbas, o Antônio Carlos — com uma visão muito nordestina" (Cardoso, 2019: posição 10731). O presidente avaliava que, por causa deste caráter excessivamente regionalista, "o Tasso não conhece a realidade da política de Brasília" (Cardoso, 2019: posição 6389). Deve-se ressaltar, contudo, que FHC e as lideranças tucanas que gravitavam em torno do presidente eram talhadas por um recorte geográfico ainda mais restrito: o estado de São Paulo. De todo modo, Jereissati não se movia com o mesmo empenho e denodo de seu principal adversário que, muito cedo, começou a mexer as peças do tabuleiro, atraindo para junto de si lideranças do PSDB cearense, como o senador Sérgio Machado, um operador de primeira hora da candidatura Serra.

Economista, próximo a FHC, Serra havia integrado o governo como ministro do Planejamento em 1995, quando fez oposição interna ao ministro da Fazenda Malan e a Gustavo Franco, então secretário da Área Internacional do Banco Central. Serra era um ferrenho crítico da política econômica calcada no real forte e juros altos. FHC por vezes concordava, reclamando da estagnação da economia (Cardoso, 2015: posições 10818, 14523), mas seu antigo companheiro acabou perdendo a peleja para a equipe econômica: Malan tornou-se intocável na Fazenda e Franco ascendeu à presidência do Banco Central, ao passo que Serra deixou o Planejamento para disputar e perder a prefeitura de São Paulo em 1996. O tucano retornou ao governo dois anos depois para assumir o Ministério da Saúde, no qual realizou uma gestão bastante positiva. Seu ministério levou a cabo a universalização do acesso à saúde pública, tal como preconizado pela Constituição, e barateou remédios com a venda de drogas genéricas, inclusive o caro coquetel anti-HIV.

A ascensão política e as manobras de bastidores de Serra bloquearam não apenas Jereissati, como também o ministro da educação Paulo Renato na contenda para decidir quem sucederia a FHC como candidato tucano. O ministério de Paulo Renato havia conquistado importantes avanços, como a expansão das matrículas em todos os níveis e a universalização da educação básica. Todavia, sua gestão ficou marcada por longas e recorrentes greves de professores e funcionários de universidades públicas, cujos salários foram praticamente congelados, sendo comprimidos em termos reais pela inflação. Os dois ministros entraram em "disputa latente" (Cardoso, 2019: posição 938), da qual Serra saiu vencedor ao se impor como candidato governista nas eleições de 2002.

Dito de forma curta, Serra praticamente atropelou os outros pré-candidatos tucanos. Apesar de muito bem articulado, o ministro da saúde em geral não era bem-quisto na base aliada. A indisposição com seu nome transparece claramente nos diários de FHC. Segundo registrou o presidente no início de seu segundo mandato, as lideranças tucanas achavam que "o Serra, nem pensar, não tem condições, não passa no partido" (Cardoso, 2017: posição 12053). A rejeição era ainda maior entre líderes aliados, como Sarney e ACM. FHC sabia dessa oposição e chegou a dela se valer para assegurar a permanência de Malan, registrando em suas gravações diárias que fora "muito esperto" ao dissipar a pressão sobre seu ministro da Fazenda ao dizer que Serra seria o substituto. Em suas palavras: "eu disse isso mesmo, mas para assustar, e parece que assustou o PFL e o PMDB; o PFL recuou bastante das posições que vinha adotando inicialmente" (Cardoso, 2017: posição 8420). Mesmo na berlinda, em meio à crise econômica, Malan ainda era mais popular do que Serra entre os membros da cúpula do governo. O mau humor com Serra era tamanho que até Aécio atacou internamente sua candidatura à Presidência, a despeito do apoio recebido na eleição da Câmara. O deputado mineiro propôs a FHC que o mandatário saísse candidato pela terceira vez, ao arrepio da emenda constitucional da reeleição que seu próprio governo havia aprovado poucos anos antes. O pepebista Dornelles insistia no mesmo tema, dizendo reproduzir a vontade de seus correligionários. FHC — da mesma forma que Lula anos depois — não embarcou na canoa armada pelos áulicos de plantão.

Se o PSDB e aliados não se entusiasmavam com Serra, o candidato tampouco fez esforço para ser identificado com o governo que integrava, recorrendo, em sua campanha, ao ambíguo e enigmático *slogan* "continuidade sem continuísmo". Nada mais natural: Serra sempre havia sido publicamente crítico à política econômica do governo FHC, cujos resultados de curto prazo envolviam juros elevados, estagnação econômica e desemprego recorde. Em verdade, ambiguidade foi a marca geral da corrida presidencial de 2002. Todos os candidatos atacaram a impopular política econômica do governo, acusando-a de excessivamente e desnecessariamente recessiva. Entretanto, sob a batuta de FHC, todos — exceto Antony Garotinho — se comprometeram publicamente em honrar os compromissos que o governo assumia com o FMI. Voltando à candidatura situacionista, outro problema de Serra era sua coligação, substancialmente mais frágil do que a de FHC nas campanhas anteriores. O PMDB mantinha sua proverbial "posição gelatinosa" em relação à corrida presidencial (Cardoso, 2019: posição 8784). Em 2001, a convenção do partido elegera o governista Michel Temer para presidente, uma boa notícia para o Planalto; porém, o partido também aprovara uma candidatura própria por ampla margem: 542 votos a 17 (Cardoso, 2019: posição 11164, n. 52). Temer e os demais cardeais do partido comprometidos com Serra moveram mundos e fundos para inviabilizar as potenciais candidaturas que, diga-se, não tinham o estofo necessário ou estavam à altura da empreitada. Assim, confirmou-se o que era uma pedra cantada e o PMDB aderiu oficialmente à chapa do PSDB, cuja candidata a vice-presidente foi a peemedebista capixaba Rita Camata. Mas boa parte do PMDB apoiou Lula. Em destaque, o candidato petista recebeu o apoio de Sarney após Roseana sair do páreo. Sarney caracterizou como "histórica" a eleição de um ex-operário (Brasil tem..., 2002.).

Enquanto os peemedebistas embarcavam oficialmente na campanha tucana, o PFL deixou a base do governo e lançou a candidatura de Roseana Sarney. Roseana chegou a empatar com Lula nas primeiras pesquisas de intenção de voto, ambos na casa dos 20%. Àquela altura, Serra amargava um desonroso quarto lugar, com apenas 7%, atrás do governador fluminense Garotinho, do PDT. Habilmente construída, a candidatura de Roseana valia-se da novidade representada pela própria governadora, uma mulher jovem, nordestina e boa de palanque. Ao defender o aumento do salário mínimo, descolou-se da impopular política econômica do governo. Além disto, a candidata contava com o renomado marqueteiro Nizan Guanaes, que fizera a campanha de FHC e cujos serviços eram disputados por Serra (O marqueteiro..., 2002).

Roseana acabou retirando sua candidatura após uma estrepitosa e mediática operação da Polícia Federal trazer à tona um esquema de corrupção da empresa do seu marido, com o destaque para fotos com pilhas de dinheiro vivo estampadas na primeira página dos jornais e na cobertura televisiva. O eventual uso político da Polícia Federal ocupou analistas e políticos nos dias seguintes. Como costuma acontecer nesse tipo de ocorrência, não faltaram acusações e indícios para sustentar a tese da perseguição e motivação política. Os acusados viam na operação as impressões digitais do governo e de seu candidato. Serra, por sua vez, respondia alegando que Ministério Público e Polícia Federal são órgãos independentes, que seu fortalecimento institucional estava na raiz da operação. Independentemente de ter ocorrido ou não ingerência política na operação, o certo é que Serra, o candidato do governo, foi o grande beneficiado pela implosão da candidatura Roseana. O disputado marqueteiro Guanaes foi então trabalhar para Serra, enquanto Roseana se dizia vítima do "terrorismo de Serra e do PSDB" (Roseana quer..., 2002).

Graças a esta reviravolta, o governo FHC — e, por tabela, o PSDB — perdeu o apoio de Sarney. O episódio também contribuiu para o definitivo afastamento do outro principal cardeal da base governista: ACM. O senador baiano sempre fora um inimigo aberto de Serra. Alardeando que o paulista "odeia o Nordeste", ACM defendia uma chapa PSDB-PFL nordestina, com Jereissati e Roseana. Como a candidatura de Serra foi adiante, ACM declarou voto em Lula, afirmando, sem corar, que "as teses que eu defendo foram abraçadas pelo PT" (Souza, 2002). Para consolidar sua candidatura, Serra produziu o impensável: o apoio de Sarney e ACM ao "sapo barbudo".

Serra conseguiu atrair boa parte do eleitorado de Roseana, demasiadamente conservador para votar em Lula, o que lhe possibilitou votos suficientes para ir ao segundo turno. Mas Lula quase liquidou a disputa na primeira rodada, recebendo 46% dos votos válidos, contra apenas 23% de Serra. O terceiro e quarto colocados no primeiro turno foram Antony Garotinho e Ciro Gomes, que ficaram com 18% e 12%, respectivamente. Lula venceu o segundo turno por uma ampla margem: 61% a 39%. O petista bateu Serra em todos os estados da Federação, com exceção de Alagoas. Iniciava-se, assim, um novo ciclo político na história da Nova República, com o PT no poder, tópico do restante deste livro.

CONCLUSÃO

A tarefa de montar a base parlamentar necessária para salvaguardar as conquistas do Plano Real foi conturbada, para se dizer o mínimo. A coalizão que elegera FHC, composta por PSDB e PFL, estava bem aquém do suficiente para se consolidar uma maioria no Congresso. Os demais partidos com significativa representação parlamentar eram ou dúbios com relação ao governo — PMDB e PPB — ou intransigentemente oposicionistas — PT e PDT. O governo teve que lidar sobretudo com as ambiguidades do PMDB, uma agremiação composta por vários líderes com pouca ou nenhuma afinidade ideológica entre si. O ex-presidente José Sarney foi crucial nesse jogo, embora sua relação com o Planalto nunca tenha sido livre de arestas e dificuldades. Para contornar a relação espinhosa do arredio PMDB, FHC valeu-se do deputado Michel Temer, a quem se deve o acerto que sacramentou a entrada do partido na coalizão do governo. Contudo, ao se aproximar ao PMDB, FHC por vezes chocou-se com ACM, o principal líder do PFL, fiador da aliança entre seu partido e o governo. Por estridente que fosse, não se entende a luta entre PFL e PMDB sem referência ao seu epicentro, a disputa no interior do próprio PSDB e, em especial, a que envolvia a disposição das peças no tabuleiro da sucessão presidencial, contenda que a aprovação da emenda da reeleição apenas adiou.

Os extensos e bastante informativos *Diários da Presidência*, gravados por FHC enquanto esteve no poder, retratam a política palaciana como a busca constante por um delicado equilíbrio entre grupos e projetos políticos distintos, além, é óbvio, das ambições pessoais. As milhares de páginas dos *Diários* descrevem desacertos, intrigas e embates nos quais as lideranças se engalfinhavam. Os registros de FHC foram amplamente usados neste capítulo, mas sempre com o devido cuidado e distância que se deve ter com fontes bibliográficas, principalmente quando o autor é parte envolvida dos acontecimentos relatados.

A despeito das disputas internas, o governo foi capaz de preservar o Plano Real e aprovar uma série de importantes emendas constitucionais. Alegando que tais reformas pediam a ampliação do horizonte temporal, o Planalto fez passar a emenda que permitiu a FHC se candidatar a um segundo mandato consecutivo — uma mudança de regra no meio do jogo. O presidente foi reeleito durante uma crise internacional que culminou com a desvalorização do Real, em janeiro de 1999, no primeiro mês do segundo mandato. Terminava então um período de quase cinco anos em que a moeda forte era a âncora que impedia o retorno da inflação. O presidente, que almejava marcar sua nova administração com o retorno do crescimento econômico, se viu forçado a adotar uma política fiscal rígida, gerando superávits primários. A desvalorização, logo após as eleições, e a retração econômica fizeram a popularidade de FHC desabar. Se não bastassem as dificuldades no *front* econômico, o elefante da sucessão presidencial passeava pelo Planalto. A coalizão montada no primeiro governo não suportou o teste de *stress*. O PFL deixou o governo e se recusou a apoiar a candidatura do tucano José Serra, ministro da Saúde e amigo de longa data de FHC.

Incapaz de fazer seu sucessor, o impopular FHC terminou sua Presidência com a aliança política que o sustentara em frangalhos. Apesar dos fracassos finais, porém, o mandatário foi em geral bem-sucedido politicamente. O Planalto aprovou quase todos os projetos que enviou ao Congresso, inclusive a casuística emenda da reeleição, que possibilitou os oito anos de FHC. De forma também turbulenta, a solavancos, o governo conseguiu manter a estabilidade econômica. Mas o custo foi elevado, pago tanto pela população, na forma de desemprego e estagnação, quanto pelo próprio PSDB, que não voltaria a ocupar a cadeira presidencial nas décadas seguintes.

5. Governos Lula: o PT no poder

Nunca antes na história deste país. (*presidente Lula*)

Ele foi um instrumento em que o Brasil demonstrou que a democracia foi consolidada. (*Sarney sobre Lula, por ocasião de sua posse*)

Respeito a ingenuidade. Não sei, no entanto, de onde imaginavam que o dinheiro viria. (*José Dirceu, em depoimento ao Conselho de Ética da Câmara dos Deputados, 2005*)

INTRODUÇÃO

A posse do governo Lula foi um evento verdadeiramente histórico. De acordo com o cientista político Adam Przeworski e coautores, democracias mostram-se efetivamente consolidadas quando a oposição ganha eleições, assume o poder e nele permanece até o final do mandato (Alvarez et al., 1996). Alternâncias partidárias já haviam ocorrido no Brasil, mas nunca dessa magnitude. Um presidente oriundo da esquerda assumiu o poder sem gerar crise e ameaças de intervenção militar. Para todos os efeitos, o governo Lula representou a solidificação da democracia brasileira: madura, flexível e resiliente, capaz de administrar conflitos e disputas políticas no voto, com alternância de poder entre partidos rivais sem traumas nem sobressaltos.

Este capítulo aborda os dois governos Lula, além de voltar no tempo, resumindo a história do PT, ressaltando suas contradições e principal objetivo: ganhar eleições. Com este objetivo em mente, as lideranças petistas rumaram ao centro e se tornaram mais parecidas com o restante da classe política, aceitando doações de campanha de grandes empresas e se metendo em escândalos de corrupção. Essa "metamorfose ambulante" — para usar o termo de Raul Seixas repetido por Lula na época de sua eleição — se intensificou depois que o PT assumiu o poder. Os governos Lula enfrentaram várias crises e escândalos, tal como todas as outras administrações da Nova República. Mas o presidente saiu do Planalto popular, capaz de eleger sua candidata Dilma Rousseff em 2010. Lula e o PT colhiam nas urnas o resultado de bem-sucedidos programas sociais, em um cenário econômico benigno de crescimento. A vida da maioria do eleitorado inegavelmente melhorou. Desse ponto de vista, era a democracia que funcionava.

AS ORIGENS DO PT: DE ARMAS E GREVES A ELEIÇÕES

O PT foi a principal novidade da política partidária do início da Nova República. Fundado em 1980 por sindicalistas, ex-guerrilheiros, intelectuais e membros da esquerda católica, o PT era um fato único na história política do Brasil. Era claro o contraste com o antigo PTB, partido trabalhista de antes da ditadura, formado por Getúlio Vargas e composto por líderes sindicais dóceis às instituições estatais — os chamados pelegos, em referência à pele de carneiro que tropeiros gaúchos usam debaixo de suas selas para aliviar as dores impostas aos seus animais. O movimento operário que criou o PT era chamado de novo sindicalismo justamente por não ser pelego, por não se sujeitar ao julgo do Estado ao negociar reajustes salariais junto ao patronato. Ao contrário do PTB, que era liderado por membros da elite como Vargas e João Goulart, o PT fazia jus ao nome por ser um partido comandado por trabalhadores, vários dos quais oriundos dos chãos de fábricas, que entravam na política para atender aos interesses dos próprios trabalhadores.

O novo sindicalismo surgiu no ABC paulista em meio às greves que atingiram o setor automotivo em 1978 e 1979. Aqueles eram anos de aceleração inflacionária, que derretia o poder de compra de assalariados, principalmente dos mais pobres. Os grevistas tinham por objetivo reaver essa perda para a inflação com substanciais reajustes salariais, contra os interesses dos patrões — manter suas margens de lucro — e do governo — evitar que salários mais altos gerassem uma espiral inflacionária. Como vimos no começo deste livro, o final da década de 1970 foi marcado pelo início da abertura política, com a revogação do AI-5, a promulgação da

Lei da Anistia e o término do bipartidarismo, que abriu caminho para a criação de novas legendas. A polícia tentou ameaçar os grevistas do ABC, chegando a prender alguns de seus líderes, inclusive Luiz Inácio Lula da Silva. Mas a repressão já não era tão poderosa como nos anos de chumbo que se seguiram à promulgação do AI-5. A ditadura estava na defensiva, de modo que o movimento pôde aflorar e crescer durante a distensão.

O novo sindicalismo não poderia ter surgido nos anos de chumbo da ditadura, quando o Estado matava sem freios e a economia crescia a níveis recordes. Tampouco poderia ter aparecido durante o período democrático de 1945 a 1964, auge do trabalhismo estatal, quando tomava força um modelo de industrialização liderado pelo Estado. Em 1980, as condições eram outras: o sindicalismo varguista havia sido debelado pelo Regime Militar e a pujança do milagre econômico já era passado. A indústria da grande São Paulo havia sido o cerne do crescimento industrial; agora era o centro da insatisfação operária que criou o PT.

O PT também era diferente do PCB e do PCdoB, partidos comunistas que operavam na extrema esquerda brasileira. É verdade que petistas como José Dirceu e José Genoíno haviam participado da luta armada durante a ditadura. A maioria desses ex-guerrilheiros mantinha viva a luta pela construção de uma sociedade socialista, embora por métodos inteiramente distintos. O PT nunca pregou a luta armada. O partido foi formado para disputar votos, para chegar ao poder por meios de vitórias eleitorais. Alguns grupos que acreditavam na revolução entraram no PT por entender que a legenda seria o melhor veículo da luta pela socialização dos meios de produção. Entretanto, esses extremistas rumaram para o centro — Genoíno é um dos exemplos mais emblemáticos — ou foram expulsos da legenda, a exemplo dos integrantes da Convergência Socialista, que fundaram o PSTU nos anos 1990. Segundo o cientista político Pedro Floriano Ribeiro, a ideologia do partido era "nebulosa" o suficiente para abarcar várias correntes de esquerda, desde que não mais defendessem revoluções armadas ou a ditadura do proletariado (Ribeiro, 2021:214). Ganhar eleições, é bom que se diga, requer que o idealismo conviva com o pragmatismo. Acima e antes de tudo, o PT dirigiu suas energias e esforços para conquistar votos nas urnas, inclusive de eleitores identificados com a centro-esquerda, avessos ao discurso radical e incendiário dos revolucionários.

O caráter não revolucionário e não estatal do PT chamou atenção e, até certo ponto, despertou simpatia no *establishment* político durante a redemocratização. A imprensa celebrava um líder como Lula: um retirante nordestino que ascendera socialmente na indústria paulista antes de entrar na vida pública, cujo objetivo maior era obter melhores salários, uma demanda legítima, distante tanto do comunismo quanto do "peleguismo". Em reportagem sobre o sindicalismo na redemocratização, *O Estado de S. Paulo* publicou que:

> a plataforma inicial de Luís Ignacio [sic] Lula da Silva, por exemplo, exigia um sindicalismo livre, sem a tutela do Estado, sem "pelegos" nem ideólogos, e seu novo estilo chegou a ser saudado por empresários e políticos liberais – principalmente quando ele criticava os demagogos, os estudantes e a extrema esquerda [Depois..., 1983:48].

Por mais que o PT nunca tenha representado os donos de jornais, o partido e seu líder eram celebrados como um elemento alvissareiro da redemocratização.

Em verdade, nem mesmo o governo militar deixou de ver a criação do PT com certa simpatia. Golbery do Couto e Silva, o estrategista da abertura e ministro chefe da Casa Civil nos governos Geisel e Figueiredo, apostou suas fichas na divisão da oposição, não se opondo, portanto, à criação de legendas de esquerda, desde que não fossem comunistas — isto é, desde que não seguissem orientações quer de Moscou (PCB), quer de Pequim (PCdoB). O fundamental para Golbery era que a esquerda deixasse de integrar o MDB, a quem não mais caberia o monopólio da oposição ao Regime Militar.

Até certo ponto, a estratégia deu certo. Nas primeiras eleições de que participou, o PT se recusou a fazer alianças com o centro. Por exemplo, nas eleições municipais de 1985 em São Paulo, Eduardo Suplicy saiu candidato pelo PT, FHC, pelo PMDB e o ex-presidente Jânio Quadros, um direitista, concorreu pelo PTB. Suplicy ficou em terceiro lugar, recusando-se a retirar sua candidatura a despeito dos apelos do PMDB pelo "voto útil", o voto em FHC para derrotar o conservador Jânio. A vitória do ex-presidente deve ter agradado Golbery: a divisão dos progressistas elegeu a direita (Skidmore, 1988:210).

O sindicalismo era a base do PT, muito embora o partido não se resumisse aos sindicatos. Ao contrário do que se verificou na Europa, no Brasil, país com um gigantesco mercado de trabalho informal, apenas uma minoria dos trabalhadores era sindicalizada. A Central Única dos Trabalhadores (CUT), criada por petistas em 1983, foi um sucesso em centros industriais, como a Grande São Paulo, mas sua cobertura sempre foi pequena se considerado o país como um todo (Rocha de Barros, 2022: posição 135). Além do sindicalismo, o outro principal movimento social petista, que integrou o partido desde seu princípio, era o católico, ligada à Teologia da Libertação, uma vertente esquerdista da Igreja que teve no Brasil sua maior força. Praticamente todas as comunidades eclesiásticas buscavam organizar e mobilizar os mais pobres em todo o país. Os religiosos adeptos da Teologia da Libertação incluíam em suas obras a promoção de ideologias próximas ao socialismo. Os pobres, os desvalidos deixados à margem, seriam os verdadeiros integrantes do Povo de Deus. Um exemplo de liderança católica de esquerda é frei Betto, um beneditino que, após ter sido preso na ditadura, atuou na Pastoral Operária de São Bernardo do Campo, onde criou vínculos pessoais estreitos com Lula.

Suas relações praticamente umbilicais com movimentos sociais populares diferenciavam o PT dos outros partidos de esquerda e centro-esquerda que surgiram na redemocratização. O PT era bem diferente do PDT, uma legenda trabalhista tradicional, liderada pelo engenheiro Lionel Brizola, um líder carismático que nunca havia trabalhado em chão de fábrica. O PSB também era marcado por lideranças sem origem popular, como Miguel Arraes. Ao contrário do PT, esses dois partidos de esquerda se mostraram incapazes de ampliar e nacionalizar suas bases eleitorais, firmando raízes somente nos estados em que seus líderes haviam sido fortes antes do golpe militar. O PDT de Brizola mostrou vitalidade onde o varguismo fora mais influente, no Rio de Janeiro e no Rio Grande do Sul, enquanto o PSB se viu circunscrito a Pernambuco, estado de Arraes. Ao se nacionalizar, o PT se mostrou capaz de vencer a disputa com o PSB e o PDT, se tornando o partido hegemônico da esquerda.

O contraste era ainda mais nítido com o PMDB, uma agremiação de políticos que lideraram o processo de redemocratização. Enquanto peemedebistas ilustres como Tancredo Neves, José Sarney e Ulysses Guimarães se ocupavam em garantir que a transição à democracia se completasse, o PT se preparava para consolidar seu sucesso eleitoral no regime em criação. Vários líderes do PMDB argumentavam que as oposições deveriam se manter unidas, que a clivagem política fundamental era dada pela adesão ou rejeição ao Regime Militar. Para os petistas, porém, a transição já estaria garantida; era hora de se distinguir ideologicamente, mantendo-se longe do PMDB e fazendo acirrada oposição ao governo Sarney — sempre de olho nas urnas.

As vitórias petistas começaram tímidas, assumiram um crescendo e se tornaram realmente importantes ao longo da década de 1980. Em 1982, o partido ganhou a prefeitura de Diadema, município da grande São Paulo. No ciclo eleitoral seguinte, os petistas venceram em Fortaleza e elegeram 16 deputados constituintes, entre os quais Lula, o mais votado em todo o Brasil. Em 1988, o partido levou nada menos do que as capitais gaúcha, capixaba e paulista, com Luiza Erundina se tornando a prefeita mais importante do país. Contudo, a tensão entre as ideologias petistas de então e a responsabilidade de se governar tolhiam o desempenho dos eleitos pelo PT. A administração de Maria Luíza Fontenele em Fortaleza foi praticamente inviabilizada por sindicatos e membros do diretório partidário local.

Em nível nacional, o descompasso entre a visibilidade de cargos públicos e a rebeldia que caracterizava os primeiros anos do PT transpareceu na Constituição de 1988. Os constituintes petistas votaram contra o texto constitucional, no que era para ser uma aprovação simbólica da "carta cidadã". A bancada criticou pontos como a prerrogativa das Forças Armadas em garantir a lei e a ordem, uma herança da ditadura que, mesmo relevante, se resumia a um detalhe no contexto maior da redemocratização. Anos mais tarde, a objeção foi reconhecida internamente como um erro, até porque o partido havia participado ativamente na construção do texto constitucional; o voto contra foi uma mera sinalização ao público externo, que acabou sendo usado pelo antipetismo décadas depois (Rocha de Barros, 2022: posições 1782, 2697).

O principal marco eleitoral do início do PT foi, sem dúvida, a eleição presidencial de 1989. Como vimos no capítulo 3, Lula surpreendeu por chegar ao segundo turno, à frente de Brizola, o terceiro colocado. O partido consolidava-se como a principal força de esquerda do Brasil por meio da polarização que marcou a disputa Collor-Lula. Aquela campanha também se destacou como auge da militância petista, grande e aguerrida: cerca de 2 milhões de voluntários foram às ruas pedir votos em Lula. Reflexo dessa enorme mobilização, 30% dos custos da campanha foram cobertos por doações de eleitores e anuidades de filiados. Trata-se de uma marca que jamais seria repetida.[30]

A campanha verdadeiramente militante de 1989, sem dinheiro de grandes empresas ou participação de profissionais de marketing apartidários, não se viabilizou nos anos seguintes. O PT tentou manter mobilizada sua militância ao promover as Jornadas da Cidadania, caravanas lideradas por Lula no início dos anos 1990. Mas a derrota no primeiro turno para FHC, logo após o lançamento do Plano Real, foi uma pálida imagem do engajamento obtido cinco anos antes. Para ampliar seu eleitorado, o partido não poderia contar apenas com o trabalho voluntário de seus militantes; o PT teria que profissionalizar suas campanhas e métodos de arrecadação de fundos se quisesse chegar ao poder.

ARTICULAÇÃO, DIRCEU E A CENTRALIZAÇÃO PARTIDÁRIA

Para aumentar as chances de vitórias eleitorais e reduzir a dissonância ideológica interna, petistas relativamente moderados como Lula e Dirceu criaram a Articulação, a tendência que controlaria a transformação do PT em uma máquina eleitoral. A Articulação compôs maioria nos quatro encontros nacionais que se seguiram à sua formação, em 1984. Foi nesse período que se estabeleceram as regras da democracia interna petista, as quais ao mesmo tempo fortaleciam e disciplinavam as tendências que

30. Ribeiro (2021:106, 115). Deve-se levar em conta que essa estimativa não inclui fontes não oficiais da campanha, como gastos de sindicatos, por exemplo.

compunham o partido. Exigiu-se que filiados necessariamente aderissem a alguma tendência, mas proibiu-se que elas realizassem atividades independentes, como a organização de eventos e a publicação de jornais sem o aval e controle da comitiva partidária.

A Articulação perdeu o Encontro Nacional de 1993, sua única derrota interna até os dias de hoje — se considerarmos os outros nomes que a tendência assumiria no futuro. Uma coligação que unia os grupos esquerdistas Na Luta PT e Uma Opção de Esquerda conquistou uma maioria apertada de 56% dos votos (Ribeiro, 2021:294, 295, 211). Como resultado, os esquerdistas controlaram o partido por dois anos, muito embora Lula continuasse presidente, função que exercia desde a década anterior.

Foi durante essa gestão mais radical e esquerdista que Lula perdeu sua segunda eleição presidencial para FHC, derrota que gerou uma série de mudanças internas no partido. Em uma manobra clássica, Lula renunciou à presidência do PT. O cargo permaneceu vago até o Encontro Nacional de 1995 e, como era fácil de se prever, a estratégia produziu o efeito esperado: não havia quem pudesse ocupar o posto deixado pelo ex-sindicalista, a essa altura já consolidado como um líder nacional. A Articulação se uniu a outras tendências ideologicamente próximas para enfrentar a esquerda interna do partido, a quem culpava pela derrota eleitoral de 1994. Para o grupo montado em torno da Articulação, era urgente reorganizar o partido e transformar o modo pelo qual a legenda fazia campanhas.

A Articulação elegeu José Dirceu presidente do PT em 1995 por uma diminuta margem de apenas 4% dos votos. Apesar da disputa acirrada, Dirceu firmou-se como o grande chefe da legenda a partir de então, seu principal operador, responsável direto pela feição que o partido assumiria dali para a frente. Chegar à Presidência da República — isto é, conquistar os votos que garantiriam a eleição de Lula — se tornou a meta número um do PT. Tudo o mais ficou subordinado a esse objetivo maior, incluindo aí as disputas pelos governos estaduais e até mesmo os esforços de conscientização e mobilização das bases partidárias. O que faria quando conquistasse o poder, em boa medida, passou a ser uma questão secundária, a ser definida após a vitória. Em meio à tradicional nebulosidade ideológica e programática, o discurso petista resumia-se ao fato de o partido ser diferente dos demais e de contar com Lula como a grande opção de esquerda ante a aliança PSDB-PFL.

Dirceu talvez seja a figura que mais encarne a troca de objetivos de sua geração, de revoluções comunistas a vitórias eleitorais. Nos anos 1960, o então líder estudantil foi preso pela ditadura e exilado em Cuba, trocado por um embaixador estadunidense que havia sido sequestrado por guerrilheiros. Após fazer curso de guerrilha e se submeter a uma cirurgia plástica facial, Dirceu retornou ao Brasil incógnito a fim de juntar-se à luta armada, mas acabou constituindo família no interior do Paraná — tomando o cuidado de ocultar sua verdadeira identidade até mesmo à esposa e ao filho. Com a promulgação da anistia, o ex-guerrilheiro deixou a clandestinidade para retornar à vida pública, participando da formação do PT e elegendo-se deputado federal por São Paulo em diversas legislaturas (Cabral, 2013).

Já como um importante líder partidário, Dirceu inovou ao transformar a forma com a qual o PT geria suas finanças. Sua campanha ao governo de São Paulo, em 1994, foi a primeira em que o partido aceitou dinheiro de grandes empresas para pagar marqueteiros profissionais famosos. O petista ficou em terceiro lugar, nem chegando a disputar o segundo turno com o tucano Mário Covas, que ganharia o pleito. Não obstante a derrota, aquela candidatura foi um divisor de águas, uma novidade que, como seria de se esperar, causou enorme celeuma na militância petista. Um dos inconformados era o esquerdista César Benjamin, que atacou Dirceu por ter recebido dinheiro da Odebrecht, empreiteira envolvida até o último fio de cabelo nas CPIs do PC Farias e dos Anões do Orçamento. Ao anunciar publicamente sua desfiliação do PT, Benjamin denunciou o fim da "tradição de uma militância eticamente orientada" (Benjamin, 1995).

Por coincidência, foi justamente quando Dirceu mudava as práticas petistas e assumia a presidência do partido que uma reforma eleitoral aumentou o tamanho do Fundo Partidário, dinheiro público cuja distribuição é determinada em função da bancada parlamentar de cada legenda, conforme assinalado anteriormente. O número de deputados federais petistas cresceu de 35 para 50 nas eleições de 1994, expandindo sobremaneira os repasses vindos do Fundo Partidário. Dirceu centralizou aquele dinheiro, que se tornou a principal fonte de financiamento do

Diretório Nacional. Neste ínterim, a receita proveniente da contribuição de filiados perdia importância (Ribeiro, 2021:105). A cúpula do PT havia se dado conta de que não poderia depender da militância para fechar as contas; a partir de então, os recursos passaram a vir majoritariamente do Estado e de doações de Pessoas Jurídicas.

Além de se beneficiar do Fundo Partidário, o PT passou a administrar um bom número de cidades médias, sobretudo no estado de São Paulo, o que ampliou suas fontes de captação de recursos, incluindo aí os gerados nos contatos de prestação de serviços. Não por acaso, duas figuras centrais na campanha bem-sucedida de Lula à Presidência de 2002, Celso Daniel e Antonio Palocci, haviam chefiado importantes prefeituras paulistas. Dirceu usou esses fundos para montar uma "oligarquia partidária" composta por figuras como Delúbio Soares, o tesoureiro que ganharia notoriedade no escândalo do Mensalão, além de Silvio Pereira e Ozeas Duarte, respectivamente, secretários de organização e de comunicação do PT. Como contrapartida à centralização de recursos nas mãos de uns poucos e em virtude da revisão do estatuto interno do partido, as tendências minoritárias perderam poder, a ponto de não mais conseguirem disputar eleições internas de igual para igual com a Articulação. A exemplo das demais legendas existentes no Brasil, o PT passou a ser controlado e dirigido por um grupo restrito de cardeais, reforçando a tese da "lei de ferro da oligarquia" formulada por Michels, renunciando às pretensões e sonhos de conscientizar eleitores e ser gerido democraticamente (Ribeiro, 2021:233).

Dirceu adotou uma política interna desenhada para penalizar as correntes de esquerda rebeldes, que se recusavam a se submeter ao seu mando. O presidente reduziu o financiamento a periódicos internos ligados a tendências esquerdistas. Já o semanário *PT Notícias* passou a contar com um bom orçamento, capaz de torná-lo uma espécie de publicação partidária oficial. O *PT Notícias* incluía uma coluna assinada por Dirceu, intitulada Recado ao Militante, um verdadeiro editorial que não deixava margem a discussões nas demais páginas do veículo (Ribeiro, 2021:130-132). A asfixia financeira também incluía movimentos sociais, como os ligados a agricultores, que praticamente migraram para o MST. A trajetória de Dirceu como chefe partidário ganhou ainda mais força com o novo estatuto do PT, aprovado em 2001, o qual facilitava o processo de filiações. Para Dirceu, o intuito do novo estatuto era fazer do PT um "partido de cidadãos, e não de militantes de vanguarda" (Ribeiro, 2021:267). O estatuto ainda estabeleceu a eleição da direção do partido antes de cada encontro nacional, que se tornou mero evento referendário das decisões tomadas anteriormente.

No entanto, ao mesmo tempo que enfraquecia adversários da esquerda petista, Dirceu também atraía tendências que aceitavam sua hegemonia. Esse era o caso das correntes de José Genoíno e Olívio Dutra, dois antigos membros do PCdoB que abandonaram o extremismo para formar uma duradoura aliança com a Articulação. No final dos anos 1990, o grupo de Dirceu criou o Campo Majoritário, que fazia jus ao nome ao gerir o partido "pelo signo da cooptação", deixando as tendências esquerdistas cada vez mais "impotentes e isoladas" (Ribeiro, 2021:234). A esquerda do PT não desapareceu, porém minguou sob o rolo compressor do Campo Majoritário: sua representação nas Convenções Nacionais caiu de quase metade dos delegados, em 1995, para cerca de um terço a partir de 1998 (Ribeiro, 2021:195, 210). Mas deve-se notar que alguma heterogeneidade persistiu: Dirceu jamais elegeu-se presidente do PT com margem folgada.

EXPANSÃO DAS ALIANÇAS E A VITÓRIA DE 2002

A mudança mais conspícua e contenciosa promovida por Dirceu no PT foi sua expansão de alianças, para além da esquerda. Até então, as coligações petistas se restringiam a poucos partidos tradicionalmente próximos e comparativamente pequenos, como PSB e PCdoB. Mesmo a formação de alianças no decorrer de campanhas era restrita. Quando Lula foi ao segundo turno, nas eleições de 1989, o partido permitiu que Brizola e Covas subissem em seu palanque. Os tucanos eram, à época, uma espécie de limite ideológico das alianças petistas. O peemedebista Ulysses Guimarães ofereceu apoio, condicionando-o a um aceno de Lula, o qual rechaçou a adesão — anos mais tarde, o petista reconheceu o equívoco da decisão, que contribuiu para sua derrota para Collor (Rocha de Barros, 2022:302). O PT novamente recusou-se a compor com o PMDB quando Itamar Franco tentou fazer um governo de união nacional. Ao assumir a Secretaria da Administração Federal, a ex-prefeita de São Paulo Luiza Erundina foi suspensa do partido.

A vitória da aliança PSDB-PFL nas eleições de 1994 redefiniu o espaço político nacional. Os tucanos rumaram da centro-esquerda em direção à direita. Em um primeiro momento, o PT hesitou em ocupar o espaço aberto ao centro. Na tentativa de dividir os tucanos entre os dignos e os indignos de colaboração, a Articulação aventou a possibilidade de o partido apoiar a campanha de Mário Covas contra Paulo Maluf nas eleições paulistas de 1998. Lula afirmou que Covas era "um homem de muita palavra", merecedor de apoio, bem distinto do presidente FHC (Alves, 1998). Apesar do aceno, àquela altura a polarização eleitoral entre PT e PSDB já impedia que os petistas se aproximassem do governador de São Paulo.

Antes de ocupar a centro-esquerda, o PT tinha que se impor como majoritário no campo das esquerdas, isolando em definitivo a possibilidade de que líderes como Brizola pudessem ascender na arena nacional, ameaçando o espaço que Lula conquistara na eleição de 1989. Talvez tenha sido esse um dos objetivos do aprofundamento das alianças na esquerda que ocorreu em 1998, quando uma coligação entre PT e PDT lançou uma chapa com o próprio Brizola como candidato a vice-presidente de Lula. O arranjo incluiu o apoio à candidatura do então pedetista Antony Garotinho para o governo do Rio de Janeiro, à revelia do diretório fluminense do PT, cujos nomes para aquela eleição incluíam Vladmir Palmeira, um antigo líder estudantil que transitava na esquerda do partido. O rolo compressor da Articulação, em prol de Garotinho, fez estrago no PT do Rio de Janeiro. Não por acaso, o estado se tornaria campo fértil para a expansão do Partido Socialismo e Liberdade (PSOL) na década seguinte. Garotinho ganhou as eleições com sua companheira de chapa, a petista Benedita da Silva, que se tornaria a primeira governadora negra do Brasil quando o campista deixou o governo para disputar a Presidência. Mas a intervenção no PT fluminense não surtiu os efeitos desejados: Lula e Brizola foram derrotados em primeiro turno por FHC; já Garotinho romperia com o PT — a quem chamou de "partido da boquinha" — para concorrer contra Lula nas eleições presidenciais de 2002 (Santos, 1999).

Durante os anos 1990, o PT conseguiu eleger governadores no Rio Grande do Sul, Acre, Piauí e Mato Grosso do Sul. Era pouco para um partido que pretendia ser uma das duas forças eleitorais do país. O contraste com os tucanos era brutal: naquela década, o PSDB emplacara governadores em São Paulo, Minas Gerais e Rio de Janeiro, além de derrotar o PT duas vezes nas corridas presidenciais.

O golpe foi assimilado na derrota petista nas eleições presidenciais de 1998. Nas palavras de Dirceu, "aí tomamos a decisão de fazer o serviço bem-feito: de agora em diante, vai ter aliança, vai ter propaganda de outra forma, vamos ganhar" (citado em Rocha de Barros, 2022: posição 433). A mudança incluía a escolha de José Alencar para vice de Lula nas eleições de 2002. Industrial do setor têxtil, Alencar havia sido eleito senador pelo PMDB de Minas Gerais, legenda que trocou pelo PL, o qual era ligado à Igreja Universal do Reino de Deus e comandado por Waldemar da Costa Neto, político com passado nada abonador, já envolvido àquela altura com escândalos de corrupção. A coligação, portanto, quebrava dois dogmas: em função de suas credenciais éticas e ideológicas, o PL era a antítese do que o PT até então aceitava ao formar alianças. Dirceu se recorda que "a indicação de José Alencar foi uma guerra total", com fortes vaias ao candidato em convenção do PT (Rocha de Barros, 2022: posição 437). O futuro vice-presidente conseguiu amainar um pouco a revolta da multidão ao revelar que havia começado sua carreira por baixo, no chão de fábrica, mas, para boa parte dos militantes ali presentes, a aliança com o PL era simplesmente inaceitável.

A atuação de Lula foi fundamental na formação da chapa PT-PL em 2002. O candidato jogou todo o seu peso e prestígio contra a esquerda petista, em favor da construção de uma coligação de centro. Não era a primeira vez que um líder esquerdista conduzia seu partido para o centro: com esse mesmo objetivo, durante o processo de redemocratização espanhol, Felipe González renunciou ao cargo de secretário-geral do Partido Socialista Obrero Español (PSOE) para, em seguida, retornar à legenda e chegar ao poder, no qual montou um bem-sucedido governo de centro-esquerda. A comparação entre Lula e González requer todos os cuidados, ressaltando as devidas diferenças entre personalidades, países e períodos; mas deve-se ressaltar que o PT trilhava caminho parecido de partidos oriundos do movimento sindical europeu, ocupando o centro para chegar ao poder.

Dirceu e Lula compreendiam que o nome de Alencar ajudaria a dissipar os receios de eleitores conservadores e empresários. Era um passo crucial na construção da imagem do Lula "paz e amor", que buscava diálogo ao invés de conflito. Do ponto de vista partidário, a formação da chapa de 2002 sacramentou o PT como um partido social-democrata, reformista, que visava promover uma aliança entre o trabalho e o capital, representados pelas figuras de Lula e Alencar. A estratégia deu certo. A imagem do novo Lula foi bem encampada pelo marqueteiro contratado para a campanha, Duda Mendonça, o qual até então trabalhava para o direitista Paulo Maluf — mais um tabu petista a ruir.

Para completar a "conversão", Lula assinou a *Carta ao povo brasileiro*, comprometendo-se com a estabilidade macroeconômica e a proteção de contratos, numa indicação de continuidade da política econômica tucana. O candidato foi ainda mais longe, dando seu aval a um acordo que o governo FHC fechava com o FMI em plena campanha. Se ainda faltasse algo para completar a reviravolta petista, Dirceu viajou aos Estados Unidos para tentar acalmar banqueiros e estabelecer contato com o governo daquele país, então presidido pelo republicano George Bush, que seria o primeiro líder estrangeiro a receber Lula após sua eleição (Spektor, 2014).

Dentro do PT, a guinada ao centro teve em Antonio Palocci seu principal símbolo. Em segundo mandato na bem-avaliada prefeitura de Ribeirão Preto, o prefeito era bastante amigável a empresas que quisessem investir no município, além de ter privatizado uma estatal, falando em eficiência econômica e equilíbrio das contas públicas. Palocci surgia como um novo PT que sabia governar. Lula o indicou para coordenar sua campanha de 2002 no lugar de Celso Daniel, ex-prefeito de Santo André que fora assassinado no início daquele ano. Celso Daniel havia elaborado uma plataforma que repetia velhas bandeiras petistas, prometendo uma "ruptura necessária" com a política econômica "neoliberal" de FHC (Borges, 2022, posição 795). Nada mais natural a um partido que se pautara pela oposição ferrenha ao governo tucano, tendo inclusive apoiado um referendo informal sobre o calote da dívida pública, apenas dois anos antes de Lula chegar à Presidência. O rumo da campanha mudou radicalmente sob a coordenação de Palocci, com Lula assinando — e depois cumprindo — a *Carta ao povo brasileiro*.

Palocci foi de fato fundamental na adoção de uma agenda econômica até então identificada com o PSDB. Contudo, deve-se ressaltar que Lula, Dirceu e outros líderes do Campo Majoritário também viam na estabilidade econômica uma condição fundamental para que se garantisse a governabilidade. Os cardeais petistas tinham medo de repetir as traumáticas experiências de Salvador Allende e João Goulart, presidentes latino-americanos de esquerda e centro-esquerda que foram derrubados por golpes militares em meio a descontroles inflacionários. Golpes, felizmente, já não eram mais uma possibilidade nos anos 2000. O desafio agora era outro: acalmar os mercados, impedir ataques especulativos contra o real e, fundamental, evitar uma disparada da inflação, cujos custos sociais certamente teriam inviabilizado a gestão petista que então se formava.

Os acenos e compromissos assumidos por Lula não foram interpretados como garantias suficientes pelos gestores do mercado; pelo contrário, a eminente vitória petista causou uma crise financeira em 2002, cuja marca maior foi a escalada do valor do dólar, que fatalmente pressionaria a inflação. Contudo, para a corrida eleitoral, o mais importante era que os eleitores se moviam na direção inversa. A baixa popularidade de FHC em seu final de governo jogou água no moinho petista. A eleição presidencial de 2002 foi *sui generis*. Todos os candidatos adotaram um discurso de oposição à ortodoxia econômica e ao governo, incluindo até mesmo o candidato governista José Serra. Ao mesmo tempo, com exceção de Garotinho, todos se comprometiam a não mexer nos pilares da política econômica adotada pelo governo e honrar os compromissos firmados com o FMI.

A vitória do PT e a derrota do PSDB são faces de uma única moeda. Inútil buscar saber qual dessas faces teria sido mais determinante. O fato é que, como descrito no capítulo anterior, o PSDB chegou a 2002 desgastado pelas sucessivas crises econômicas, como a desvalorização de 1999 e o apagão elétrico de 2001, bem como por escândalos de corrupção, estrondosamente expostos ao público em razão das brigas entre membros da sua coalizão. Os tucanos haviam vencido duas eleições presidenciais com base no sucesso do Plano Real; após oito anos, o fim da inflação já não era suficiente para lhes garantir a maioria dos votos. Havia chegado a vez da oposição, e o PT era a alternativa, construída nas três eleições presidenciais anteriores e fortalecida por sua movimentação rumo ao centro. Ademais, a imagem de um partido ético, avesso a negociatas, sem dúvida alguma contribuiu decisivamente para sua assimilação junto ao grosso do eleitorado.

Lula ficou a menos de 4% dos votos válidos de fechar as eleições de 2002 no primeiro turno. Com 23%, José Serra ficou bem perto dos outros candidatos: Garotinho, que deixara o PDT para se candidatar pelo PSB, e Ciro Gomes, do PPS. A vitória petista no segundo turno foi maiúscula. Lula venceu com quase 53 milhões de votos, abrindo uma margem de 22% dos votos válidos sobre Serra. Após a divulgação do resultado, o presidente eleito deixou-se fotografar com um violino, instrumento que se pega com a mão esquerda para se tocar com a direita. A imagem causou impacto, mas teria sido mais apropriada com um piano, do qual o músico se aproxima pelo centro para tocar com ambas as mãos.

MONTANDO O PRIMEIRO GOVERNO LULA

A vitória do PT nas eleições gerais de 2002 foi sem dúvida um fato histórico: era a primeira vez que um líder popular, de origem humilde, membro de um partido formado de baixo para cima, assumia a Presidência da República. Porém, os limites da vitória petista eram claros. O PSDB elegeu governadores em São Paulo e Minas Gerais. Rosinha Garotinho, esposa do desafeto petista Antony Garotinho, ganhou no Rio de Janeiro. O PT venceu somente em alguns poucos e pequenos estados: Acre, Mato Grosso do Sul e Piauí. No Congresso, pela primeira vez, o PT elegeu a maior bancada na Câmara dos Deputados, com 91 cadeiras. O resultado lhe permitiu assegurar a presidência da Câmara, cargo que foi ocupado pelo paulista João Paulo Cunha. Entretanto, ainda assim, era pouco para se governar. Somando todos os partidos da coligação montada para a eleição de Lula (PT, PL, PSB, PCdoB, PCB e PMN), o Planalto não contava com nem um terço da Câmara. Essa bancada governista de primeira hora era equivalente ao núcleo da oposição: PFL e PSDB, respectivamente, com 70 e 84 cadeiras. O PTB, PDT e PPS logo integraram a base aliada de Lula, mas o reforço era aquém do necessário para transformá-la em maioria. A fim de garantir governabilidade, o governo precisaria do PMDB, que elegera 75 deputados. O quadro era ainda mais difícil no Senado, onde PT e PMDB empatavam com 10 senadores cada, três cadeiras a menos do que o PFL, a maior bancada da casa.

A complicada tarefa de se negociar com o PMDB seria crucial nos anos Lula, assim como o fora durante as presidências de FHC. Dirceu havia pavimentado uma aproximação antes das eleições, costurando o apoio de líderes peemedebistas como o governador Itamar Franco e os senadores José Sarney, Renan Calheiros e Roberto Requião — este último eleito governador do Paraná. Entretanto, Michel Temer, o presidente do PMDB, havia fechado aliança com Serra e indicado a vice de sua chapa, a peemedebista Rita Camata. Vimos no capítulo anterior que Temer fora um dos principais aliados de FHC, responsável por uma série de vitórias do governo tucano, o que o catapultou à liderança do partido na Câmara. Ou seja, se quisesse governar com o PMDB, Lula teria que se entender com um antigo aliado do PSDB.

Orientações políticas e histórico de alianças à parte, Dirceu iniciou conversas com Temer mesmo antes de sua posse como o ministro chefe da Casa Civil do governo Lula. As primeiras tratativas se mostraram promissoras. Chegou-se a aventar um arranjo de acordo com o qual o deputado cearense Eunício Oliveira, líder do PMDB na Câmara, iria para o Ministério da Integração Nacional, cabendo ainda cargos na pasta de Minas e Energia aos senadores peemedebistas Hélio Costa e Pedro Simon.

Mas Lula — assim como seu predecessor no Planalto — não confiava no PMDB. Em especial, era natural a desconfiança petista a Temer, fiel aliado dos tucanos, importantíssimo articulador parlamentar do governo FHC, cuja tendência era se aproximar da oposição. Além disto, Renan e Sarney interferiram contra o acordo ensaiado entre Temer e Dirceu. Os senadores prometeram ao presidente que derrotariam Temer na Convenção Nacional do partido e, uma vez no comando da legenda, abririam caminho para uma aliança estável e confiável. Lula, então, desautorizou as negociações iniciadas por Dirceu. No entanto, contrariando as expectativas, Renan Calheiros e José Sarney não foram capazes de desalojar Temer, que permaneceu presidente do PMDB até o final da década.

Como resultado destas reviravoltas, a adesão do PMDB ao governo foi parcial e assim permaneceu por um bom tempo. Era como se o partido estivesse dividido em duas bancadas, a do Senado e a da Câmara. O grupo da Casa Alta era comandado pelos velhos cardeais Renan, Sarney e Romero Jucá. Temer era o líder do PMDB da Câmara, repartindo poder com correligionários como Geddel Vieira de Lima, Wellington Moreira Franco e Henrique Eduardo Alves.

Com apoio explícito do Planalto, Sarney foi eleito presidente do Senado. Alguns meses depois, o Planalto nomeou o senador Hélio Costa vice-líder do governo e distribuiu cargos de segundo e terceiro escalão para protegidos dos senadores Sarney, Renan, Mão Santa, Maguito Vilela e José Maranhão. Embora mais acanhada, houve também uma investida governamental na Câmara, com distribuição de alguns cargos e aprovação de emendas parlamentares. Contudo, Temer seguia afirmando que "o PMDB não entrou no governo. O que pode haver é a cooptação de um ou outro deputado, mas não a integração do partido na base aliada sem que haja manifestação favorável na executiva nacional" (PMDB atropela..., 2003:9).

O governo abriu-se um pouco mais ao PMDB no segundo ano do governo Lula, quando o presidente finalmente concedeu dois ministérios a políticos do partido: o senador Almir Lando foi para a Previdência e o deputado Eunício Oliveira assumiu as Comunicações. Todavia, segundo a *Folha de S.Paulo*, a nomeação de Lando "causou insatisfação na cúpula do PMDB, que não se sentiu atendida pela escolha do senador". Sarney e Renan "tinham outros candidatos, mas foram atropelados pelo ministro Luiz Gushiken", petista próximo a Lula que conhecia Lando há anos. O PMDB não endossava oficialmente a nomeação, a qual, portanto, não traria como contrapartida o apoio irrestrito do PMDB ao governo. A fim de aparar as arestas, o novo ministro declarou que o "PMDB negociará cargos" (Sofia, 2004:A7). Mas Lando logo descobriria que seu poder para nomear era limitado, que o PT não estava disposto a ceder o espaço prometido, que não abria mão dos cargos que ocupava no ministério.[31]

31. Maciel (2014:86), entrevista de Lando à autora.

Sem o PMDB, a base do governo era composta por partidos com bancadas pequenas, com o PT como o sócio desproporcionalmente majoritário. Essa desproporção se refletiu na concentração dos cargos de primeiro escalão: 20 ministros eram petistas, em um total de 34 pastas. O PT ficou com Fazenda e Planejamento, o centro da área econômica, além de ministérios com orçamentos e impactos sociais de peso: Educação, Saúde, Minas e Energia, Cidades e Desenvolvimento Econômico e Social. Dois outros ministérios importantes ficaram com empresários sem filiação partidária: o ruralista Roberto Rodrigues assumiu a Agricultura e Luiz Fernando Furlan, presidente da Sadia, tornou-se ministro do Desenvolvimento, Indústria e Comércio Exterior. Era um aceno ao empresariado, em linha com a vice-presidência de José Alencar e a indicação de Henrique Meirelles, ex-presidente do BankBoston e congressista recém-eleito pelo PSDB, para o Banco Central. Sobrava pouco para os sócios da base governista.

Em teoria, o mais importante dos ministérios entregues aos partidos aliados era o de Integração Nacional, responsável por tocar obras, a maior parte das quais no Nordeste. Ciro Gomes foi recompensado por seu apoio a Lula no segundo turno das eleições de 2002, assumindo a pasta com enormes expectativas. Ex-governador do Ceará, Ciro pretendia usar a Integração Nacional para transformar a região Nordeste por meio de grandes obras, como a transposição do rio São Francisco. Além disto, Lula havia prometido em campanha reabrir a Superintendência de Desenvolvimento do Nordeste (Sudene), órgão criado pelo histórico economista Celso Furtado em 1959, que FHC extinguira na esteira de denúncias e escândalos de corrupção reveladas na briga entre Jader Barbalho e ACM. Encabeçando um forte ministério, Ciro almejava expandir sua influência no Nordeste para além do Ceará, preparando-se para disputar mais uma vez a Presidência.

Ciro, porém, frustrou-se. A transposição do São Francisco demorou mais do que o esperado em função de conflitos entre governadores nordestinos e morosidade nos trâmites da Agência Nacional de Águas (ANA). A obra só começou a sair das pranchetas em 2007, quando Ciro já não estava mais no governo. As expectativas do cearense se voltaram então à Sudene, a qual, segundo um acordo feito com o governo, renasceria fortalecida, amparada por parcelas do Imposto de Renda (IR) e do Imposto sobre Produtos Industrializados (IPI). Contudo, sob pressão de governadores, os recursos prometidos tiveram outro destino em uma reforma tributária aprovada em 2003. A Sudene ganhou nova vida, mas contava com um orçamento diminuto. Apesar de demostrar irritação com a penúria de seu ministério, reclamando de "sabotagem" e "chute na canela", Ciro permaneceu no cargo durante quase todo o primeiro mandato de Lula (Ciro Gomes..., 2005). O ministro filiou-se ao PSB após o PPS rachar com o Planalto, em 2004, alegando que o governo era demasiadamente liberal para o velho e rebatizado PCB. Ciro finalmente saiu do governo pouco antes das eleições de 2006, concorrendo à Câmara dos Deputados de modo a puxar votos para o PSB. Seu correligionário Pedro Brito o substituiu no Ministério de Integração Regional, que continuou esvaziado.

Enquanto Ciro perdia pontos com o enfraquecimento de seu ministério, Lula ganhava, penetrando e firmando sua popularidade no Nordeste à medida que as políticas públicas patrocinadas pelo governo se provavam efetivas no combate à pobreza e à fome. Em um primeiro momento, o presidente havia depositado grandes expectativas no Fome Zero, anunciando-o como a vedete da nova administração, uma espécie de "Plano Real" do social. O programa amparava-se em iniciativas de grupos de base tradicionalmente ligados ao PT, que há décadas buscavam conectar a produção familiar de alimentos, coordenando sua distribuição a grupos sociais vulneráveis e a movimentos sociais de base. Ambicioso e complexo, o Fome Zero mostrou-se incapaz de sair do papel. O fracasso acendeu a luz amarela. Lula sabia que sem resultados concretos neste *front*, sem entregar o que prometera em campanha com relação ao combate à miséria, não conseguiria se reeleger.

Pragmaticamente, o presidente tomou então a decisão de priorizar o Bolsa Família, que ficou a cargo do Ministério de Desenvolvimento Social, comandado pelo ex-prefeito de Belo Horizonte Patrus Ananias. Em lugar de distribuir alimentos, o novo programa transferia dinheiro diretamente aos mais pobres, deixando nas mãos dos beneficiários a decisão do que fazer com os recursos recebidos. O sucesso do Bolsa Família foi rápido e inegável — como será discutido, com base na literatura empírica especializada, no segundo volume desta coleção. O êxito gerou uma verdadeira disputa pela paternidade do programa. Entre os percussores, destaca-se o Bolsa Escola, lançado pelo governador petista Cristóvão Buarque no Distrito Federal e posteriormente encampado pelo governo FHC. Mas deve-se salientar que o Bolsa Escola tucano havia sido tímido e inexpressivo se comparado ao que faria o governo petista. É certo que o modelo do Bolsa Família já estava em circulação; o mérito do governo Lula foi expandi-lo a ponto de transformá-lo no carro-chefe de seu programa político.[32]

Ao Bolsa Família se juntaram outras duas iniciativas bem-sucedidas focadas nos mais pobres: o Um Milhão de Cisternas e o Luz Para Todos, os quais garantiam-lhes o acesso à água e à energia elétrica, dois serviços praticamente tão importantes quanto o direito à alimentação. Em comum, o comando dessas políticas públicas estava nas mãos de petistas próximos a Lula: Ananias foi responsável pelo Bolsa Família, a ministra de Minas e Energia Dilma Rousseff lançou o Luz Para Todos e a construção de cisternas era coordenada por secretaria especial ligada à Presidência.

O Fome Zero foi esvaziado até desaparecer, para revolta de integrantes do antigo círculo político de Lula, originários do ABC paulista, como José Graziano e frei Betto, respectivamente, coordenador e entusiasta de primeira hora do programa. Betto rompeu com o governo em 2004, lamentando que Lula escolhera se afastar de movimentos sociais, "suas próprias raízes", optando pela "governabilidade institucional, desprezando a social" (Rocha de Barros, 2022: posição 4824). A crítica parte da suposição equivocada que dá suporte a inúmeras análises sobre o Presidencialismo de Coalizão à brasileira, a saber, que uma coisa — a governabilidade — é obtida às expensas da outra — políticas públicas voltadas aos mais pobres.

A experiência do Fome Zero mostra que há uma distância enorme entre expectativas e resultados, que não é fácil ou simples ligar essas duas pontas. Desenhar e implementar políticas públicas é uma tarefa bastante difícil. Programas de transferência de renda, por sua simplicidade e

32. O primeiro programa de transferência de renda, modelo de todos os demais, foi o Progresa, implementado em 1997 pela administração Salinas no México. Para a origem do programa, consultar De La O (2015).

efetividade, se espalharam pelo mundo. Ninguém atrapalhou a execução dos três programas citados. O dinheiro gasto com quem realmente precisava pulava obstáculos, independentemente da base do governo, dos partidos de direita e centro que controlavam pastas ministeriais, e dos governadores nos estados e prefeitos na infinidade de municípios brasileiros. Por não ter abandonado o social e por ter sido capaz de desenhar e implementar políticas focadas nos mais pobres, Lula foi reeleito em 2006, em um realinhamento do mapa eleitoral brasileiro que será discutido adiante neste capítulo.

PALOCCI, DIRCEU E A BUSCA POR UMA BASE ALIADA

A política econômica adotada pelo ministro da fazenda Antonio Palocci, durante os dois primeiros anos do governo Lula, gerou a expectativa de uma aproximação entre PT e PSDB, abrindo espaço para que se falasse até mesmo na formação de uma aliança entre os dois antigos rivais. De fato, um bom número de economistas próximos aos tucanos, como Joaquim Levy, e distantes do PT, como Marcos Lisboa, assumiram postos de relevo no novo governo — no caso, Levy e Lisboa foram secretários do Tesouro e de política econômica, respectivamente. Como descreveremos no próximo volume, essa equipe econômica manteve a política de superávit primário lançada na administração anterior, chegando até mesmo a elevar a meta que havia sido acordada com o FMI. Em paralelo, o Banco Central, sob a batuta de Henrique Meirelles, manteve o comprometimento com o regime de meta de inflação, promovendo um forte aperto monetário, com altas taxas de juros. Essas iniciativas surpreenderam positivamente economistas até então avessos ao PT, condicionando elogios por parte de egressos do governo FHC. Já em 2002, por exemplo, o ex-presidente do Banco Central Armínio Fraga declarou-se "confiante com a formação da nova equipe econômica" (Fraga vê..., 2002). O otimismo se manteve dois anos depois, quando Fraga comemorou as medidas de Palocci em artigo acadêmico, no qual afirmava que o Brasil contava com boas chances de virar "a página de duas décadas de crescimento baixo" (Fraga, 2004:102).

Comparados aos economistas, entretanto, os políticos profissionais não têm a mesma liberdade para atravessar a linha de fogo e trocar de trincheiras. O PSDB se viu diante da difícil tarefa de conciliar o papel de oposição, natural após a derrota nas eleições de 2002, com a surpreendente adoção de políticas tucanas por parte do governo Lula. Alguns tentaram a saída pela tangente. O líder do PSDB na Câmara, Arthur Virgílio, qualificou a nova política econômica como "extremamente conservadora", arrematando que o PT passou do "ódio ao FMI para uma subserviência ortodoxa jamais vista na história do país" (Tucanos diz..., 2003:B4). O palavrório era uma sinalização ao eleitorado, com exageros desenhados para marcar a linha entre oposição e situação. Em geral, ao menos no começo do governo Lula, o PSDB aceitou tacitamente as iniciativas de Palocci e Meirelles, deixando que o adversário continuasse o programa de reformas que o partido havia iniciado oito anos antes.

O PT, na verdade, era quem estava cruzando a linha de fogo. Fazer oposição é uma coisa; outra inteiramente diversa é governar, assumir responsabilidades e ter em mente a realidade fiscal e o combate à inflação — a qual, deve-se lembrar, perigava sair do controle quando Lula tomou posse. Pragmática até a raiz do cabelo, a cúpula do PT se fez de rogada e, anátema dos anátemas, em fins de abril de 2003, enviou ao Congresso uma PEC para reformar a Previdência do setor público. A reforma buscava reduzir os desequilíbrios entre os sistemas previdenciários dos setores público e privado, pondo fim às aposentadorias integrais dos servidores — ressalta-se aqui que o privilégio perdurou entre os militares, a grande exceção de toda e qualquer reforma da Previdência.

A reforma de Lula não estava apenas em linha com a implementada a duras penas pelos tucanos na década anterior; ela era mais radical, principalmente com relação aos servidores públicos. Criticado por ter se esquecido de seu passado de esquerda, certa feita FHC teria dito "esqueçam o que escrevi". Se a afirmação for verdadeira, Lula bem poderia ter dito: esqueçam o que critiquei. Mas não é surpresa que, para boa parte da militância e da intelectualidade petista, não havia meios de esquecer um passado tão recente, para muitos era impossível engolir tal súbita mudança de rumo. Ao seu estilo, o presidente transformou a iniciativa em uma luta contra os privilégios das altas aposentadorias no setor público. Em suas palavras:

> O PT não briga mais pelos trabalhadores que ganham R$ 500, R$ 600 e menos [de aposentadoria]. O partido está muito intelectualizado e influenciado pelos setores mais abastados da classe média. Está se esquecendo da peãozada. [...] Grande parte do partido não fica constrangida de defender aposentadoria integral para quem ganha R$ 8.000, R$ 9.000, R$ 10.000 e até R$ 53 mil, mas não está ajudando a divulgar que aumentamos [para R$ 2.400] o teto de aposentadoria dos trabalhadores da iniciativa privada [INSS] [Lula ameaça..., 2003].

Uma outra explicação para tão vistosa mudança de orientação programática passava por uma visão de longo prazo, de acordo com a qual a consecução de um projeto esquerdista maior – seja lá o que isso significasse — dependia de "concessões" em prol do equilíbrio fiscal e da governabilidade naquele começo de mandato. Para citar Lula mais uma vez: "Quero terminar o governo e poder andar na rua de cabeça erguida. O grande derrotado serei eu se não conseguir fazer as reformas. [...] Se eu não for bem [no governo], a esquerda vai ficar 50 anos fora do poder. [...] Para governar é preciso fazer concessões" (Lula ameaça..., 2003).

Mas as justificativas não convenceram a todos. O presidente sabia que a pílula era demasiadamente amarga para ser engolida, que o PT contava com bases fincadas no funcionalismo público, que os parlamentares petistas teriam dificuldade para justificar seu voto. Não restava ao governo senão impor a disciplina partidária, chamando para si a responsabilidade pela decisão. Para Lula, Dirceu e o resto da cúpula do governo, seus correligionários podiam até criticar, mas na hora de votar necessariamente teriam que fechar com o Planalto, não havia meio-termo possível (citado por Flores, 2023:150). Nove deputados e uma senadora comandaram a resistência, rechaçando a orientação do PT. Arcaram com as consequências: foram expulsos do partido e criaram o PSOL, que faria oposição de esquerda ao governo dali em diante. Entre os fundadores da nova legenda, destacam-se a senadora alagoana Heloísa Helena e a deputada gaúcha Luciana Genro, duas futuras candidatas à Presidência pelo PSOL.

Afora a briga interna petista, a reforma da Previdência de Lula teve uma tramitação tranquila, ao menos se comparada à promovida por FHC. Foi fundamental a disciplina imposta ao PT, a maior bancada da Câmara. Houve também um certo nível de cooperação por parte da oposição, muito embora tal apoio não deva ser exagerado. Ao contrário do que se convencionou repetir a partir de então, não é correto que o PSDB votou em peso com o governo. Na votação em primeiro turno na Câmara, apenas 22% dos deputados tucanos foram favoráveis à reforma. Trata-se da terceira menor proporção, atrás apenas do PFL, com 11%, e do inexpressivo Partido de Reedificação da Ordem Nacional (Prona), cuja totalidade dos seis deputados votou contra. À guisa de comparação, 39% do PMDB e 61% do PP se posicionaram com o Planalto. Os tucanos se tornaram mais favoráveis à reforma no segundo turno, com 53% votando com o governo. Entretanto, o PSDB continuou a terceira bancada mais contrária ao Planalto, novamente atrás do Prona e do PFL. Com exceção do ferrenho Prona, que seguiu unânime contrário ao projeto, todos os demais partidos votaram mais com o governo na segunda votação. Os tucanos acompanharam o movimento geral do Plenário, mas seguiram na oposição (Câmara dos Deputados, 2003). Por fim, a reforma regimentar que havia limitado a apresentação de Destaques para Votação em Separado (DVS), detalhada no capítulo anterior, contribuiu para diminuir os sobressaltos e atrasos na tramitação da matéria.

O governo conseguiu aprovar a Reforma da Previdência com o mínimo dos votos necessários no Senado, onde sua bancada era relativamente menor (Flores, 2023:160). O entendimento passou pela incorporação de emendas propostas por senadores, como o corte de impostos a grupos específicos de funcionários e a elevação do teto de seus salários. As alterações implicaram nova votação na Câmara, onde a reforma sofreu modificações e, por conseguinte, teve que retornar ao Senado. Quando a PEC foi finalmente aprovada, o clima político já era outro. O governo estava contra as cordas, lutando para sobreviver à crise do Mensalão, tema da próxima seção. A lua de mel entre petistas e tucanos — se é que de fato existiu — cedeu lugar à tradicional batalha sangrenta entre governo e oposição.

A guinada centrista do governo Lula também gerava conflitos entre suas próprias lideranças. Dirceu criticava a política de juros altos que Meirelles aplicava no Banco Central, a qual era defendida por Palocci e, a contragosto, aquiescida por Lula (Borges, 2022:322, 323). Durante quase todo seu primeiro mandato, o presidente dava reiteradas demonstrações de apreço ao seu ministro da Fazenda, referendando suas iniciativas na área econômica. Palocci ascendia como o nome forte do governo na medida em que as condições da economia melhoravam, após a crise financeira de 2002, a ponto de impor-se a Dirceu como a opção mais provável para substituir Lula no futuro.

Ainda que velada, abriu-se uma disputa entre Dirceu e Palocci que envolvia tanto as decisões do governo como a sucessão presidencial. Antes do início da presidência petista, o ministro da Casa Civil era visto como uma barbada: dava-se como certo que Dirceu seria o homem forte do governo Lula e seu sucessor potencial. Palocci correu por fora, capacitando-se para a disputa ao debelar a crise de confiança em meio à qual o governo tomara posse, enquanto Dirceu colhia dissabores, a exemplo de sua negociação abortada com Temer. Lula mantinha relações protocolares com Dirceu ao mesmo tempo que se aproximava de seu ministro da Fazenda, que passou a ser um frequentador assíduo do Palácio da Alvorada. A Dirceu cabia cuidar da espinhosa relação com o Congresso, construindo e administrando uma base governista, tarefa que havia se tornado ainda mais difícil depois das expulsões dos parlamentares petistas rebeldes. Como as negociações com o PMDB não andavam, restava a Dirceu garantir o apoio da bancada do PTB, que já integrava a base, e atrair o direitista PP de Maluf.

Tradicionalmente, a distribuição de cargos em estatais e autarquias é a principal moeda de troca usada por governos para arregimentar apoio político. Era o comando de estatais, com "porteiras fechadas", que os líderes da base mais almejavam. Mas Dirceu não cedeu: o chefe da Casa Civil posicionou filiados e simpatizantes do PT em cargos-chave de estatais. Para se compreender melhor essa decisão, é necessário ressaltar que sindicalistas ligados ao partido haviam sido alçados à condição de tomadores de decisão no meio empresarial brasileiro, mesmo antes de Lula chegar ao poder. Com a reforma da Previdência e o processo de privatização realizados nos anos FHC, os fundos de pensão das estatais, como a Caixa de Previdência dos Funcionários do Banco do Brasil (Previ), a Fundação Petrobras de Seguridade Social (Petros) e a Fundação dos Economiários Federais (Funcef), em cujos conselhos sindicalistas tinham assento, ganharam protagonismo ao adquirir participações em empresas privatizadas. No final das contas, petistas passaram a ter voz de comando em empresas como Petrobras, Banco do Brasil e Vale do Rio Doce, desempenhando um papel pivotal no que Sérgio Lazzarini (2001) chama de capitalismo de laços. Um exemplo conhecido é Sérgio Rosa, um funcionário de carreira do Banco do Brasil que, no início dos anos 1980, passou a ocupar posições de destaque no Sindicato dos Bancários de São Paulo. Rosa tornou-se diretor da Previ em 1999 e, quatro anos depois, no início do governo Lula, assumiu a presidência do fundo. Outros egressos do Sindicato dos Bancários trilharam caminhos similares, como Wagner Pinheiro e Wilson Santarosa, ambos da Petros. Todos eles haviam sido colegas de sindicato de Luiz Gushiken e Ricardo Berzoini, lideranças petistas que, respectivamente, assumiram a Secretaria de Comunicação e o Ministério da Previdência no governo Lula (Dieguez, 2009).

A inserção do PT no mundo corporativo estatal criava um desafio e uma oportunidade para a cúpula do governo, e para Dirceu em especial. Por um lado, o Planalto tinha que gerir conflitos entre os grupos de interesse petistas incrustados nas estatais, cujas possibilidades de expansão se multiplicaram após a vitória de Lula.[33] Por outro lado, essa rede petista ampliava as arestas com os demais grupos políticos igualmente involucrados em setores-chave da administração pública. Não havia como contentar a todos. Ao firmar seus pés nesse mundo, o PT necessariamente desalojava quem ali atuava. Dado o volume de recursos e interesses envolvidos, o conflito entre novos e velhos grupos gerou ruído e reclamações de parte a parte. Obviamente, quem se via forçado a conviver com os petistas transformados em empresários reclamou da sede com que o grupo foi ao pote, acusando-os de não respeitar as nor-

33. Um dos primeiros exemplos desta pressão foi noticiado pelo *O Estado de S. Paulo* (Sindicato..., 2002).

mas que regulariam o setor, de não aceitar dividir o poder. O PT, por sua vez, não abria mão do que via como seu direito líquido e certo, alegando que as resistências à nova ordem partiam da velha elite, acostumadas a usar o Estado para promover seus negócios e interesses. Está claro, como revelações posteriores vieram a mostrar, que a ordem petista não se mostrou tão nova assim. O desvio de recursos estatais permaneceu um elemento-chave para o financiamento de campanhas eleitorais.

Mais tarde, diante das revelações e investigações que desnudaram os esquemas montados pelo PT, solidificou-se a tese de que o partido se diferenciaria dos demais: em lugar de franquear as fontes de recursos do Estado para que a base aliada financiasse campanhas e o dia a dia de sua vida partidária, os petistas teriam tido a pretensão de assumir o controle exclusivo dessas fontes de recursos escusos. Difícil distinguir o que é parte do discurso político e o que é a realidade, até porque esse tipo de recurso nunca é contabilizado. Uma coisa, contudo, é certa: não demorou para que se soubesse que as promessas feitas desde sua criação, as de que o partido representava uma ruptura, uma completa novidade, não passavam das mesmas e velhas promessas feitas por políticos de legendas rivais.

O ESCÂNDALO DO MENSALÃO

Em junho de 2005, veio a público uma entrevista bombástica do presidente do PTB, o deputado fluminense Roberto Jefferson, que acusava o governo de pagar mesada aos parlamentares para obter votos na Câmara dos Deputados. Até hoje, as motivações de Jefferson são alvo de interpretações conflitantes. Não se deve descartar uma vingança tacanha contra pessoas do governo que — tudo na base das suposições — teriam vasado vídeos que mostravam agentes públicos indicados pelo PTB recebendo propinas. Sejam quais tenham sido as razões que moveram o parlamentar, o fato é que, reforçadas por novas declarações e evidências, as denúncias ganharam vida própria, gerando uma crise que paralisou o governo. A possibilidade de que Lula viesse a ser alvo de um processo de *impeachment* entrou no radar.

O Mensalão, o nome pelo qual o escândalo veio a ser conhecido, forçou o governo a rever sua estratégia política. As denúncias de Jefferson tiveram forte impacto junto à opinião pública. A aura de partido ético, adepto de métodos diversos dos demais, foi por água abaixo. O Planalto se mostrou incapaz de oferecer explicações convincentes para o caso. Pior, não conseguiu barrar a instalação de uma CPMI, cujos trabalhos evidenciaram que o PT recorrera a um esquema financeiro montado pelo publicitário Marcos Valério junto ao Banco Rural para financiar suas atividades, além de transferir recursos a partidos aliados, incluindo, claro, o PTB de Jefferson.

A instauração e os desdobramentos da CPMI deixaram claro que o governo precisava rever sua estratégia política, reforçando seus vínculos com os partidos de sua base. Em realidade, esse processo já estava em marcha quando as revelações de Jefferson vieram a público. Como visto anteriormente, em maio de 2005, o PMDB passou a ocupar os Ministérios da Previdência e das Comunicações. As negociações para que o PP se juntasse à base e ocupasse a pasta das Cidades estavam adiantadas. Os acenos eram reações à série de derrotas parlamentares sofridas pelo Planalto, a mais vistosa das quais foi a eleição de Severino Cavalcanti, do PP, para a Presidência da Câmara. Um autêntico representante do "baixo clero" da casa, Cavalcanti conseguiu derrotar o petista Luiz Eduardo Greenhalgh, o candidato oficial do governo (Rocha de Barros, 2022: posição 4990). A presença de um outro candidato petista, o deputado Virgílio Guimarães, contribuiu decisivamente para o resultado, mas as consequências da vitória de Cavalcanti não podem ser minimizadas. Reza o folclore que o novo presidente da Câmara teria exigido uma diretoria na estatal que fura poços e, para evitar mal-entendidos, teria se apressado em esclarecer que não tinha em mente aquela que acha água (Departamento Nacional de Obras Contra as Secas — DNOCS) e sim a que encontra petróleo (Petrobras) (Severino..., 2005). Por espirituosa e significativa que tenha sido a reivindicação de Severino, não é demais lembrar que o folclore guarda uma relação no mínimo tênue com a realidade. No caso, o PP já tinha o controle da diretoria da Petrobras que "furava poços". Como reconheceria mais tarde, quando enredado nas investigações da Lava Jato, a ser tratada adiante, o engenheiro Paulo Roberto Costa, funcionário de carreira da estatal, foi guindado à Diretoria de Abastecimento da Petrobras em 2004 com apoio do PP.

A eleição de Severino foi um choque de realidade. Transpareciam o custo das restrições a alianças e a recusa em entregar nacos de poder a aliados ideologicamente distantes. A desconfiança e a suspeição eram mútuas. O PT temia confiar fontes de recursos estatais a seus aliados, os quais, mesmo indicados a cargos importantes, se ressentiam da vigilância e do controle a que eram submetidos. O cenário, *mutatis mutandis*, não era radicalmente diverso do que havia marcado a entrada do PMDB na coalizão do governo anterior.[34] Lidas hoje, com a vantagem do tempo, as denúncias de Jefferson se revelam com o seguinte subtexto: o presidente do PTB sabia que seu passado - Jefferson fora um dos líderes da tropa de choque de Collor — não inspirava confiança aos petistas, a quem creditava a veiculação das denúncias contra seus correligionários. Sua suspeição não era infundada. Boa parte do PT não aceitava as concessões feitas aos inimigos de ontem. Não que a liderança do partido agisse para preservar a idoneidade das relações dentro do Estado, afastando aliados notoriamente corruptos. É mais apropriado afirmar que tal cúpula encontrava razões para justificar seu próprio apetite, ao mesmo tempo que classificava como ilegítimas a de seus parceiros de viagem. O arranjo não tinha como durar. A bombástica entrevista de Jefferson apenas acionou o botão da implosão que, cedo ou tarde, aconteceria.

Se a eleição de Severino Cavalcanti foi um choque de realidade, a crise do mensalão colocou o PT contra a parede. Os principais líderes do partido foram abatidos no processo. José Dirceu foi a primeira e mais importante baixa. Pressionado pelas revelações levantadas pela CPMI e pela imprensa, Dirceu deixou a Casa Civil, buscando refúgio na Câmara dos Deputados, onde tinha mandato, mas acabou sendo cassado. Sua posição no PT também foi comprometida: o cacique não saiu candidato à presidência partidária nas eleições internas de 2005. Pela primeira vez desde 1997, seu grupo — agora com o nome Construindo um Novo Brasil (CNB) — não contou com maioria na convenção nacional, embora tenha

34. O leitor deve se lembrar das reservas e controles com que o PMDB ocupou o Ministério dos Transportes no primeiro ano do governo FHC.

conseguido eleger seu candidato, Ricardo Berzoini, graças a uma coligação de última hora com tendências minoritárias (Ribeiro, 2021:195).

Na medida em que Dirceu caía, Dilma Rousseff, a então ministra de Minas e Energia e futura presidente da República, acendia dentro do governo. Como será elaborado no começo do próximo capítulo, Dilma representava, em vários aspectos, a antítese de Dirceu. Uma técnica proveniente do PDT, desprovida de experiência nas urnas, a ministra era imune a potenciais escândalos de corrupções e alheia às infinitas brigas e quezilas intestinas petistas, destiladas há décadas entre as várias tendências do partido. Por motivos a rigor surpreendentes, Dilma foi a saída do projeto petista ao terremoto causado pelo Mensalão. Não foi por acaso que Lula a indicou para substituir Dirceu na Casa Civil semanas após as denúncias de Jefferson.

Apesar do delator do Mensalão ter tentado isentar Lula de qualquer culpa em suas denúncias, o presidente não saiu ileso do escândalo. Sua popularidade já vinha caindo em razão da estagnação econômica — gerada, principalmente, pela austeridade fiscal e pelo aperto monetário adotados por Palocci e Meirelles. Mas foi após as denúncias de Jefferson que a aprovação de Lula desabou. Em agosto de 2005, dois meses após o início do escândalo, as proporções de ruim/péssimo e ótimo/bom medidas pelo *Datafolha* empataram em 28% (Avaliação de presidentes, 2024). O Mensalão não só reduzia as chances de reeleição; começou a pairar sobre Lula até mesmo a possibilidade de um processo de *impeachment*. Pedidos não deixaram de chegar ao presidente da Câmara, a quem cabe, unilateralmente, arquivá-los ou acatá-los. A sobrevivência política de Lula estava nas mãos de uma figura tão obscura quanto imprevisível como Severino Cavalcanti.

A reação do Planalto foi rápida: no mesmo mês em que o escândalo do Mensalão veio à tona, Lula realizou importante reforma ministerial para atrair de vez o PP e o PMDB para a base do governo. Ao PP coube o Ministério das Cidades, com Marcio Fortes substituindo o petista Olívio Dutra. Silas Rondeau, um engenheiro elétrico que presidia a Eletrobras, assumiu o Ministério de Minas e Energia por indicação do PMDB. O partido também ficou com a Saúde, cujo novo ministro era o médico e deputado federal Saraiva Felipe. Michel Temer comemorou a iniciativa do governo em entregar ministérios ao PMDB. Em especial, o político ressaltava que "o partido vai comandar 'por inteiro' as eventuais pastas que assumir". Temer fez referência a uma "queixa frequente dos aliados: o aparelhamento da máquina pública pelo PT, ou seja, o partido assume um ministério, mas não manda nele de fato porque os cargos de segundo e terceiro escalão são ocupados por petistas" (Lula oferece..., 2005:A4). O Planalto prometia mudar de atitude, dando liberdade para que os aliados indicassem seus correligionários nas pastas que viessem a ocupar.

A despeito das juras de amor de parte a parte, as peças não se encaixaram automaticamente. A promessa do governo não foi cumprida à risca, ao passo que o PMDB, ou parte dele, seguiu atuando como se estivesse na oposição. A hostilidade do partido ficou patente três meses depois daquela reforma ministerial, na eleição do presidente da Câmara que se seguiu à queda de Cavalcanti, afastado após ser acusado de corrupção em sua gestão. O governo entrou pesado no apoio a Aldo Rebelo, deputado do PCdoB que até então era chefe da Secretaria de Coordenação Política e Assuntos Institucionais. Em meio ao corpo a corpo do governo, boa parte dos deputados do PMDB votou no candidato da oposição, José Thomaz Nonô, do PFL alagoano, que perdeu por apenas 15 votos, bem menos do que o antecipado pela articulação política do governo. Apostando que o PSDB retornaria ao poder em 2006, Temer e seu grupo não estavam dispostos a cortar seus vínculos com a oposição.

Com Aldo Rebelo na mesa diretora da Câmara, o Planalto conseguiu neutralizar o risco de *impeachment*. Era certo que o novo presidente da casa não acataria nenhum dos muitos pedidos protocolados na Câmara. Sem sombra de dúvida, o resultado da votação veio como um grande alívio para Lula. Mas a apertada vitória de Rebelo "acendeu um sinal amarelo no governo, já que a votação em Nonô, alimentado pelo PMDB oposicionista, superara as expectativas" — ressaltava a *Folha de S.Paulo* (Intervenção..., 2005:A4). Com a popularidade em baixa, sob os pesados efeitos do Mensalão, e sem contar com a adesão completa do PMDB, Lula dava tratos à bola para salvar seu governo e enfrentar as urnas. Chegou-se a cogitar a possibilidade de que o presidente não disputasse a reeleição, tamanha a maré de adversidades por ele enfrentada pouco antes do pleito de 2006.

REELEIÇÃO E A RECONFIGURAÇÃO DO MAPA ELEITORAL BRASILEIRO

As chances de reeleição de Lula pareciam exíguas no final de seu primeiro mandato. De acordo com sondagens iniciais do *Datafolha* para a corrida presidencial, realizadas em dezembro de 2005, o presidente estava 7% atrás de José Serra, o eventual candidato tucano naquela pesquisa específica. As perspectivas geravam movimentações no PMDB. Temer sinalizava que fecharia com o candidato tucano, independentemente de quem fosse, enquanto Garotinho filiou-se à legenda na esperança de se lançar mais uma vez na disputa. No entanto, para a surpresa de muitos, Lula conseguiu bater Geraldo Alckmin, que saiu como cabeça de chapa da coligação PSDB-PFL. A vitória foi em segundo turno, por uma boa margem de 21% dos votos válidos. Como pôde reeleger-se um presidente até há pouco impopular, cujo governo estava implicado em um enorme escândalo de corrupção, tendo que se equilibrar no poder e neutralizar o risco de seu afastamento?

Lula recebeu praticamente a mesma proporção dos votos nacionais em 2002 e 2006; mas houve uma importante transformação relacionada com classes sociais e regiões, com o voto petista crescendo entre os mais pobres e, por conseguinte, no Nordeste. No primeiro turno de 2006, o candidato do PT ganhou em 95% dos municípios nordestinos, obtendo uma média regional de 43%. O resultado é ainda mais impressionante se comparado à pífia performance de Alckmin na região: Lula ganhou do tucano em nada menos do que 99% dos municípios do Nordeste. Em comparação à eleição de 2002, o PSDB expandiu-se em São Paulo, mas seguiu perdendo no Rio de Janeiro e em Minas Gerais, principalmente no norte daquele estado, região de renda significativamente mais baixa do que a média do Sudeste. O PSDB bateu o PT somente no Sul; no mais, o Centro-Oeste ficou dividido e os petistas levaram a melhor no Norte. A divisão norte-sul também se verificava nos estados: o PT só fez governadores no Nordeste (Bahia, Sergipe e Piauí) e no Norte (Pará e Acre). Deve-se ressaltar a vitória do petista Jaques Wagner na Bahia, pondo fim a uma longa sequência de governos comandados por afilhados de ACM.

Além da importância do estado e do simbolismo do clã carlista, destaca-se o fato de Wagner ser pessoalmente próximo a Lula.

Estava em curso uma reconfiguração da geografia eleitoral do Brasil, com o PSDB se fortalecendo em São Paulo e no Sul, e o PT ganhando em Minas Gerais, Rio de Janeiro, no Norte e, por ampla margem, no Nordeste. Essa divisão geográfica entre centro-esquerda e centro-direita se manteria nas décadas seguintes, com apenas duas alterações circunstanciais: a direita se radicalizaria, abandonando o centro, e Minas Gerais e Rio de Janeiro por vezes mudariam de lado, definindo as eleições vindouras.

Cabe então a seguinte pergunta: por que o Nordeste e as regiões mais pobres do Sudeste se tornaram redutos eleitorais do PT? A literatura empírica é unânime em indicar que houve uma mudança do eleitorado petista ao longo da história do partido. O PT nasceu em São Paulo e se espraiou por todo o Brasil, mas a princípio mantinha mais apelo no Sul e Sudeste, regiões relativamente mais ricas. Até a década de 1990, o voto no Nordeste ainda era fortemente controlado por redes de fisiologismo de elites tradicionais. Tudo mudou nos anos 2000, com os programas sociais aplicados com muito êxito pelo governo Lula: a melhoria da condição de vida dos nordestinos contribuiu decisivamente para que o PT fincasse raízes na região.

Hunter e Power (2007) foram os primeiros a chamar atenção para a mudança estrutural ocorrida em 2006. Os autores destacam a importância dos programas sociais para que Lula obtivesse o voto dos eleitores de baixa renda. Soares e Terron (2008), Ribeiro et al. (2017) e Zucco e Power (2013) confirmam o peso do Bolsa Família na reeleição de Lula. Em especial, Frey (2019) mostra que o Bolsa Família contribuiu com o enfraquecimento da elite tradicional nordestina, abrindo espaço para a expansão eleitoral do PT na região. A transformação da geografia eleitoral do Brasil está acima de disputas e controvérsias. O papel e a contribuição específica do Bolsa-Família, entretanto, são questionados por alguns autores, como Cânego-Pinheiro (2015). Outras políticas sociais, como o Um Milhão de Cisternas e o Luz para Todos, a valorização do salário mínimo e a queda das taxas de desemprego não podem ser desconsideradas. O fato inconteste é que a renda dos mais pobres cresceu durante o primeiro governo Lula, processo que seguiria com ainda mais força no segundo mandato.

Cabe aqui uma breve regressão no tempo. Cerca de um ano antes das eleições de 2006, a crise do Mensalão havia imposto uma decisiva reorientação ao governo. Em meio às denúncias, Palocci deixou a Fazenda, levando consigo a adesão rígida da cartilha econômica herdada do governo anterior. Foi nesse contexto que a ministra-chefe da Casa Civil Dilma Rousseff afirmou que "gasto público é vida", frase que a perseguiria nos anos seguintes. Era uma declaração à praça, o reconhecimento de que a política econômica adotada por Palocci, calcada em vultosos superávits primários, não traria crescimento imediato ou geraria empregos. O governo se dispôs a experimentar, a aumentar seus gastos, de olho no pleito que se avizinhava — governos necessariamente se movimentam para ganhar eleições. Segundo Borges (2022), Lula encorajou Dilma a disparar sua campanha pela expansão fiscal, interrompendo, assim, a iniciativa gestada por Palocci e técnicos do Instituto de Pesquisa Econômica Aplicada (Ipea) de lançar uma nova rodada de contenção fiscal visando zerar o déficit nominal, o que poria fim à necessidade de endividamento público. A proposta podia até fazer sentido do ponto de vista fiscal, mas, àquela altura, entre o Mensalão e as eleições de 2006, era um verdadeiro disparate político.

O fraco crescimento econômico do primeiro biênio do governo Lula enfraqueceu Palocci, justamente quando o ministro se tornava alvo de investigações de corrupção, que o levaram ao extremo de violar o sigilo bancário de um de seus acusadores (Borges, 2002:353). Em seu livro autobiográfico, Palocci credita o escândalo e sua subsequente demissão à campanha que a oposição armou contra si, que se tornara a "bola da vez", o homem forte do governo após a derrocada de Dirceu (Palocci, 2007). No entanto, foi bastante conveniente a Lula substituí-lo na Fazenda pelo economista petista Guido Mantega, velho quadro do partido, identificado academicamente com o expansionismo fiscal. O abandono do rigor na política econômica, seja pelas credenciais do novo titular da pasta, seja pela pressão do calendário eleitoral, era pedra cantada. Entretanto, a deterioração das contas públicas foi mais tímida do que se poderia esperar. O temor das reações do mercado continuava a impor moderação e disciplina fiscal ao governo, um quadro que se alteraria de vez após a eclosão da crise financeira de 2008, como se verá em detalhes no próximo volume desta coleção.

ALIANÇA COM O PMDB E AS ELEIÇÕES DE 2010

A reeleição de Lula, com uma esmagadora vitória no Nordeste, reconfigurou a política brasileira, dando à clivagem PT-PSDB claros componentes socioeconômicos e regionais. Muita coisa mudou em Brasília diante desse fato. Em especial, as resistências do assim chamado PMDB da Câmara — o grupo comandado pelo deputado Michel Temer — se deram por vencidas. A derrota tucana impunha a Temer a necessidade de rever suas alianças, abandonando o PSDB e aderindo ao governo. O PT, por sua vez, jogou a toalha e resolveu que era passada a hora de deixar de lado suas desconfianças e restrições ao PMDB. O apoio de Temer a Alckmin na eleição de 2006 foi rapidamente esquecido. Já no início de 2007, PT e PMDB fecharam um amplo acordo, chancelando de parte a parte o que viria a ser a chapa da situação na eleição presidencial de 2010.

A política interna do PT também havia se transformado após o Mensalão. O escândalo enfraqueceu a Reconstruindo o Novo Brasil, a corrente de Lula e Dirceu, abrindo espaço para a ascensão de lideranças petistas ligadas a demais tendências. Tarso Genro, ex-prefeito de Porto Alegre e ministro da Educação, foi um dos que procurou ocupar o espaço deixado por Dirceu e demais lideranças vitimadas pelas sucessivas crises do primeiro mandato de Lula. Genro defendia uma refundação do partido, com um discurso de ética em primeiro lugar. A fim de se dedicar à vida partidária, o gaúcho deixou o Ministério da Educação, cedendo lugar a Fernando Haddad. Fortalecido, Genro voltou ao governo no início de 2006 para assumir a Secretaria de Relações Institucionais. Coube à tendência petista de Genro, a Mensagem ao Partido, fechar o acordo costurado com Temer que finalmente colocaria o PMDB no governo. Na tratativa, ficou acertado que os deputados peemedebistas votariam no petista Arlindo Chinaglia nas eleições de 2007 para a presidência da Câmara. Temer o substituiria na mesa diretora dali a dois anos. O arranjo fez com que o governo revisse seus planos, retirando seu apoio à reeleição de Aldo Rebelo e se esquecendo das tratativas com Renan Calheiros para desalojar Temer da presidência do PMDB.

O acordo com Temer finalmente franqueou o acesso dos líderes do PMDB ao setor público, com cargos-chave em estatais e ministérios, agora em franco regime de "porteira fechada". Reinhold Stephanes foi nomeado para o Ministério da Agricultura, o qual se constituiria em peça crucial para que o grupo ligado a Temer estreitasse suas relações com o frigorífico goiano JBS, importante financiador de campanhas eleitorais. Político baiano bastante próximo a Temer, Geddel Vieira Lima foi para o Ministério de Integração Nacional. Assim como havia feito Ciro Gomes, Geddel depositou grandes esperanças na pasta, principalmente nos retornos políticos que as obras de transposição do São Francisco poderiam lhe valer. Mas a história se repetiu: Geddel seguiu Ciro na frustração. Enquanto a transposição se arrastava para sair do papel, as políticas sociais com retorno eleitoral certo, como Bolsa Família e Um Milhão de Cisternas, permaneciam sob a batuta do PT. De olho nas eleições para governador de 2010, restou a Geddel concentrar seus esforços e recursos na Bahia, sem os resultados esperados, tendo sido derrotado pelo governador petista Jaques Wagner. Dos dois importantes ministros peemedebistas, Stephanes foi, portanto, mais bem-sucedido do que Geddel. O partido depositava na dupla a pretensão de armar duas máquinas políticas, respetivamente, no centro-sul e no Nordeste. Lula e o PT não abririam mão de liderar as iniciativas nordestinas, na região que se tornara o celeiro do voto petista.

A adesão governista do PMDB da Câmara não acarretou perdas para os velhos cardeais com assento no Senado: Sarney, por exemplo, indicou Edson Lobão para o Ministério de Minas e Energia. Entretanto, mais importante do que qualquer ministério, a verdadeira joia da coroa foi a indicação, intermediada e negociada pelo deputado Eduardo Cunha, de Jorge Zelada para a Diretoria Internacional da Petrobras, um posto de altíssima importância em função do gigantismo dos negócios externos da estatal; como veremos adiante, essa foi umas das diretorias-chave nos esquemas de corrupção que culminariam na Lava Jato, na década seguinte (Gaspar, 2022).

A menção a Eduardo Cunha — a primeiro feita neste livro — pede uma digressão, dada a importância que o deputado viria a assumir durante os mandatos de Dilma Rousseff, quando ocuparia a Presidência da Câmara e desempenharia papel-chave em seu *impeachment*. O economista carioca iniciara sua vida pública contribuindo com a vitória de Collor em 1989, ao descobrir uma falha legal que invalidou a candidatura do apresentador de televisão Silvio Santos, cuja participação nas eleições ameaçava a campanha do futuro presidente. Em troca, PC Farias, o todo-poderoso tesoureiro de Collor, indicou Cunha à presidência da Telecomunicações do Rio de Janeiro (Telerj), a estatal fluminense de telefonia. A gestão de Cunha na Telerj e seu envolvimento com PC Farias provocaram diversas denúncias de corrupção, as quais foram arquivadas por um acórdão no Tribunal Regional Federal (TRF). A absolvição legal não foi suficiente para afastar a suspeição que pairava sobre o ex-dirigente de estatal. De todo modo, ainda nos anos 1990, Cunha tornou-se famoso com um programa de rádio evangélico. O radialista se aproximou de Francisco Dornelles, ministro de FHC que se tornara líder do PPB.[35] Filiado àquele partido, o radialista integrou o governo Garotinho, chefiando a estatal fluminense Companhia de Habitação Estadual. Sua segunda passagem pelo setor público gerou uma nova onda de denúncias de corrupção e longos processos. Mas o programa de rádio e os vínculos com o público evangélico lhe garantiram a eleição a deputado federal, em 2002, o que o livrou das investigações graças ao foro privilegiado.

Na Câmara, Cunha acompanhou Garotinho e filiou-se ao PMDB. O deputado teve desde o princípio vida legislativa bastante ativa, participando de várias comissões e defendendo causas conservadoras que o transformaram em expoente da bancada evangélica. Sua ascensão no PMDB foi concomitante ao acordo entre seu novo partido e o governo. A fim de estar no lado certo do poder, Cunha rompeu com Garotinho, pretenso adversário de Lula, e aproximou-se da família Picciani, influente

35. Dornelles chegou a patrocinar as pretensões de Cunha de ser nomeado diretor comercial da Petrobras durante o primeiro governo FHC, pleito que, segundo o próprio presidente registrou em seus *Diários*, foi prontamente rechaçado (Cardoso, 2015: posição 13403).

clã peemedebista fluminense. Os Picciani fechariam o apoio do Planalto na eleição de Sergio Cabral para o governo do estado.

Temer viu em Cunha um colega arguto, competente e agressivo o suficiente para arregimentar o PMDB na formação da aliança com o PT, capaz de infernizar a vida de correligionários que permaneciam alinhados ao PSDB ou, pior, que ainda almejavam tomar o comando do partido. Cunha foi o cão de guarda de Temer contra Renan Calheiros, que havia apoiado a chapa encabeçada por Nelson Jobim nas eleições à presidência do PMDB. Coube ao deputado carioca a tarefa de encontrar assinaturas duplicadas apoiando Jobim, o suficiente para impugnar sua candidatura. Outra vítima de Cunha foi o ex-governador de Pernambuco e senador Jarbas Vasconcellos, um antigo peemedebista que disputaria o governo do estado em aliança com o PSDB. Cunha inviabilizou a campanha de Vasconcellos, chegando a entrar com uma representação no TSE para censurar sua propaganda política, que apoiava Serra em 2010. A intervenção foi frutífera: Vasconcellos perdeu em primeiro turno para o socialista Eduardo Campos, aliado do governo, por uma margem bastante dilatada de quase 70% dos votos válidos.

Cabe aqui tecer mais uma digressão a respeito daquele verdadeiro fenômeno peemedebista: um antigo aliado de Collor (Cunha) tornou-se o instrumento de embate de um antigo aliado de FHC (Temer) contra os correligionários que até pouco tempo o acompanhavam na aliança com os tucanos. A sequência de contradições pode sugerir ao leitor que o texto perdeu sua coerência, mas esta narrativa apenas tenta seguir os tortuosos fatos ocorridos na cúpula peemedebista. Para deixar o leitor de cabelo em pé, acrescente-se que os arremates da costura entre o PMDB da Câmara, onde se destacavam Temer e Cunha, foram dados pela tendência petista comandada pelo ministro Tasso Genro, aquele mesmo que defendia a refundação do PT após o solavanco ético causado pelas revelações do Mensalão. Agindo como protagonista da aliança com o governo e beneficiando-se da Secretaria Internacional da Petrobras, Eduardo Cunha ganhou musculatura e poder. O deputado trilhava o caminho que o levaria à liderança do partido e à presidência da Câmara, como veremos no próximo capítulo.

Do ponto de vista do PT, a aliança com o PMDB visava completar sua movimentação em direção ao centro, empurrando, consequentemente, seu principal oponente, o PSDB, para a direita. A estratégia passava pela construção da chapa que representaria a coligação na sucessão de Lula. Com a rasteira dada em Renan Calheiros na disputa pela presidência do PMDB, Michel Temer se qualificou para compor a chapa ao lado de Dilma Rousseff, a pré-candidata do PT desde que substituíra José Dirceu na Casa Civil. Correndo por fora, a senadora e ex-prefeita de São Paulo Marta Suplicy, cuja tendência petista havia comandado o acordo com Temer e Cunha, tentava alçar voo próprio, capacitando-se para disputar com Dilma a indicação da candidatura presidencial. Para dar tração ao seu nome, Marta pleiteou indicação ao Ministério da Educação. Lula conseguiu contornar a pressão, fazendo com que a senadora assumisse a pasta do Turismo, de bem menor expressão. Fernando Haddad continuou na Educação, onde fazia uma gestão do agrado do presidente, com expansão de vagas em universidades, tanto públicas quanto privadas, e o fortalecimento da educação básica. O fato de Marta e Haddad pertencerem à mesma tendência petista deve ter facilitado a tarefa de Lula. Com o tempo, a candidatura de Dilma se consolidou e, exceto quando ela passou por sérios problemas de saúde, não mais enfrentou obstáculos ou resistências.

Dilma ganhou as eleições de 2010 no segundo turno, derrotando José Serra com uma confortável margem de 12%. O pleito confirmou a divisão eleitoral do Brasil: Sul, Centro-Oeste e São Paulo cederam maioria ao tucano, enquanto a petista ganhou no Norte, Nordeste, Rio de Janeiro e Minas Gerais. Era um bom resultado para uma estreante eleitoral, até então desconhecida do grande público. Vários fatores explicam a vitória de Dilma, entre os quais a composição da coligação governista. Forte em prefeituras, o PMDB deu capilaridade à campanha presidencial. Além disto, o PT se absteve de lançar candidatos a governador em estados como Rio de Janeiro e Maranhão, onde os peemedebistas Sergio Cabral e Roseana Sarney — filha do ex-presidente e egressa do PFL — realizaram campanhas vitoriosas, em cujos palanques Dilma tinha lugar de destaque. A mesma concessão foi feita ao PSB de Cid Gomes, Renato Casagrande e Eduardo Campos, que se elegeram no Ceará, Espírito Santo e Pernambuco, respectivamente.

Não obstante todas essas articulações realizadas na coligação de Dilma, foram fundamentais para a sua vitória os avanços econômicos e sociais verificados ao longo dos anos 2000. Como será esmiuçado no segundo volume desta coleção, a economia crescia na esteira de um grande ciclo de *commodities*. Em paralelo, e de suma importância eleitoral, as várias políticas públicas implementadas pelo governo contribuíam para uma enorme melhoria das condições sociais do Brasil. Como já repetido neste capítulo, o Bolsa Família e a política de valorização do salário mínimo eram amplamente reconhecidas pelo eleitorado como conquistas associadas ao governo petista. De quebra, o desemprego desabara a níveis historicamente baixos. Dezenas de milhões abandonaram a miséria para integrar uma nova classe de consumidores, distantes da insegurança alimentar e inseridos no mercado de crédito. A essas pessoas não era mais impossível matricular seus filhos em universidades — em parte graças aos programas criados por Haddad na Educação.

O governo Lula entregou resultados concretos à população mais pobre, especialmente se comparado aos que o PSDB tinha a oferecer no final do segundo mandato de FHC. É certo que a conjuntura econômica internacional era muito mais favorável sob Lula do que FHC. Também procede o fato de que, sem a estabilização econômica conquistada desde o Plano Real, os avanços sociais dos anos 2000 não teriam sido possíveis, ao menos não com a intensidade verificada. Por fim, pode-se ainda argumentar que o governo do PSDB lançou as bases da coordenação federativa que propiciou a implementação das políticas de educação e saúde essenciais para os avanços registrados nos governos petistas. Seja qual for o peso dessas ponderações, é inegável que as pessoas viviam melhor no final do governo Lula; para fins eleitorais, isso era o que realmente importava.

No rastro desses avanços econômicos e sociais, Lula contava com aprovação recorde quando Dilma se elegeu: nada menos do que 83% dos entrevistados pelo *Datafolha* achavam seu governo ótimo ou bom no final de 2010 (Avaliação..., 2024). A imagem do presidente ganhou tanto destaque que se criou o mito de um Lula gênio eleitoral, cuja indicação por si só era suficiente para emplacar Dilma. Sem dúvida, a popularidade de Lula foi determinante na vitória petista, mas o sucesso político do presidente não era um atributo pessoal. Foi seu governo que o fez um líder popular. Na crise do Mensalão, enquanto o governo ainda não produzia resultados vistosos e se via dragado pelas denúncias de corrupção, seus índices de popularidade haviam desabado. Ao fim e ao cabo, Lula certamente saiu maior do que quando entrou na Presidência. No entanto, isso se deveu ao que seu governo entregou, agindo pragmaticamente, com a ajuda de um ambiente econômico benigno turbinado pelo apetite chinês por exportações brasileiras. O mito do Lula imbatível, capaz de eleger até "poste", é uma confusão entre causa e efeito: sem a melhoria de vida que se verificou ao longo dos anos 2000, nem Lula teria conseguido tanta popularidade, nem Dilma teria logrado vencer os tucanos por boa margem, substituindo seu padrinho político no Planalto.

CONCLUSÃO

A vitória de Lula nas eleições de 2002 foi a realização do objetivo maior da cúpula do PT, de políticos que haviam se recusado em compor com a elite política oriunda do Regime Militar, como o próprio Lula e José Dirceu, os quais fundaram o partido na virada dos anos 1980 e o lideraram nas décadas seguintes. Para chegar ao poder e vencer a eleição presidencial, a liderança petista operou uma coleção de mudanças de rumo, impulsionadas pelo aprendizado e experiências das derrotas anteriores. Após liderar um ciclo de greves no ABC paulista, Lula, até então declaradamente avesso à política partidária, lançou-se em disputas eleitorais. Ao ver liquidada sua organização clandestina, Dirceu decidiu trocar as armas revolucionárias por panfletos, santinhos e palanques. O PT nasceu da união de esquerdistas oriundos de movimentos sindicais, católicos e antigos adeptos da luta armada unidos apenas por um objetivo comum: promover a justiça social. Por mais que houvessem sofrido com a repressão da ditadura, os petistas de primeira hora privilegiaram a democracia, não a redemocratização; sua meta era organizar um partido político com vitalidade suficiente para chegar ao poder quando a transição se completasse. A estratégia deu certo.

O PT foi a grande novidade da Nova República, diferente de tudo que havia surgido no país até então. Era um partido verdadeiramente identificado com sua base, com líderes populares independentes do Estado. Essa marca de *outsider* de esquerda era um trunfo em meio às terríveis mazelas sociais deixadas pelos militares, intensificadas pela inflação galopante que o governo Sarney — e, com ele, o PMDB — fracassava redondamente em conter. Ressalta-se a surpreendente campanha de Lula nas eleições de 1989, graças à qual o PT se consolidou nacionalmente como a alternativa de esquerda. Entretanto, o partido marcava-se por sérias contradições. Seu objetivo era ganhar eleições, mas não havia clareza de como governaria uma vez no poder: a ideologia petista sempre foi propositalmente nebulosa a fim de caber às suas inúmeras correntes internas. Os métodos iniciais do partido, com campanhas baseadas em uma aguerrida militância e coligações circunscritas à esquerda, acabavam por tolher sua competitividade nas urnas.

Nos anos 1990, o PT continuou a crescer e a enfrentar suas contradições, firmando-se como um partido eminentemente eleitoral. Ao contrário das demais legendas brasileiras, o PT era capaz de agir unido, impondo disciplina a seus membros. Enquanto Lula se firmava como a cara eleitoral do partido, José Dirceu o estruturava à imagem da Articulação, a tendência à qual os dois pertenciam, mais pragmática e moderada do que as demais. Foi de Dirceu a iniciativa de transformar o modo petista de fazer eleições, aceitando doações de grandes empresas e contratando marqueteiros profissionais. A mudança se cristalizou na vitoriosa campanha de 2002, quando Lula montou chapa com o empresário José Alencar, do direitista PL, com uma imagem de moderado cuidadosamente preparada pelo renomado marqueteiro Duda Mendonça.

Uma vez no Planalto, para governar, os petistas tiveram que rever outros tantos tabus. Duas quebras de paradigma impuseram-se ao governo Lula. Primeiro, era premente evitar a todo custo que a chegada ao poder viesse acompanhada de um agravamento da crise econômica, o que certamente aconteceria se o PT pusesse em prática o que havia pregado com fervor nos anos FHC. Contrariando as expectativas, sob o comando do ministro da Fazenda Antonio Palocci e de Henrique Meirelles à testa do Banco Central, o governo Lula se encarregou de conservar e, em alguns casos, intensificar verdadeiras marcas tucanas, como as metas de superávit primário e de inflação. Em lugar de romper, o PT abraçou a ortodoxia econômica.

O segundo tabu petista dizia respeito ao PMDB: depois de muito relutar, o PT abriu seu governo àquela legenda, a despeito de seu passado de repetidos rechaços a peemedebistas ilustres, como Ulysses Guimarães e Itamar Franco. Nos primeiros anos da gestão Lula, porém, Dirceu e demais lideranças petistas hesitaram em fechar um acordo com o PMDB, ao tempo que Temer e seu grupo, líderes peemedebistas na Câmara, mantinham vínculos com o PSDB, apostando no retorno dos tucanos ao poder na eleição de 2006. Ao longo de seu primeiro mandato, Lula manteve o controle sobre a gestão das políticas públicas com maior impacto eleitoral, como o Bolsa Família, o Um Milhão de Cisternas e o Luz para Todos.

A tênue base governista montada após a eleição de Lula ameaçou ruir quando Roberto Jefferson, presidente do PTB, veio a público para denunciar um sistema corrupto de cooptação de parlamentares, iniciando o escândalo do Mensalão. Com amplo destaque na mídia, as denúncias de Jefferson empurraram o governo às cordas, derrubando a popularidade de Lula justamente quando sua reeleição entrava na agenda política. Mais do que o risco de perder o pleito de 2006, surgia no horizonte até mesmo a possibilidade de que o presidente se tornasse alvo de um processo de *impeachment*. O Planalto respondeu ao Mensalão abrindo de vez o governo ao PMDB. Entretanto, como diz a expressão, "*it takes two to tango*": por mais que o PT quisesse, o PMDB poderia recusar o convite. Como de costume, o PMDB se dividiu. Os peemedebistas do Senado, comandados por Renan Calheiros e José Sarney, aderiram. Os da Câmara, sob a liderança de Michel Temer, relutaram e permaneceram de braços dados com o PSDB, apoiando o tucano Geraldo Alckmin na eleição de 2006.

Todavia, aquela corrida presidencial surpreendeu por revelar o sucesso do governo na gestão de programas sociais, cujos resultados políticos transformaram o mapa eleitoral do Brasil. Lula derrotou Alckmin, com esmagador desempenho nas regiões mais pobres do Brasil: Norte e Nordeste, além dos também empobrecidos norte de Minas e periferias das grandes cidades do Sudeste. De 2002 a 2006, Lula perdeu votos apenas entre as classes médias do Sul e Sudeste, onde o PSDB cresceu, mas avançou firme entre os mais pobres.

Temer acusou o erro. A partir de 2006, o cacique peemedebista mudou de rumo, lançando-se na construção de uma duradoura aliança com o PT. O resultado mais visível foi a montagem da chapa governista de 2010, na qual saíram candidatos a ministra Dilma Rousseff e o próprio Temer como vice-presidente. Nas páginas anteriores, argumentamos ser falsa a afirmação de que a transferência de votos de Lula a Dilma teria sido fruto de um inato poder de um guru que se despedia da Presidência; Lula nunca foi um predestinado — ninguém jamais o é. A eleição de Dilma se explica pelo sucesso do governo petista em lançar, manter e ampliar políticas públicas acertadas, capazes de efetivamente melhorar a vida da maioria dos brasileiros, em um ambiente econômico amplamente favorável.

A democracia brasileira dava provas de vitalidade, com um governo entregando resultados importantes ao eleitorado, após operar a primeira alternância de poder amplamente democrática da história brasileira. O governo Lula foi tão ou mais conturbado do que as demais administrações da Nova República. Seus líderes colecionaram erros e seus métodos incluíram corrupção. Mas nada disso diminui o desempenho do governo Lula na área social, pelo qual os petistas foram premiados nas urnas.

6. Governos Dilma: da faxina ao *impeachment*

Não acho que quem ganhar ou quem perder, nem quem ganhar nem perder, vai ganhar ou perder. Vai todo mundo perder. (*Dilma Rousseff*)

Impeachment é como bomba atômica, é para dissuadir, não para usar. (*FHC, 10 mar. 2015*)

Sempre foi assim. Na prática, a gente finge que está. E eles fingem também. (*Eduardo Cunha sobre o PMDB e o governo*)

INTRODUÇÃO

Este capítulo final aborda os dois governos Dilma. No primeiro, a presidente procurou alçar voo próprio, se distanciando de Lula, construindo uma imagem de gerente ética e colecionando a inimizade de uma longa lista de aliados e correligionários. Dilma também implementou uma ambiciosa e desastrada política econômica talhada no intervencionismo. O resultado foi uma das piores recessões da história brasileira, a qual será analisada em detalhe no segundo livro desta coleção. Foi durante o primeiro governo Dilma que o sistema político montado na Nova República começou a ruir. Em junho de 2013, milhares foram às ruas, em manifestações contra políticos em geral, partidos, governo. A crise política e econômica que se armava não impediu que a presidente fosse reeleita por margem apertada. Logo após sua vitória, o cenário se tornou francamente contrário à mandatária, com o reconhecimento de que uma recessão seria inevitável, combinada ao deslanchar da operação Lava Jato.

O segundo governo Dilma enfrentou crise grossa do início ao fim. Uma espiral de deterioração institucional culminou no *impeachment* de

2016, cujas raízes serão elucidadas nas páginas que se seguem. O impedimento de Dilma Rousseff foi o cume da grande crise política dos anos 2010, marco final deste livro. Pela segunda vez na Nova República, o Congresso impôs o afastamento do mandatário máximo do país, um evento traumático, fruto de uma lei geralmente inscrita em constituições presidencialistas com a finalidade de nunca ser usada. Não foi assim no Brasil. Em menos de 25 anos, por duas vezes, presidentes foram afastados em meio a profundas crises, indicando que o sistema político não é estável o bastante para garantir que presidentes necessariamente cumpram seus mandatos até o fim. Se o primeiro trauma — o *impeachment* de Collor — foi superado com relativa rapidez e sem maiores consequências, o segundo, o de Dilma, deixou sequelas duradouras, gerando o impensável: o retorno ao poder de saudosos da ditadura militar.

A NÃO TÃO SURPREENDENTE ASCENSÃO DE DILMA

Como Dilma se elegeu presidente do Brasil em 2010? Esta é uma pergunta pertinente, já que, antes de se candidatar, a futura presidente não tinha expressão política e nunca havia disputado cargo eletivo algum. Dilma migrou do PDT 10 anos antes de sair candidata; nem mesmo originalmente do PT ela era. Afirmar que Lula a escolheu não responde em absoluto a questão. Não foi uma escolha pessoal de Lula, foi do partido. O presidente, por certo, acreditava que exerceria maior ascendência sobre Dilma do que sobre demais possíveis pré-candidatos. Mas assim pensavam outros caciques petistas, incluindo José Dirceu.

Economista de formação, Dilma Rousseff ingressou no setor público nos anos 1980 como secretária de Finanças da Prefeitura de Porto Alegre, então sob o comando do pedetista Alceu Colares. O prefeito elegeu-se governador do Rio Grande do Sul em 1990 e, três anos depois, nomeou sua correligionária para a Secretaria de Minas, Energia e Comunicações do estado. A secretária deixou o cargo após uma derrota pedetista nas eleições gaúchas de 1994, mas retornou cinco anos depois, quando o petista Olívio Dutra assumiu o Palácio Piratini. Foi durante aquele governo que Dilma trocou o PDT pelo PT. Ao longo da década de 1990, ela intercalou esta atuação no setor público com sua formação acadêmica, chegando a iniciar um programa de doutorado em economia na Universidade de Campinas (Unicamp), que abandonou para juntar-se à equipe de Dutra.

O perfil técnico de Dilma e sua experiência na área de energia no Rio Grande do Sul explicam sua ascensão no âmbito federal, logo no início do primeiro governo Lula. Por um lado, o PT gaúcho era, à época, o mais vitorioso em eleições entre todos os diretórios estaduais do partido. A eleição de Dutra foi um marco: pela primeira vez, o PT assumia o governo de um dos principais estados do país. Era ali que estavam os petistas com maior experiência de governo. Por outro lado, energia elétrica era uma área temerária na administração pública. Como vimos no capítulo 4, a grave crise energética de 2001 contribuiu para a impopularidade do segundo governo FHC, ajudando Lula a ganhar as eleições de 2002. Se o petista quisesse fazer um bom governo, era importante que o país não vivesse um novo "apagão" sob sua gestão.

Dilma era a pessoa certa no lugar certo: uma técnica, com experiência comprovada no setor gaúcho de energia. Como secretária de Olívio Dutra, contribuiu de maneira decisiva para que o Rio Grande do Sul não fosse afetado diretamente pelas restrições ao consumo impostas durante a vigência do "apagão". A economista integrou a equipe de transição do governo Lula na qualidade de responsável pelo setor de infraestrutura. Mesmo assim, sua nomeação para o Ministério das Minas e Energia foi uma surpresa. Dilma mostrou-se afinada com uma tradição estatista já em sua primeira entrevista à *Folha de S.Paulo*, quando ainda era ministra nomeada. O jornal publicou matéria intitulada "Futura ministra descarta privatização de elétricas" (Balbi, 2002:B3). Era no problemático setor de energia que, antes mesmo de tomar posse, o governo Lula mostrava maior distanciamento com a agenda pró-mercado dos governos FHC. Dilma era um dos nomes pró-Estado da nova administração que então se iniciava. Entretanto, a ministra foi responsável por organizar o conturbado e mal regulado mercado de compra e venda de energia, herança deixada pelo governo anterior como instrumento de abertura do setor à iniciativa privada (Rockmann e Mattos, 2021: posição 2588).

A indicação de Dilma para as Minas e Energia gerou frustração no PMDB, cujos líderes almejavam a pasta. Também houve oposição de Dirceu, que costurava uma aliança governista com o PMDB, como vimos no capítulo anterior. Segundo o colunista Fernando Rodrigues, ao escolher Dilma para Minas e Energia, Lula "implodiu o acordo preliminar entre Dirceu e Temer" (Rodrigues, 2002:A2). A ascensão da ex-secretária do Rio Grande do Sul não agradava a todos, sobretudo os políticos sedentos das sinecuras ministeriais. Por isso mesmo, sua indicação foi bem recebida fora do mundo político. Em editorial, a *Folha de S.Paulo* saudou a indicação de uma técnica, pois um possível acordo que entregasse ao "PMDB o Ministério de Minas e Energia era motivo de preocupação"; afastava-se o perigo de a pasta ser negociada como "cota política", conforme teria ocorrido no governo FHC, quando o Ministério ficou nas mãos do PFL, responsabilizado pelos equívocos da privatização do setor e incúria administrativa que teriam causado o "apagão" (O nó elétrico, 2002:A2).

O PMDB tardou, mas enfim emplacou um ministro nas Minas e Energias em 2005: Silas Rondeau, ligado a José Sarney (Alencar, 2005:A21). Na reforma ministerial que abria espaço para o PMDB, Lula indicou Dilma para a Casa Civil, centro de decisões políticas do Planalto. A ministra caminhava na sua rápida ascensão política, assumindo nada menos do que o posto mais importante do governo, por onde tudo e todos forçosamente passam. Dilma indicava, já de saída, que seria uma chefe da Casa Civil diferente, atuando como gestora, preocupada com a economia. Seu objetivo, disse ela ao tomar posse, era "aumentar o grau de eficiência da máquina, [...] acelerar o ritmo do governo" ao entregar "projetos prioritários" e garantir que a economia "funcione sem o contágio" da política (Vamos..., 2005:A10). Ao falar de contaminação política, Dilma referia-se aos inúmeros escândalos em que havia se metido José Dirceu, seu predecessor na Casa Civil.

Dilma formulou o Programa para Aceleração do Crescimento (PAC), que envolvia bilhões de reais em isenções fiscais e investimento público em setores considerados estratégicos, sobretudo infraestrutura. A ministra lançou o PAC com toda pompa, em evento prestigiado por governadores, congressistas, sindicalistas, empresários e, claro, o próprio Lula (CPDOC, 2024b). O presidente mostrava a face desenvolvimentista da segunda administração que se iniciava, marcando uma ruptura com o politicamente turbulento e economicamente mais ortodoxo primeiro mandato. No centro desta mudança estava a ministra-chefe da Casa Civil, a "mãe do PAC". Naquele momento, a candidatura de Dilma à eleição presidencial de 2010 já era um fato político anunciado.

A força de Dilma dentro do governo cresceu ainda mais com a crise financeira global de 2008. Em linha com o ministro da Fazendo Guido Mantega e o presidente do BNDES Luciano Coutinho, Dilma participou da bem-sucedida resposta do governo ao maremoto econômico internacional, que teria se transformado em uma "marolinha" graças a uma política "anticíclica" desenhada para aumentar gastos e créditos públicos. Veremos no próximo volume desta coleção que a política econômica expansionista lançada a toque de caixa em 2008 foi permanente ao invés de anticíclica. Em meio ao colapso financeiro global, porém, o receituário econômico adotado pelo governo Lula contava com o endosso de agências multilaterais, a exemplo do Banco Mundial e do FMI. Para o PT, obviamente, o novo clima econômico soou como uma confirmação da sua fé inveterada no papel do Estado como indutor da atividade econômica.

Mais uma vez, Dilma era a pessoa certa no lugar certo — a Casa Civil, devidamente convertida em órgão técnico que promovia obras — na hora certa — a crise de 2008, alguns anos após o escândalo do mensalão. O que sobrava a Dilma em experiência técnica faltava-lhe em vivência política. Mas essa era uma fortuita combinação de competências naquele final dos anos 2000. Conforme explicado no capítulo anterior, Dilma era uma antítese de Dirceu e seus companheiros de cúpula partidária. Por ter ingressado no PT há menos de uma década, a ministra não tinha associação de longa data com tendências partidárias. Por fim, Dilma era novidade por ser mulher em um país cuja política é tão fortemente marcada pelo patriarcado. Fazia sentido eleitoral — e histórico — que o primeiro presidente de origem popular fosse substituído pela primeira presidente mulher da história brasileira.

Haja vista essa coleção de atributos, não é de se estranhar que o nome de Dilma para as eleições de 2010 tenha sido confirmado pelo PT bem antes do prazo legal da formação de chapas. Sua candidatura foi homologada em clima de festa em fevereiro daquele ano, sem a oposição de nenhuma corrente petista — em contraste com que havia ocorrido em 2002, quando o senador Eduardo Suplicy se apresentou como pré-candidato. Marcaram presença no evento líderes de diversos partidos aliados, com destaque para o candidato a vice-presidente, Michel Temer (Congresso..., 2010). A coligação com o PMDB dava à campanha muito tempo de televisão, além do apoio da enorme máquina política do partido.

Na época, um arguto observador alertou para os perigos de uma dobradinha que unia a novata Dilma ao experiente Temer, vencedor de inúmeras batalhas parlamentares e líder maior do PMDB na Câmara. Nas palavras do historiador Luiz Felipe de Alencastro: "uma presidenciável desprovida de voo próprio na esfera nacional, sem nunca ter tido um voto na vida, estará coligada a um vice que maneja todas as alavancas do Congresso e da máquina partidária peemedebista" (Alencastro, 2009:A3). A chapa era temerária por dar desproporcional força política ao vice-presidente Temer, que poderia propor um "vice-presidencialismo" calcado mais no Congresso do que no voto direto em eleições presidenciais. Mas para que algo parecido viesse a ocorrer, Dilma primeiro teria que se ver engolfada por uma crise política cujas origens tinham outra natureza, como veremos nas páginas que se seguem.

A ELEIÇÃO DA PALADINA ANTICORRUPÇÃO

Apesar de ter saído candidata na grande coligação governista formada por PT e PMDB, a vitória de Dilma nas eleições de 2010 não era certa. Em fevereiro, quando seu nome foi oficializado, o Datafolha apurou que a petista contava com 31% das intenções de voto, diante de 38% de José Serra, o candidato do PSDB. Este cenário incluía Marina Silva, ex-ministra do Meio Ambiente do governo de Lula, que marcava 10% ao apresentar-se pelo PV (Intenção..., 2010a). Dilma e Serra empataram em maio, com 37% cada. A petista crescia no Nordeste enquanto o tucano seguia liderando no centro-sul (Intenção..., 2010b).

O principal desafio de Dilma era seu anonimato: apenas 7% dos entrevistados sabiam quem era a candidata governista quando sua campanha foi lançada (Intenção..., 2010c). Apresentá-la ao grande público como a candidata de Lula foi o objetivo da propaganda partidária elaborada pelo marqueteiro João Santana. Com Dilma e Lula aparecendo na televisão, a campanha da aliança governista ganhou tração, mas não o suficiente para elegê-la em primeiro turno: Dilma ficou com 47% dos votos válidos, ante 33% de José Serra e 19% de Marina Silva. A petista ganhou o segundo turno por uma margem ainda menor, com 56%. Os eleitores de Marina migraram majoritariamente para Serra, indicando que, dado o discurso da candidata do PV em prol da "nova política", a corrupção havia se transformado no "Calcanhar de Aquiles" do PT. O antipetismo — a rejeição ao PT — era maior que qualquer simpatia e adesão ao ideário do PSDB.

Além da polarização PT-PSDB, as eleições de 2010 confirmaram a divisão política do Brasil entre regiões: com a única exceção de Roraima, todo Norte e Nordeste votou em Dilma, enquanto Sul, Centro-Oeste e São Paulo ficaram com Serra. Os tucanos consolidaram ainda mais seu domínio naquele estado com a eleição de Geraldo Alckmin para governador. Em certa medida, Rio de Janeiro e Minas Gerais decidiram a vitória de Dilma, dois estados em que o PT não apresentou candidatos próprios ao governo. No primeiro, o governador peemedebista Sérgio Cabral derrotou o representante da coligação tucana, Fernando Gabeira, do PV. Na corrida pelo governo mineiro, o tucano Antonio Anastasia bateu o peemedebista Hélio Costa, ex-ministro de Lula apoiado pelo PT. Dada a configuração geográfica do voto, Minas Gerais e Rio de Janeiro tornaram-se os estados de transição, uma espécie de divisor de águas capaz de definir o resultado da disputa presidencial.

Findas as eleições, esperava-se que Lula mantivesse sua ascendência sobre Dilma. De fato, o ex-presidente influiu na permanência de ministros da base aliada (do PR, PP e PMNDB), todos os quais egressos de seu governo. O PSB voltou a ocupar o Ministério de Integração Nacional. Era um prêmio pelo apoio à Dilma nas eleições, pela desistência de lançar Ciro Gomes à Presidência. A contrapartida aos socialistas foi além, incluindo o apoio à candidatura de Eduardo Campos à reeleição em Pernambuco. Partido do vice-presidente, o PMDB foi naturalmente a legenda aliada que recebeu mais ministérios: cinco, sem contar com a secretaria de Assuntos Estratégicos, entregue ao ex-governador do Rio de Janeiro Moreira Franco, cargo que lhe conferia *status* de ministro.

Mas o número de ministérios peemedebista era reduzido se comparado às 11 pastas ocupadas pelo PT, quase todas de grande envergadura. Compunham a lista nada menos do que Saúde, Educação, Desenvolvimento, Indústria e Comércio, Justiça, Desenvolvimento Social, Comunicações, Planejamento e Fazenda, além dos relativamente menores Ciência e Tecnologia, Desenvolvimento Agrário e Pesca. Deve-se acrescentar ainda a Casa Civil, a cargo de Antonio Palocci, talvez a grande novidade do governo. Outros petistas conhecidos integravam o ministério, como Mantega na Fazenda, Haddad na Educação e Aloísio Mercadante na Ciência e Tecnologia. Haddad deixaria o cargo para ganhar a prefeitura de São Paulo. Mantega se tornaria o ministro da Fazenda mais longevo da história do Brasil, permanecendo no governo até o final do primeiro mandato de Dilma. O veterano petista Mercadante entraria no *hall* de prediletos da presidente, assumindo posteriormente a Educação e a Casa Civil.

José Dirceu tentava influir no governo Dilma por meio do PT, cuja vida interna aparentemente estava de volta ao seu domínio: Dirceu apoiou a candidatura vitoriosa do deputado estadual paulista Rui Falcão para a presidência do partido, batendo o ex-ministro da saúde Humberto Costa, o qual era apoiado por Lula. A vitória fortaleceu Dirceu a ponto de dar-lhe esperanças de recuperar seu papel de comando no Planalto. O velho cacique esperava que a nova presidente, desprovida do carisma e da liderança de Lula, necessariamente teria que se apoiar na máquina partidária para governar. Com o PT na mão, Dirceu teria chances de se tornar o homem forte da administração Dilma — ou ao menos assim ele almejava (Rabello, 2011).

A questão em aberto, portanto, era quem controlaria Dilma: Lula ou o PT, via Dirceu. Para o ex-presidente, Palocci era a garantia de que seus interesses e projetos teriam prioridade no Planalto. Mas a segunda passagem de Palocci pelo governo durou muito pouco. Não demorou nem seis meses para que viessem à baila denúncias envolvendo sua empresa de consultoria. A direção do PT não saiu em defesa do ministro. Lula, sem êxito, fez de tudo um pouco para salvá-lo.

Dilma entendeu a lição, compreendendo que seu governo iria à breca se continuasse exposto ao fogo cruzado das lideranças petistas. Em lugar de pender para um dos lados, proclamou sua independência ao escolher a sucessora de Palocci, a recém-eleita senadora Gleisi Hoffmann.[36] A nova

36. Pinheiro (2014) ressalta a importância da troca de Palocci por Gleisi no distanciamento entre Dilma e Lula.

ministra não era exatamente benquista no PT. Em uma passagem pela Secretaria de Reestruturação Administrativa do Mato Grosso do Sul, Gleisi fora chamada de "neoliberal" por correligionários (Rocha de Barros, 2022:390). Dilma dava as primeiras mostras de que em seu governo mandava ela. A presidente sequer mencionou o nome de Lula na posse de Gleisi. Dois dias depois, a mandatária voltou a remodelar os ministérios, nomeando a petista Ideli Salvatti para a secretaria de Relações Institucionais. Independentemente do erro ou acerto das escolhas, é inegável que a participação feminina na política aumentou consideravelmente durante o governo Dilma, um avanço e tanto haja vista a acentuada marca masculina da política nacional. Além da afirmação feminina, Dilma não seguiu quer os conselhos de Dirceu, quer os de Lula, do qual se afastaria cada vez mais nos anos seguintes.

Após a queda de Palocci, outros tantos ministros herdados da administração Lula também perderam seus cargos. À exceção de Nelson Jobim, ministro da Defesa, todos foram defenestrados em razão de denúncias de corrupção. Dilma mostrou diligência e presteza ao destituir subordinados implicados em escândalos, em lugar de contemporizar e ganhar tempo, adiando a decisão, como havia sido habitual com seu antecessor. As demissões envolviam vários ministros dos mais variados matizes políticos. Perderam seus cargos gente da centro-direita, como Wagner Rossi (PMDB, Agricultura) e Alfredo Nascimento (PR, Transportes). Mas as demissões também atingiam partidos de esquerda: além do petista Palocci, caíram Alfonso Florence (PT, Desenvolvimento Agrário), Orlando Silva (PCdoB, Esportes) e Carlos Lupi (PDT, Trabalho).

A impressão era de que ninguém estava imune às sucessivas demissões ministeriais, realizadas — deve-se ressaltar — sob os sonoros aplausos da opinião púbica. A imprensa celebrava a "faxina ética poucas vezes vista na política brasileira" (Corrupção desmascarada, 2011), uma espécie de "deslulização" do governo federal promovida pela presidente, que se tornava uma paladina do combate à corrupção ("Deslulização..., 2011). Se Lula revelara-se o gênio da conciliação, Dilma diferenciava-se pelo zelo à coisa pública. No entanto, o ruidoso trato da presidente para com seu ministério era mais jogo de cena do que faxina, incapaz de alterar a divisão da Esplanada entre a base aliada, uma vez que os ministros abatidos eram sempre substituídos por outros do mesmo partido.

Mas foi na Petrobras que a "faxina" de Dilma se aprofundou, com consequências políticas enormes, imprevistas àquela altura. Em fevereiro de 2012, a funcionária de carreira Graça Foster, próxima da presidente desde sua passagem pelo Ministério das Minas e Energia, substituiu Sérgio Gabrielli na presidência da estatal. Foster renovou a diretoria da empresa. Paulo Roberto da Costa, diretor de abastecimento por indicação do PP, cedeu lugar a José Carlos Cosenza, que, segundo a imprensa, "não tinha vínculos políticos" (Graça Foster..., 2012). Tombou ainda o diretor de Serviços e Engenharia Renato Duque, que era próximo de Dirceu.

Em importância, as diretorias de Abastecimento e Engenharia só eram comparáveis à Diretoria Internacional, em cuja cadeira haviam se sentado Nestor Cerveró e Jorge Zelada. Na reforma imposta por Dilma, coube à própria Graça Foster assumir a diretoria. A presidente *cum* diretora afirmou que "a área [diretoria internacional] está comigo, até segunda ordem. Estou aqui aprendendo um monte de coisas". De fato, Foster se admirava com o que descobria: "a Petrobras também detém empresas em uma dezena de países sem atividades operacionais desde 2012" (Petrobras..., 2013).

A única grande exceção à reformulação da Petrobras foi a Transpetro, cuja diretoria seguiu sob Sérgio Machado, indicado pelo senador peemedebista Renan Calheiros. Já Zelada, egresso da Diretoria Internacional, era ligado a Eduardo Cunha, rival de Renan Calheiros dentro do PMDB. Esta dança das cadeiras na Petrobras teve repercussões importantes na política nacional. Conforme veremos adiante, Cunha foi crucial para desencadear o processo de *impeachment* de Dilma, ao passo que Renan foi um de seus mais fiéis aliados.

AS MANIFESTAÇÕES DE 2013

Segundo o Datafolha, 47% dos entrevistados consideravam o governo Dilma ótimo ou bom em março de 2011, logo após a posse. Outra boa notícia para a mandatária era sua aprovação em todas as regiões — o Sudeste aparecia cravado na média. Tudo indicava que a presidente poderia romper a divisão geográfica nacional, unindo politicamente o

GRÁFICO 2 **Aprovação do governo Dilma, primeiro mandato (%)**

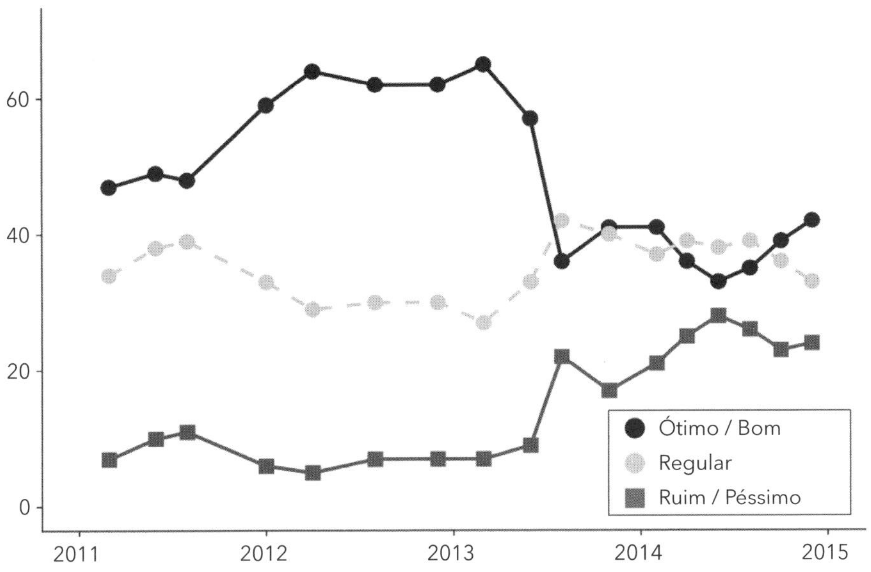

Fonte: Datafolha. Disponível em: https://centrodametropole.fflch.usp.br/pt-br/presidentes-e-governadores/governadores/avaliacao-governadores-datafolha. Acesso em: 16 ago. 2024.

Brasil em torno de si. O que era um começo promissor se tornou ainda melhor a partir da segunda metade de 2011, justamente quando Dilma começou sua "faxina ética": o gráfico 2 mostra que a aprovação medida pelo Datafolha ultrapassava os 60%, enquanto péssimo ou ruim ficavam abaixo dos 10%. Os ventos estavam aparentemente tão a favor que até adversários, como Marina Silva e FHC, teciam-lhe elogios (Lima e Franco, 2011). Empresários como Jorge Gerdau se juntavam ao coro, destacando que Dilma conduzia seu governo com "habilidade" (Gerdau elogia..., 2011).

Salta aos olhos no gráfico o verdadeiro baque da popularidade de Dilma no terceiro de trimestre 2013: a proporção de ótimo e bom caiu de um pico de 65%, em 20 de março, para 57%, em 6 de junho, chegando a apenas 30% no dia 27 daquele mês. Enquanto isto, a proporção dos que achavam o governo ruim ou péssimo saltou de 7% para 25%.

As manifestações que sacudiram o Brasil em junho de 2013 atingiram a popularidade do governo como uma bomba. O motivo inicial do fenômeno foi bastante específico e localizado: o aumento das passagens de ônibus na cidade de São Paulo, então comandada pelo petista Fernando Haddad, de R$ 3,00 para R$ 3,20. A presidente havia imposto um congelamento de tarifas de transporte a Haddad e demais prefeitos aliados no começo do ano para mascarar o aumento da inflação a nível nacional, que vinha subindo na esteira da expansão de gastos e redução de juros implementadas pelo governo.[37] As tarifas ficaram artificialmente baratas até junho, quando o Brasil recebeu a Copa das Confederações, disputado em estádios novos "padrão Fifa", um teste para a realização da Copa do Mundo, marcada para o ano seguinte.

Esquerdistas e autonomistas favoráveis à gratuidade no transporte público promoveram as primeiras manifestações de 2013, com o mote "não são só 20 centavos". As passeatas surpreenderam o governo que, afinal, contava há anos com popularidade em alta. Houve violência, tanto brutalidade policial quando depredação de patrimônio público por parte dos manifestantes. O prefeito Haddad apostava que os revoltosos se isolariam da sociedade ao afirmar que vândalos eram "criminosos [...] agindo nas ruas" ("Não são..., 2013). Contrariando o alcaide, porém, as manifestações cresceram e ganharam nova dimensão nos dias seguintes.

Os protestos contra o aumento do preço das passagens foram apenas o catalizador e ponto de fusão de uma série de manifestações que vinham ganhando forma desde os anos finais do governo Lula. Ao caminhar rumo ao centro, o PT havia deixado espaço aberto para que movimentos sociais de esquerda ocupassem as ruas. Mas, ao contrário do que usualmente se supõe, não era só a esquerda que se mobilizava. Ganhavam fôlego movimentos à direita, com protestos contra o aborto, casamento de pessoas do mesmo sexo, Bolsa Família, aumento de impostos e, acima de tudo, corrupção. A direita que então se organizava era crítica não somente ao PT, como também ao PSDB, partido visto como excessivamente moderado, confinado exclusivamente às sujas corridas eleitorais. A nova

37. Haddad (2017) posteriormente escreveu um franco relato em primeira mão.

direita queria ir à luta, disputar as ruas com a esquerda.[38] Em suma, 2013 não pode ser entendido como um movimento único, ligado apenas às esquerdas e, muito menos, ao valor das passagens de ônibus. Não por acaso, o tom predominante das manifestações foi o de que se trataria de um movimento espontâneo, "sem partido" (O ano..., 2013).

Na medida em que as semanas passavam, alguns ainda empunhavam cartazes a favor da gratuidade no transporte público, mas a revolta contra a corrupção tornava-se a principal bandeira dos manifestantes. Influiu na mudança o julgamento do Mensalão no STF, que àquela altura mandava cardeais petistas como Dirceu e Genoíno para a prisão. A multidão que passou a ir às ruas, engrossando as gigantescas manifestações, era exposta aos noticiários que detalhavam em minúcia o esquema de corrupção armado na década anterior. Esta maioria anunciava que o "gigante acordou", dirigindo críticas a toda a classe política, mas em especial ao governo e ao PT. Na extrema-direita, uma crescente minoria barulhenta impunha-se nas redes sociais e mostrava-se, nas ruas, saudosa da ditadura militar (SP: marcha..., 2013).

Dilma reagiu às manifestações de 2013 em duas frentes: saúde, área que pesquisas de opinião indicavam ser o pior desempenho do governo, e corrupção, que se tornou o grande problema nacional aos olhos do público.[39] A presidente aprovou o Mais Médicos, um programa que previa a contratação de médicos por parte do governo federal a serem alocados em localidades carentes. O Mais Médicos também incluía iniciativas para a ampliação de cursos superiores de medicina e — a medida mais marcante do programa — a flexibilização na contratação de estrangeiros, praticamente todos vindos de Cuba. A iniciativa de fato elevou a proporção de médicos por habitantes nos municípios mais pobres e isolados do país (Brasil, 2015), o que talvez explique sua boa aprovação por parte da população (74% da população..., 2013). Contudo, profissionais de saúde protestaram contra a entrada de colegas estrangeiros que,

38. Para uma análise dos protestos de 2013, consultar Alonso (2023).

39. Segundo pesquisa do *Datafolha* de junho de 2013, 49% dos entrevistados consideravam que Saúde era o principal problema do Brasil entre os temas de responsabilidade do governo federal. Essa proporção variava pouco entre opositores e apoiadores do governo (Avaliação..., 2013).

segundo muitos, não contavam com o nível mínimo de instrução exigido pelos Conselhos Regionais de Medicina (Profissionais..., 2013). A entrada maciça de médicos de Cuba deu contornos político-ideológicos ao questionamento da iniciativa. A extrema-direita e parte do PSDB enveredaram-se em uma paranoia típica da Guerra Fria ao ligarem a contratação dos cubanos a um escuso projeto de promoção do comunismo (Raimundo Matos..., 2014).

No campo do combate à corrupção, Dilma fortaleceu os órgãos de investigação, como o Ministério Público, promovendo mudanças institucionais com importantes impactos de longo prazo. É seguro afirmar que essas medidas tiveram efeitos bem mais concretos do que as demissões de ministros e diretores da Petrobras descritas anteriormente. Talvez a iniciativa de maior peso tenha sido a regulamentação da delação premiada, sancionada em agosto de 2013. A partir de então, os procuradores poderiam oferecer acordos que reduziam as penas dos investigados em troca de informações sobre esquemas de corrupção (Brasil, 2013). Como veremos na próxima seção, a delação premiada foi o instrumento fundamental da Lava Jato.

A despeito de suas iniciativas na Saúde e no combate à corrupção, a aprovação de Dilma jamais retornou ao patamar verificado antes de junho de 2013 (Avaliação..., 2024).[40] As condições políticas do governo pioraram de vez quando veio à tona o escândalo da refinaria de Pasadena, em abril de 2014. Documentos da Petrobras vazados a jornalistas atestavam que a desastrosa compra da refinaria estadunidense havia sido autorizada pelo conselho da empresa 10 anos antes, sob a presidência de Dilma, então ministra de Minas e Energia. Em nota, a mandatária eximiu-se da responsabilidade pela elaboração do contrato danoso à Petrobras.[41] Na interpretação da colunista Maria Cristina Fernandes: "a passar por corrupta, Dilma preferiu correr o risco da inépcia" (Especulação, 2014). Mas esta postura altiva não evitou que o escândalo abalasse a já combalida popularidade da presidente, que voltou a cair, aproximando-se dos níveis bastante ruins verificados durante as manifestações de 2013. O

40. Avaliação... (2024). Ver gráfico 2.
41. Ver gráfico 2.

reflexo nas ruas era claro: uma multidão crescente seguia protestando contra a corrupção e, cada vez mais, contra o PT, Lula e o governo Dilma.

Enquanto opositores ao governo enchiam as ruas, Dilma perdia apoio no Congresso. Foi em 2013 que começou a tramitar a PEC do "orçamento impositivo", que obrigaria ao Executivo liberar automaticamente as emendas parlamentares, vedando-lhe a possibilidade de travar pagamentos como arma de barganha no trato com a base aliada. Aprovada dois anos depois, a PEC iniciaria um processo de enfraquecimento do Executivo *vis-à-vis* o Legislativo. Eduardo Cunha formou um grupo parlamentar para exprimir "a insatisfação da base aliada da Câmara dos Deputados com o governo Dilma Rousseff". Marcaram presença na reunião de lançamento do bloco membros de todos os partidos que compunham a base governista, com exceção apenas do PT e do PCdoB. Cunha e colegas queriam que o governo "valorizasse" seus aliados (Em Brasília..., 2014). Fica a pergunta: o que significa valorizar para um parlamentar que, como vimos, perdera espaço na limpa que Dilma e Foster haviam levado a cabo na Petrobras?

O PT não compareceu ao encontro de Cunha, mas, na mesma noite, parlamentares do partido se encontraram no apartamento do deputado petista André Vargas, curiosamente localizado no mesmo prédio brasiliense em que o resto da base aliada se reunia. Questionado sobre o motivo da reunião, o parlamentar declarou que "nós, do PT, temos uma ótima relação com o PMDB no Congresso". A origem dos problemas com a base, esclareceu, era devida ao "escrutínio exagerado do Planalto" (Leia..., 2014). Vargas havia atingido alguma notoriedade ao levantar o punho cerrado, em sinal de protesto, ao lado de Joaquim Barbosa, presidente do STF, durante o julgamento do escândalo do Mensalão, na Cerimônia de Abertura do Ano Legislativo de 2014. Àquela altura, as relações entre Dilma e boa parte do PT já haviam azedado. Segundo relatos de uma figura eminente — e anônima — do partido, publicados pela *Piauí*: "Para ela [Dilma], a política era o mal em si. Empresário era abutre, e político era picareta. É assim que ela pensa" (Pinheiro, 2014).

Não há comprovação entre causa e efeito, mas o fato é que a base aliada, inclusive o próprio PT, se rebelou contra Dilma e sua postura contra a corrupção pouco antes do escândalo de Pasadena ir a público.

Aquele era um ano de eleições gerais. Antes de se baterem nas urnas, os deputados naturalmente queriam verbas e, talvez ainda mais premente, proteção das investigações do Petrolão, o enorme escândalo de corrupção na Petrobras que o Ministério Público vinha descobrindo, graças às leis investigativas sancionadas por Dilma. É mais do que provável que o vazamento de Pasadena tenha sido arma de pressão, uma tentativa de fazer com que Dilma voltasse atrás e reconsiderasse as nomeações feitas na Petrobras. O Petrolão já era escandaloso o suficiente para amotinar parlamentares governistas. Mas o pior ainda estava por vir: tudo ficaria ainda mais conturbado quando a recém-formada força tarefa da Justiça Federal de Curitiba, a Lava Jato, tomasse as rédeas das investigações.

REELEIÇÃO E CRISE

Foi neste clima de revoltas e escândalos de corrupção que Dilma começou sua pré-campanha à reeleição. Para piorar suas chances de sucesso eleitoral, a economia dava sinais inequívocos de que entrava em recessão, apesar dos muitos programas de expansão de gastos lançados pelo governo, cujos detalhes estudaremos no próximo volume. A inflação não dava trégua, levando a presidente a congelar preços administrados, principalmente em energia, o que acabava por distorcer mercados em toda a economia. A coisa estava tão ruim na base governista que o deputado peemedebista Bernardo de Vasconcellos lançou o manifesto "Volta Lula", explicitamente contrário à candidatura de Dilma.

Diante do contexto de crise permanente enfrentado por Dilma, Lula assumia postura ambígua. Por um lado, o ex-presidente declarou que sua sucessora só não concorreria às eleições se não quisesse (Lula nega..., 2011). Por outro, a interlocutores mais próximos, o ex-presidente tecia críticas ao "estilo de governar de Dilma", a quem ele pedira "que atendesse deputados peemedebistas na reforma ministerial" (Guerreiro et al., 2014). Dilma respondeu com seu estilo combativo, declarando que sairia "candidata com ou sem aliados" (Pitombo, 2014). A mandatária seguia apostando na sua autonomia política. Eduardo Cunha era o crítico mais estridente, porém não estava só. Dilma recusou-se a ouvir o aviso contido no "Volta Lula". Fez mais: dobrou a aposta. Em evento na Petrobras, a presidente declarou:

> Nós, com determinação, estamos aqui nos comprometendo a cada dia que passa que o que tiver de ser apurado vai ser apurado com o máximo de rigor, o que tiver de ser punido vai ser punido também com o máximo de rigor. É importante que vocês saibam que a auditoria da Petrobras, junto com o seu programa de prevenção à corrupção, as comissões de apuração, são os mais eficazes mecanismos de controle e fiscalização internos. E que os órgãos de controle e fiscalização, o Poder Judiciário, o Ministério Público, mas, sobretudo, a Polícia Federal e a Controladoria-Geral da União, que são órgãos do governo federal, estarão sempre atentos para realizar a fiscalização e os controles externos [Biblioteca da Presidência da República, 2014].

Ao insistir no tema da corrupção, Dilma seguia o *script* traçado por seu marqueteiro, João Santana, que se tornara um de seus principais conselheiros à medida que a presidente se isolava, cada vez mais desprovida de apoio e diálogo com a tendência petista Construindo o Novo Brasil e com o círculo mais próximo a Lula. Santana acreditava que a corrupção era o grande tema do momento e que Dilma poderia se dissociar da imagem negativa do PT, tornando-se uma verdadeira paladina da luta pela ética no trato da coisa pública.

Na citação anterior, as menções feitas ao papel do Judiciário e do Ministério Público não foram gratuitas. Eram uma referência e uma declaração de apoio expressa à Lava Jato, operação que dava seus primeiros passos naquele início de 2014. André Vargas — o petista dos punhos cerrados no caso do Mensalão, que reclamava do escrutínio exagerado do Planalto — foi uma das primeiras vítimas políticas da operação, cujas prisões, inicialmente, se limitaram a ex-diretores da Petrobras, doleiros encarregados da lavagem do dinheiro desviado e políticos de baixo calibre que operavam na linha de frente dos esquemas de corrupção (Sadi, 2014). A questão não era apenas se Dilma se reelegeria; perguntava-se como o governo garantiria sua estabilidade diante do que então já era visto em Brasília como uma inédita investida da Justiça Federal.

Dilma venceu as resistências e garantiu sua candidatura para reeleição. A chapa Dilma-Temer foi oficializada por uma ampla coligação que incluía PT, PMDB, PSD, PP, PR, PRB, Pros, PDT e PCdoB. A novidade da aliança era o PSD, legenda criada pelo ex-prefeito de São Paulo Gilberto Kassab para ampliar a base de apoio do governo e diminuir sua dependência em relação ao indócil e cada vez mais sedento PMDB. Kassab tinha uma inconteste origem oposicionista. Nos anos 2000, o então pefelista foi vice de Serra na prefeitura de São Paulo, a qual assumiu quando o tucano se licenciou para disputar o governo do estado. Kassab em seguida elegeu-se prefeito pelo DEM, a sigla com que o PFL foi rebatizado. O DNA "oposicionista" do PSD ficou patente quando o partido entrou no governo, em 2013, indicando o veterano Guilherme Afif Domingues, outro ex-PFL, para a recém-criada Secretaria da Micro e Pequena Empresa. Após concorrer pelo PL ao Senado por São Paulo em uma coligação que incluía PFL e PSDB, Afif se tornou vice-governador do estado em 2010, na chapa de Alckmin, cargo ao qual não renunciou ao integrar o governo Dilma. Deste modo, o PSD navegava com os pés em duas canoas, a do governo e a da oposição, em uma demonstração de equilíbrio tão surpreendente quanto improvável.

Malabarismos pessedistas a parte, Temer precisou fazer das tripas o coração para impedir que o PMDB, sob o comando de Eduardo Cunha, Henrique Eduardo Alves e Jorge Picciani, deixasse a base e voltasse a integrar a coligação oposicionista montada pelo PSDB. Vários outros líderes do partido, como Geddel Vieira Lima e Romero Jucá, haviam entrado em rota de colisão com o PT e seus aliados em seus respectivos estados. Apesar desse esfacelamento regional da chapa governista de 2010 e dos claros sinais emitidos pelos protestos de rua, o PT acreditava que poderia dispensar as alianças estaduais, lançando candidatos próprios ao governo onde antes cedera o posto ao PMDB, como no Rio de Janeiro e Minas Gerais. Como afirmou o jornalista Raymundo Costa, o PT acreditou que surfaria em uma "onda vermelha" em 2014 (Costa, 2014).

Quando saiu candidata, em maio daquele ano, antes do início oficial da campanha, Dilma liderava as pesquisas do Datafolha, com 41% das intenções de votos. O senador e ex-governador mineiro Aécio Neves, presidente do PSDB, pontuava 22%, e o governador pernambucano Eduardo Campos, o candidato do PSB, vinha em terceiro lugar, com 14% (Intenção..., 2014a). Sua companheira de chapa era Marina Silva, cujo malogro em formar o partido Rede Sustentabilidade a tempo de disputar as eleições obrigou-a a sair como vice na chapa pessebista. O acidente aéreo que vitimou Campos, logo no começo da campanha, mudou o panorama das eleições ao alçar Marina à disputa como cabeça de chapa do PSB. Na primeira pesquisa sem Campos, a ex-ministra atingiu 22%, desbancando Aécio, que caiu para 10%. Além disto, projeções davam vantagem a Marina em um eventual segundo turno (Intenção..., 2014b). Muitos passaram a defender que Aécio desistisse para que, junto a Marina, a oposição derrotasse Dilma.

Com a campanha petista em apuros, Lula publicamente aconselhou Dilma a se aproximar do empresariado e abandonar as políticas expansionistas lançadas pelo ministro da fazenda Guido Mantega (Dilma diz..., 2014). Acuada, a presidente acatou o conselho, declarando que Mantega deixaria o governo se reeleita. A ascensão inesperada de Marina colocou o PT diante do impensável: a perda da Presidência, um prognóstico que não figurava nos cálculos nem do petista mais pessimista. Em horas como estas, sobram vilões. Mantega era apenas o primeiro bode a ser expiado; outros viriam. Não faltou quem pregasse que o melhor era aceitar os fatos e resgatar os vínculos com Marina, cujas credenciais petistas — diga-se de passagem — vinham de mais longe do que as da ex-brizolista Dilma.

PT e PSDB demoraram para se dar conta que Marina, a candidata improvável, se beneficiava do espaço livre que lhe era deixado. As duas campanhas haviam se preparado para o digladio bipartidário que marcara as últimas eleições presidenciais, para se atacarem entre si. Campos, e muito menos Marina, não estavam nos planos, seriam no máximo coadjuvantes. Mas Marina foi incapaz de definir com clareza para que lado penderia, mesmo ao se posicionar diante das opções mais comezinhas. Foi um convite ao ataque. A ofensiva mais feroz, sem dúvida alguma, foi desfechada pela campanha de Dilma. Deixando o tema da corrupção de lado, seu marqueteiro João Santana subitamente se lembrou do fator que geralmente decide eleições: o bolso dos eleitores. Sua propaganda política passou a explorar a associação de Marina com Neca Setubal, herdeira do Banco Itaú e entusiasta da campanha pessebista. Se Marina ganhasse, dizia a campanha do PT no rádio e na TV, os banqueiros voltariam a ditar a política econômica, impondo corte de gastos, juros altos, desemprego e recessão ao país; as conquistas do glorioso período petista se esvairiam, faltaria comida na mesa do trabalhador (Cruz, 2014).

Marina despencou das alturas com a mesma rapidez com que decolara, terminando o primeiro turno em terceiro lugar. Após flutuar abaixo dos 20%, Aécio cresceu vertiginosamente nos dias anteriores à eleição, alcançando 36% dos votos válidos. Já Dilma recebeu 42%, cinco a menos do que em 2010. Pela quarta vez consecutiva, PT e PSDB disputariam o segundo turno. Mas as tendências eram suficientes para indicar que a parada seria mais equilibrada do que antes. O Brasil vivia uma polarização que não experimentara há pelo menos um quarto de século, desde a eleição de 1989.

O segundo turno foi marcado por uma campanha ainda mais agressiva. Dilma defendeu os resultados positivos do PT à frente do governo, voltando a identificar seu adversário com as políticas recessivas que teriam penalizado o povo e favorecido os banqueiros nos governos FHC. Aécio respondia ressaltando os desacertos das contas públicas, a manipulação de preços e a recessão, cujos primeiros sinais já apareciam nos meses do pleito. Por fim, o tucano relembrava o Mensalão e explorava as revelações da Lava Jato. A bandeira do combate à corrupção, a despeito das elocubrações de João Santana, só era útil à oposição.

Ao fim e ao cabo, Dilma ganhou as eleições de 2014 com menos de 52% dos votos válidos, abrindo uma vantagem exígua sobre Aécio. Repetiu-se a divisão norte-sul, que havia marcado as eleições desde 2006. Mais uma vez, Rio de Janeiro e Minas Gerais desequilibraram a favor do PT. Ou seja, o ex-governador de Minas não se elegeu presidente ao perder em seu próprio estado, onde, como no restante do Brasil, os mais pobres se mantiveram fiéis ao PT, em que pese o desgaste de ser governo por tantos anos, expressos de forma clara na margem diminuta da quarta vitória consecutiva do partido.

SEGUNDO MANDATO: A PRESIDENTE NO OLHO DO FURACÃO

Após reeleger-se, Dilma manteve sua postura anticorrupção, declarando em telejornais que iria "investigar" e se "empenhar" para que "todas as questões relativas a essa [Lava Jato] e a todas as outras investigações sobre corrupção [ficassem] às claras". E completou: "eu sou uma pessoa com uma trajetória política e uma integral dedicação à coisa pública, jamais na minha vida houve uma única acusação" (Exclusivo..., 2014). O discurso ainda inclui trecho que, curiosamente, remetia a expressões que Collor havia usado em 1992: a presidente declarou que não deixaria "pedra sobre pedra [...] doa a quem doer" (Entrevista..., 2014). Aparentemente, Dilma esperava que o sucesso do começo de seu primeiro mandato se repetiria no segundo; mas a inclusão de palavras proferidas por um antecessor que havia deixado o cargo em um processo de *impeachment* soava como um mal presságio.

Enquanto isso, em novembro de 2014, a Lava Jato lançava a Operação Juízo Final, na qual prendeu Renato Duque, diretor da Petrobras indicado por Dirceu, além de vários empresários, incluindo presidentes de empreiteiras de peso (PF prende..., 2014). Dilma estava no encontro do G20, na Austrália, enquanto a Juízo Final sacudia o Brasil. Coube a José Eduardo Cardozo, ministro da Justiça, declarar que "a orientação da presidente Dilma Rousseff ao Ministério da Justiça e a nossa à Polícia Federal é muito clara: investigar com absoluta transparência [...] para que sejam punidas todas as pessoas que praticaram atos ilícitos". No dia seguinte, Dilma adicionou à fala de seu ministro que a Juízo Final "pode, de fato, mudar o País para sempre. Pode mudar no sentido de que vai se acabar com a impunidade" (Ministro da Justiça..., 2014).

Ao que tudo indica, a presidente insistia na estratégia traçada por seu marqueteiro, na crença de que os resultados da Lava Jato lhe trariam dividendos políticos. A operação àquela altura caminhava a passos firmes, identificada com a figura do juiz federal Sérgio Moro, o qual já contava com bom apoio popular e ampla exposição na mídia. O prestígio era tamanho que Moro, um juiz federal de primeira instância, foi capaz de dobrar as resistências do próprio STF a fim de ganhar autonomia, numa flagrante inversão do sistema jurídico. Inicialmente, o relator da Lava Jato na corte suprema, o ministro Teori Zavascki, havia censurado Moro ao constatar o óbvio: os casos que implicassem autoridades com foro privilegiado teriam que ser julgados em Brasília (Ministro do STF..., 2014). Zavascki determinou então a soltura de Paulo Roberto Costa, diretor de abastecimento da Petrobras, preso logo no início da Lava Jato, em investigação que envolvia políticos com foro privilegiado. Mas não demorou muito para que Zavascki mudasse de ideia: sem maiores explicações, o ministro devolveu o caso a Curitiba, permitindo a Moro emitir novo mandado de prisão preventiva do diretor da Petrobras, o qual — como se tornaria praxe na Lava Jato — permaneceu atrás das grades até assinar um acordo de delação premiada.

O PT não via a Lava Jato com os mesmos olhos permissivos de Zavascki ou Dilma. A Executiva Nacional decidiu que o partido deveria "ser muito mais proativo no enfrentamento das acusações de corrupção, em especial no ambiente dos próximos meses, em que setores da direita vão continuar premiando delatores" (Falcão, 2014a). A cúpula petista parecia compreender o que estava em curso melhor do que Dilma. A direita dava as caras nas manifestações de rua, opondo-se à base governista que, em sua maioria, se via acossada pelas investigações do Ministério Público do Paraná. Ligado ao PSDB, o movimento Vem pra Rua enaltecia Moro e atacava PT e governo. Mais radical, o Movimento Brasil Livre (MBL) pedia o *impeachment* de Dilma, antes mesmo de ela assumir seu segundo mandato. Já o grupo Revoltados Online falava abertamente de quebra institucional, com intervenção do Exército na política: golpe.

As distintas interpretações do que significava a Lava Jato geravam desacertos dentro do governo, fazendo com que PT, Dilma e aliados não se entendessem quanto à formação do novo ministério que tomaria posse em janeiro. A cúpula petista pedia a cabeça de Cardozo, considerado conivente com as ações do Ministério Público. Pelo mesmo motivo, PT e partidos aliados queriam que Graça Foster saísse da Petrobras. Dilma cedeu com relação a Foster, indicando Aldemir Bendine — o qual viria a ser preso na Lava Jato — como novo presidente da petroleira. Mas ela bateu pé em manter Cardozo no Ministério da Justiça. Era um sinal de que sua postura com relação à Lava Jato continuaria a mesma. A permanência de Cardozo não foi um caso isolado. Reeleita, Dilma completou seu distanciamento da tendência Construindo um Novo Brasil e de Lula, como atesta a saída de Gilberto Carvalho da Secretaria-Geral da Presidência, o último remanescente do governo anterior.

Muito embora mantivesse seu discurso de faxina ética, Dilma abria sua segunda administração para os partidos da base aliada, inclusive as legendas com políticos investigados pela Lava Jato. O até então oposicionista PTB, que havia apoiado Aécio nas eleições presidenciais, juntou-se ao governo, indicando Armando Monteiro para a pasta de Desenvolvimento, Indústria e Comércio Exterior. Monteiro havia sido presidente da CNI, que o qualificava como um representante do empresariado no ministério. A mudança foi evidente: durante quase todo o primeiro mandato de Dilma, a pasta havia sido ocupada pelo economista petista Fernando Pimentel, cuja carreira política teve início no sindicalismo. O PSD finalmente ganhou um ministério: o polpudo Ministério Cidades ficou com Kassab. Durante o primeiro mandato, a pasta esteve com o PP, a quem coube então a Integração Nacional. Por fim, com bem menos importância, mas no mesmo sentido de ampliar sua base, a presidente entregou para o PRB o Ministério dos Esportes, que durante anos fora comandado pelo PCdoB. Deve-se ressaltar, contudo, que a articulação política do governo seguia restrita a um pequeno círculo próximo de Dilma, no qual se destacava Aluísio Mercadante, ministro chefe da Casa Civil. Mercadante acabou transferido para a Educação no final de 2015, mas sem se distanciar do núcleo duro do Planalto.

No entanto, a grande novidade do segundo mandato foi a indicação de Joaquim Levy para a Fazenda. Levy era diretor do Bradesco, cargo que assumiu depois de trabalhar no FMI e integrar o governo FHC e o primeiro governo Lula, na Secretaria do Tesouro – quando foi apelidado de "Levy mãos de tesoura" por sua ênfase em equilíbrio fiscal. O novo ministro tinha formação e orientação bem mais ortodoxas do que seu predecessor, o economista petista Guido Mantega. De fato, Levy tentou — sem sucesso — fazer o ajuste fiscal necessário para conter o crescente déficit nas contas públicas. Enquanto isto, o presidente do Banco Central Alexandre Tombini elevava a taxa Selic para tentar conter a inflação. Resumindo, após se reeleger, Dilma permitiu que sua equipe econômica aplicasse as medidas contracionistas que, poucos meses antes, em tom de denúncia, associava aos seus adversários Marina Silva e Aécio Neves.

Antes mesmo do início do segundo mandato de Dilma, a economia já entrava no que se tornaria uma das mais severas recessões da história brasileira. Para piorar, o governo descongelou uma série de preços administrados, jogando o Brasil em uma estagflação, a conjunção de estagnação com inflação, o pior cenário econômico possível. Além de doer no bolso dos brasileiros, o cavalo de pau na economia foi recebido pelo eleitorado como mais um caso — talvez o pior de todos — de estelionato eleitoral. Afinal de contas, em sua campanha, Dilma havia prometido manter a economia em crescimento, o que fatalmente não teria como cumprir. Ao mesmo tempo, ao avançar sobre políticos da base do governo, a Lava Jato associava-se inapelavelmente ao antipetismo. A tempestade estava armada e em curso, explicando a vertiginosa queda da popularidade do governo Dilma, na passagem do primeiro para o segundo mandato. O gráfico 3 mostra o tamanho do tombo: a proporção de ótimo e bom, medida pelo Datafolha, caiu de 42% para cerca de 10% em poucos meses; já péssimo e ruim atingiram a casa dos 70% em meados de 2015.

GRÁFICO 3 Aprovação do governo Dilma, segundo mandato (%)

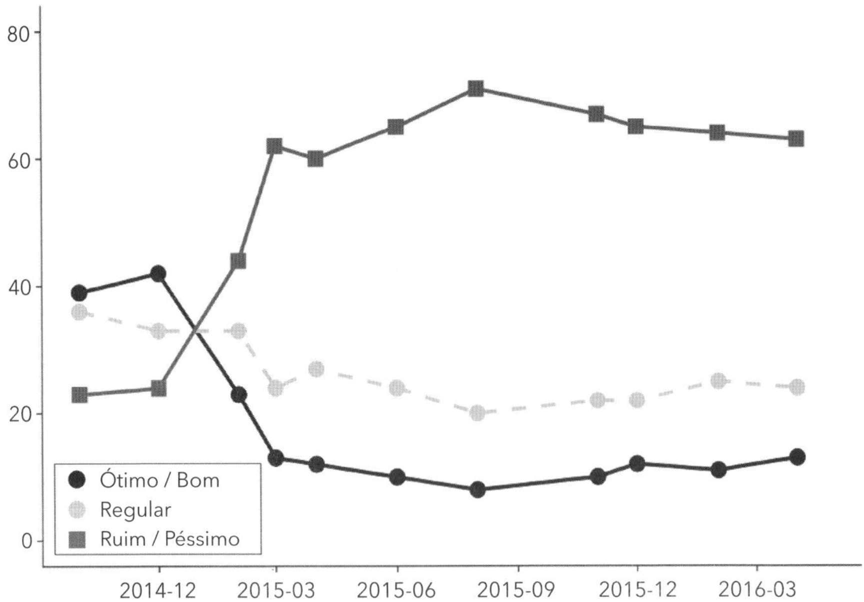

Fonte: Datafolha. Disponível em: https://centrodametropole.fflch.usp.br/pt-br/presidentes-e-governadores/governadores/avaliacao-governadores-datafolha. Acesso em: 16 ago. 2024.

Dilma mal governou no seu curto segundo mandato. Sem forças e impopular, a presidente viu-se engolfada no que seria a maior crise política e econômica desde o começo da Nova República. Crises, contudo, por mais graves e profundas que sejam, não necessariamente desaguam em um processo de *impeachment*. A despeito das condições adversas, a presidente foi capaz de montar seu ministério, cujos nomes, talhados por chefes partidários de direita e figuras de peso do meio empresarial, foram antes de tudo um enorme aceno ao *establishment* político e econômico. Dilma ia além do que Lula havia feito em seu primeiro mandato — como vimos no capítulo anterior, o petista trouxera os ex-presidentes do BankBoston e da Sadia para seu governo, mas mantivera os ministérios majoritariamente com o PT. Resta saber por que, afinal, Dilma caiu, mesmo após abrir sua administração aos donos do poder e do capital.

IMPEACHMENT EM BANHO-MARIA

Aécio Neves não se conformou com a derrota de 2014. Apesar de ter seguido o protocolo, parabenizando Dilma por telefone após a confirmação da vitória petista, o tucano foi o primeiro político de peso a jogar contra o sistema eleitoral, cerne da democracia brasileira. O PSDB deu entrada na Justiça Eleitoral com pedido para realização de auditoria das urnas eletrônicas na semana seguinte às eleições (Falcão, 2014b). Não satisfeitos, os tucanos decidiram ainda pedir a cassação da chapa PT-PMDB, alegando abuso de poder econômico e uso de recursos ilícitos na campanha — apesar de os empresários presos na Lava Jato também terem doado recursos para o PSDB (Alvos..., 2014). Era a primeira vez desde a redemocratização que o partido derrotado recorria à Justiça Eleitoral, duvidando que urnas expressassem a vontade popular. O PSDB, claramente, avançou o sinal ao levantar dúvidas sobre a legitimidade dos resultados eleitorais.

Ao querer disputar um "terceiro turno" das eleições, Aécio se aproximou de grupos de direita, como o MBL, que participou de uma manifestação gigantesca realizada em março de 2015 na avenida Paulista.

Os integrantes do movimento se sentiam em um crescendo e, querendo mais, planejaram uma "Marcha pela Liberdade", traçada de São Paulo a Brasília, onde o senador mineiro prometia recebê-los. Muita gente, dentro e fora do MBL, achava que o povo aderiria à caminhada, que os jovens conservadores chegariam na capital em apoteose. Ocorreu justamente o oposto: incapaz de atrair multidões, uma pequena trupe chegou melancolicamente a Brasília, em abril de 2015. Aécio não honrou seu compromisso. Em vez do tucano, outro político de peso prestou-se a receber a rapaziada libertária: Eduardo Cunha, que à época já era o presidente da Câmara dos Deputados.

É notável que o "lavajatista" MBL, movimento formado em manifestações anticorrupção, tenha aceitado associar-se a um político contra quem não faltavam acusações de corrupção, um nome que aparecia com frequência nas delações premiadas acordadas pela força-tarefa de Curitiba. A ginástica retórica que justificava tamanho disparate calcava-se no antipetismo. Ao defender o *impeachment*, e consequentemente a posse do vice-presidente Michel Temer, um peemedebista, Kim Kataguiri declarou que "o PMDB é corrupto, mas o PT é totalitário" (Lima, 2015). O MBL baixava a bandeira da ética na política ao abraçar a fúria contra o PT; como resultado, o movimento dos jovens liberais caía no colo de ninguém menos do que Cunha.

Abstraindo as negociatas do presidente da Câmara, sua associação com MBL era injustificável do ponto de vista político, ao menos em retrospecto. Como vimos no capítulo anterior, Cunha fora um dos mais ativos na articulação da chapa Dilma-Temer em 2010, quando alimentou a ilusão de que seus serviços prestados fossem lhe dar espaço no governo. A frustração com Dilma e sua "faxina ética" explicam por que o peemedebista ameaçava bandear-se à oposição; vale repetir o que já foi dito: a presidente havia desarticulado o esquema de Cunha na Petrobras. Mais do que gratidão, o deputado carioca esperava proteção por parte da presidente que, em movimento antagônico, dava força à luta contra a corrupção.

Dilma começou a perder a parada para Cunha nas eleições à presidência da Câmara, em fevereiro de 2015, meses antes da marcha do MBL. A presidente esperava ver eleito um petista, o deputado paulista Arlindo Chinaglia, mas Cunha bateu o Planalto com 267 votos a 136. O resultado foi verdadeiramente histórico: até então, o governo federal sempre contara com aliados na presidência da Câmara. O primeiro governo Lula fora surpreendido pela vitória de Severino Cavalcanti, de passagem breve pelo posto e com o qual o Planalto acabou se entendendo. A relação entre Cunha e Dilma era bem mais hostil, descambando para o mais puro antagonismo. Para todo e qualquer governo, ter um aliado na Mesa Diretora da Câmara é uma questão crucial, da qual depende sua própria sobrevivência. Cabe ao presidente da casa arquivar ou não pedidos de *impeachment*, os quais foram protocolados contra todos os presidentes democráticos da república desde a regulamentação da lei, em 1950. No passado recente, ocuparam o posto políticos ilustres como Michel Temer e Aécio Neves, que sempre protegeram o Planalto, arquivando tais pedidos. Depende desta aliança entre os presidentes da República e da Câmara a famosa máxima certa feita proferida por FHC, segundo o qual "*impeachment* é como uma bomba atômica, é para dissuadir, não para usar" (Castanhêde, 2015). Seguindo essa analogia, não é exagero afirmar que o presidente da Câmara é o dedo que não se presta a apertar o botão — ao menos havia sido assim desde que o presidente da casa Ibsen Pinheiro tratou de despachar Collor. Cunha, pelo seu perfil e histórico, não era segredo para ninguém, poderia recorrer ao expediente contra Dilma se assim lhe conviesse.

Além do desacerto no apoio à candidatura de Chinaglia, Dilma mexeu duplamente no vespeiro ao indicar a peemedebista Katia Abreu ao Ministério da Agricultura. A nomeação desagradou vários petistas, pois a nova ministra era uma conhecida ruralista, inimiga dos defensores da reforma agrária. Pior, Kátia Abreu era também a inimiga número um da JBS, o megafrigorífico de Joesley Batista, grande doador a diversas campanhas eleitorais, incluindo a da própria Dilma. O conflito Kátia Abreu-JBS girava em torno da regulamentação de inspeções sanitárias. Abreu se colocava ao lado dos pequenos frigoríficos que sofriam com a competição da gigante JBS, uma das "campeãs nacionais" dos tempos de Lula. Joesley Batista deu o troco, financiando a campanha de Cunha para a presidência da Câmara.[42]

42. Em entrevista a Andréia Sadi e Natuza Nery, o próprio Cunha confirmou o aporte de recursos da empresa à sua campanha. Ver: Sadi e Nery (2015).

O fracasso de Dilma na eleição de Cunha deteriorou ainda mais a já desfavorável posição política na qual a presidente se encontrava, embora não tenha feito do *impeachment* um fato consumado. Não houve uma debandada imediata da base aliada. Por bastante tempo, Cunha procrastinou até acolher um pedido de *impeachment*, o que só ocorreu em dezembro de 2015, quase um ano após sua posse como presidente da Câmara. Era preciso garantir os 342 votos — de um total de 513 — necessários para afastar a presidente, uma tarefa difícil, mesmo com a grave crise que se instalara no Brasil. Afinal de contas, a presidente ainda tinha a caneta para arregimentar aliados com distribuição de cargos e aprovação de verbas públicas.

A desastrada marcha do MBL havia esfriado a oposição, indicando que poucos estavam dispostos a ir às ruas para pressionar os parlamentares. Os movimentos antipetistas tentaram voltar à tona ao longo do segundo semestre de 2015, mas manifestações relativamente vazias fizeram das ruas um caminho cada vez menos provável para o afastamento da presidente. O encontro dos jovens de direita com Cunha selara mais do que uma aliança; aquele ato foi uma transferência de protagonismo. A partir de então, cabia ao presidente da Câmara costurar uma maioria de dois terços para derrubar Dilma, em um jogo exclusivamente parlamentar.

Enquanto esteve na presidência da Câmara, Cunha não economizou nas estocadas contra Dilma e PT. Em entrevista no programa *Roda Viva*, o parlamentar defendeu a "melhoria do ambiente do processo econômico do país", a qual crescia junto com a "aversão ao PT" (Cunha diz..., 2015). Se a economia estava de mal a pior, Dilma e seu partido eram os responsáveis. Para explicar sua ambígua posição com relação ao governo, em cuja base estava seu partido, Cunha se saiu com a seguinte pérola: "Sempre foi assim. Na prática, a gente finge que está [no governo]. E eles fingem também [que o PMDB está no governo]" (Cunha: PMDB..., 2015).

Dilma reagiu a contento às investidas de Cunha. Por considerar que a verborragia do presidente da Câmara contra o Planalto era um problema do PMDB, a mandatária chamou o vice-presidente Michel Temer para coordenar a articulação do governo com o Congresso (Dilma escolhe..., 2015). Foi neste ínterim que o cenário político inesperadamente se transformou com a publicação da "lista Janot", em referência ao procurador-geral da República Rodrigo Janot. Como dito anteriormente, a força-tarefa de Curitiba não tinha competência legal para investigar políticos que exerciam mandatos; caberia à Procuradoria-Geral da República (PGR), após obter o aval do STF, investigar os envolvidos protegidos pelo foro privilegiado, mencionados nas delações premiadas já assinadas. Mas o terremoto gerado por sucessões de escândalos inflava o poder dos investigadores de Curitiba, permitindo-lhes ultrapassar os limites de sua jurisdição. O modelo de investigação por delações necessariamente implicava uma hierarquia entre investigados, na qual aqueles que falavam entregavam seus superiores. Como afirmou Dallagnol, em seu livro *Luta contra a corrupção*, "no topo da cadeia da corrupção" estavam os políticos de Brasília.[43] Era neles que Curitiba queria chegar, atropelando a PGR de Janot.

A disputa entre as forças-tarefa de Curitiba e Brasília passou a conduzir os rumos da Lava Jato. A equipe de Janot percebeu que Curitiba havia falhado na interrogação do empresário Júlio Camargo, da construtora Toyo Setal. Camargo havia omitido nomes de políticos que figuravam na delação de Paulo Roberto Costa, ex-Petrobras, e do doleiro Alberto Youssef, ambas assinadas anteriormente. Janot intimou então Camargo a prestar novo depoimento, cujo conteúdo, amplamente divulgado pela imprensa, apresentava Cunha como uma espécie de gerente da corrupção na Petrobras, a quem o empresário havia entregado propina no valor de US$5 milhões (Bragon e Talento, 2015). Em agosto, um mês após o depoimento, a PGR formalmente denunciava Cunha por corrupção na Lava Jato (Macedo, 2015).

Foi o bombástico depoimento de Camargo, capitaneado por Janot, que fez Cunha romper de fato com o governo, juntando-se de vez à oposição. Dizendo-se perseguido, o presidente da Câmara apontava para Dilma como articuladora de uma trama para destruí-lo. A fim de testar a viabilidade do *impeachment*, Cunha esteve com Aécio Neves e FHC, com quem sondou se os tucanos apoiariam um eventual governo Temer (Parte do PMDB..., 2015). A coisa não vingou: o PSDB permaneceu em cima do muro e Temer declarou-se publicamente contrário ao impedimento de Dilma. Mas Cunha seguiu adiante. A fim de limpar o caminho para o

43. Dallagnol (2017:117). Sobre Dallagnol, ver O messiânico (2024).

julgamento das pedaladas fiscais que a presidente havia promovido em seu primeiro mandato, o parlamentar comandou um *tour de force* na Câmara para aprovar, em apenas um dia, as contas de todos os presidentes pregressos, de Itamar a Lula (Votação..., 2015).

Temer repentinamente mudou de atitude. Sentindo-se acossado pela Lava Jato, o vice-presidente abandonou a missão de costurar a base parlamentar do governo. A reviravolta ocorreu em agosto de 2015, quando veio a público que o lobista Fernando Soares, conhecido em Brasília como o Fernando Baiano, iria assinar acordo de delação premiada. Dizia-se que Soares havia sido operador do PMDB e teria muito a entregar (Pressionado..., 2015). Sem Temer como empecilho, Cunha tratou de avançar na feitura do *impeachment*, encomendando a um grupo de juristas — Janaína Paschoal e o ex-petista Hélio Bicudo, aos quais Miguel Reale Júnior seria acrescido posteriormente — a peça que abriria o processo de impedimento da presidente.

Frente à ameaça de efúgio de Temer e ao ataque frontal de Cunha, Dilma implementou uma reforma ministerial que aproximava seu governo a Lula: os lulistas Jaques Wagner e Ricardo Berzoini foram para a Casa Civil e Relações Institucionais, respectivamente. A reforma também teve por objetivo dividir o PMDB, sobretudo o diretório do Rio de Janeiro, do qual Cunha fazia parte, ao entregar a pasta da Saúde para Marcelo Castro e Ciência e Tecnologia para Celso Pansera. Os novos ministros eram próximos ao clã fluminense dos Picciani, aliado de Cunha.

A defesa governista surtiu efeito e Cunha se viu forçado a delongar a aceitação do pedido de *impeachment* encomendado pelo trio Bicudo-Paschoal-Reale. Agora quem não se mostrava satisfeito era a oposição. Subitamente, como em uma repentina mudança de opinião, os tucanos passaram a defender a cassação de Cunha, afirmando que o parlamentar mentira na CPI da Petrobras, negando ser titular de contas na Suíça, mesmo quando confrontado com documentos que comprovavam tal fato. O caso poderia tê-lo encrencado no Conselho de Ética da Câmara dos Deputados se PSDB e DEM tivessem se unido ao PT para se livrarem do presidente da Câmara. Ao ser acossado com a possibilidade de cassação, Cunha produziu mais uma frase lapidar: "Se eu derrubo Dilma agora, no dia seguinte vocês me derrubam" ("SE eu derrubo..., 2015).

A QUEDA DE DILMA

Enquanto Cunha se acabrunhava na inação, Janot mandava prender Delcídio do Amaral, ninguém menos do que o líder do governo no Senado. Gravações sugeriam que Delcídio articulara um acordo entre parlamentares, governo e membros do STF para pôr fim à Lava Jato. Era o suficiente para Janot alegar obstrução da Justiça por parte do senador, colocando o STF contra a parede e avançando em sua disputa pelo controle da operação com a força-tarefa de Curitiba.

Oriundo do PSDB, Delcídio era visto como um forasteiro no PT. Seu passado tucano talvez explique por que nem o partido nem o governo saíram em seu auxílio. Mas se a prisão de Delcídio não comoveu o Planalto, no Congresso ela deu a impressão de que ninguém estava a salvo, qualquer um poderia ser preso a qualquer momento. Se não fossem protegê-los da Lava Jato, aos parlamentares era melhor que Dilma caísse de uma vez, dando espaço a um novo governo que, sob Temer, "estancar[ia] a sangria", como disse o senador peemedebista Romero Jucá em gravação que viria a público no ano seguinte, produzidas em circunstâncias que descreveremos adiante (Para PF..., 2017).

O pânico que a prisão de Delcídio gerou no meio político esquentou definitivamente a possibilidade de *impeachment*. Diante do perigo, o PT reagiu preventivamente a Cunha, anunciando que votaria por sua cassação no Conselho de Ética, em dezembro de 2015. Foi um erro estratégico, pois, ao fechar posição, os petistas perderam seu trunfo sobre o presidente da Câmara, não dando-lhe outra opção que não partir para o ataque: Cunha finalmente aceitou o pedido de *impeachment* no dia seguinte.

O confronto com o Planalto foi prontamente endossado por Temer, cujas lamúrias em missiva sacramentaram sua peremptória cisão com Dilma. Cunha também recebeu apoio imediato de Aécio Neves. O senador tucano ressaltou que "quanto às motivações [de Cunha], obviamente caberá a ele externá-las. Nós do PSDB estamos absolutamente serenos com o nosso comportamento em todo esse processo" (Oposição..., 2015; Filho, 2015). Aécio estava de olho nas manifestações pró-*impeachment* organizadas para o final de 2015 que, como antecipado anteriormente, não decolaram como esperado. Muito provavelmente, a incoerência entre a liderança de Cunha e a bandeira do combate à corrupção influiu para que a mobilização fracassasse. Era claro aos olhos de muitos que Cunha se movia contra Dilma para salvar a própria pele, não para livrar o país da corrupção.

Em que pese a Lava Jato, a crise econômica, a série de erros do Planalto e o descontentamento geral com Dilma no Congresso, o presidente da Câmara a princípio teve dificuldades em tocar o *impeachment*. Não lhe seria fácil atrair a base aliada do governo a ponto de garantir a maioria de dois terços da casa, necessária para o afastamento da mandatária. Cunha baixou então uma resolução sobre o rito de tramitação do *impeachment* talhada a seus propósitos, retirando dos líderes partidários o controle do processo, com o que foi capaz de derrotar o governo. Mas o deputado exagerou no "casuísmo", abrindo brecha para que o STF acatasse um pedido protocolado por aliados do governo que contestava as alterações feitas por Cunha. A corte restaurou o procedimento adotado no *impeachment* de Collor, anulando a derrota que Cunha havia impingido ao governo.

A partir de então, no início de 2016, a maior parte dos analistas e políticos considerava que as possibilidades do *impeachment* eram mínimas, que Cunha teria se precipitado, pondo tudo a perder. Em uma súbita reviravolta, Temer buscou reatar suas relações com Dilma; mais do que isso, o vice-presidente começou a dar tratos à bola para se manter à frente do PMDB e reeditar a aliança com o PT na eleição de 2018. Renan Calheiros, pela terceira vez, pensou que era chegada a hora de assumir o controle do partido, preparando-se para lançar um candidato nas eleições internas peemedebistas, marcadas para março. Do lado dos tucanos, Aécio Neves cedeu à pressão da ala moderada de seu partido, liderada pelo senador Tasso Jereissati, e voltou seus olhos para o que chamava de "agenda positiva" — a aprovação de reformas para enfrentar a corrupção e a crise econômica. Em outras palavras, àquela altura, tudo indicava que o calendário eleitoral seria respeitado e que, para o bem ou para o mal, Dilma completaria seu mandato.

No entanto, a Lava Jato, mais uma vez, determinou o curso dos acontecimentos, viabilizando o *impeachment*. Até então, a força-tarefa de Curitiba e seu juiz não haviam apontado suas baterias contra a presidente, concentrando-se em delações que chegassem a Lula. A coisa mudou de figura quando, em fevereiro de 2016, Moro decretou a prisão preventiva dos marqueteiros João Santana e Mônica Moura, os quais haviam coordenado a campanha que reelegera Dilma. A turma de Curitiba foi irreversivelmente ao encontro da oposição, dando respaldo aos que pediam a impugnação da chapa Dilma-Temer na eleição de 2014.

O casal João Santana e Mônica Moura foi investigado na Operação Acarajé, primeiro passo nos desdobramentos da investigação que levaram à descoberta das extensas planilhas organizadas, ao longo de décadas, pelo setor de propinas da Odebrecht. Impossível saber por que Moro e Dallagnol escolheram os marqueteiros, entre tantos outros, como alvos privilegiados da operação. Talvez Curitiba tenha decidido partir para cima do governo a fim de evitar que Janot tomasse conta da Lava Jato. Outra possibilidade, não excludente, era o temor de que os políticos se entendessem entre si, a ponto de coordenar com o STF o fim da força-tarefa. Afinal, essa possibilidade foi aventada por Delcídio do Amaral nas gravações que levaram à sua prisão. Curitiba, para dizer o mínimo, corria contra o tempo. O prazo de validade da operação parecia prestes a se expirar.

A Lava Jato, em verdade, já havia apressado o passo ao deflagrar a Operação Triplo X, cujos principais alvos eram o ex-presidente Lula e o triplex do Guarujá, uma obra deixada inconclusa com a falência da Bancoop, a cooperativa do sindicato dos bancários de São Paulo, à época sob o comando de João Vaccari Neto — o qual viria a se tornar o tesoureiro do PT antes de ser preso pela força-tarefa. A empreiteira OAS arrebatou o esqueleto, encarregando-se de completar as obras, incluindo a preparação do triplex que, segundo as denúncias, ficaria com o casal Lula e Marisa como pagamento de propina. Curitiba fechava o cerco ao ex-presidente. Por não estar exercendo cargo, Lula não contava com a proteção do foro privilegiado, podendo ser processado e preso por Moro. Era essa a carta na manga dos curitibanos, o trunfo a ser usado para lhes dar fôlego na disputa com a PGR de Janot.

A agressiva pressão da Lava Jato acelerou uma aproximação entre Dilma e Lula, selada com o convite para que o ex-presidente assumisse o cargo de ministro chefe da Casa Civil. Muitos viam em Lula a salvação não apenas de Dilma, mas também dos políticos governistas em geral, ameaçados pelo Ministério Público. Caberia ao gênio político — Lula — costurar um acerto em Brasília que, em uma tacada, manteria a base parlamentar governista unida, evitando um *impeachment*, e blindaria os aliados da Lava Jato. A Lula, o *status* de ministro daria foro privilegiado, retirando-o da alçada de Curitiba e deixando-o à vontade para fazer o que dele se esperava: operar milagres. O ex-presidente tinha boas razões para buscar refúgio no foro privilegiado, especialmente depois de ter sido objeto de uma condução coercitiva para prestar esclarecimentos no caso do triplex do Guarujá. Em resumo, Curitiba mandou um aviso à praça, anunciando que Lula estava com os dias contados, que os investigadores estavam se preparando para prendê-lo.

Todavia, Lula hesitou e protelou sua resposta à presidente o quanto pôde. Não era claro que seria capaz de salvar o governo. O melhor, talvez, fosse mobilizar apoio popular, dissociando-se da presidente, responsabilizando-a pelos erros cometidos. No Planalto, a primeira vítima do confronto direto com a Lava Jato foi o ministro Cardozo, o qual, como vimos, dera declarações em favor das investigações. Seu cargo tornou-se central na disputa entre procuradores e boa parte da classe política, uma vez que a Polícia Federal está subordinada à pasta da Justiça. A pergunta era quem ficaria em seu lugar. Dilma não indicou Temer ou outro político que tentasse impor limites à Lava Jato. Depois de uma boa dose de trapalhadas, o cargo foi ocupado por Eugênio Aragão, jurista que havia se posicionado contra as arbitrariedades de Moro e Dallagnol. Dilma finalmente se posicionava contra a força-tarefa de Curitiba, mas sem se aproximar dos líderes políticos dos demais partidos que estavam enredados pelas investigações. Os acontecimentos sinalizavam que o *impeachment* voltara à agenda, que se tornara mais provável do que nunca.

Para sondar o terreno e tomar sua decisão, Lula foi a Brasília se reunir com os estrategistas do Planalto e avaliar as opções junto aos partidos aliados, participando de uma reunião com senadores peemedebistas na casa de seu aliado Renan Calheiros. O ex-presidente tentou angariar apoio a Dilma, dizendo-se disposto a assumir a coordenação do governo. O encontro foi inconclusivo, com uma vistosa saída antecipada dos senadores Romero Jucá e Eunício de Oliveira (Em café..., 2016). No mesmo dia, aqueles mesmos cardeais do PMDB — Renan, Jucá e Eunício — foram jantar na casa do senador Tasso Jereissati, onde se encontraram com a alta cúpula do tucanato. A segunda reunião foi mais profícua: os dois partidos começaram a costurar a aliança que levaria ao *impeachment* (Após encontro..., 2016).

No dia seguinte ao jantar, Sérgio Machado, ex-presidente da Transpetro, encontrou-se com o senador Romero Jucá, o qual lhe descreveu o acordo firmado entre PMDB e PSDB na casa de Jereissati. Jucá, obviamente, não sabia que Machado gravava a conversa, produzindo conteúdo que entregaria aos investigadores comandados por Janot, com os quais vinha cooperando desde o final do ano anterior. No áudio, o senador explica, da forma mais clara e persuasiva possível, por que peemedebistas e tucanos deveriam unir-se por um governo Temer: para se protegerem da Lava Jato. Jucá convenceu os tucanos a desistirem de cassar a chapa Dilma-Temer no TSE, argumentando que a medida levaria a novas eleições, nas quais Aécio, Serra, Alckmin ou qualquer outro político tradicional não teria a menor chance. O PSDB não seria preservado: abundavam evidências comprometedoras contra o partido. Estavam todos no mesmo barco. Enquanto o PT ocupasse o poder, não havia meio de parar o Ministério Público Federal. A única saída seria substituir Dilma por Temer, em um processo de *impeachment*, após o qual o novo governo poderia desarticular a Lava Jato. Nas palavras de Jucá: era preciso "botar o Michel [em] um grande pacto nacional [para] estancar a sangria". Se tudo desse certo, o país voltaria à normalidade e o PSDB teria grandes chances nas eleições de 2018, provavelmente em uma coligação de apelo antipetista com o PMDB. Segundo o arguto e elucidativo senador, seus argumentos fizeram com que os tucanos enfim "caí[ssem] na real".[44]

O acerto entre os caciques do PSDB e PMDB, movido pelo medo da Lava Jato, foi o grande divisor de águas na consecução do *impeachment*. Na medida em que a queda de Dilma era vista como questão de tempo, precipitava-se uma verdadeira debandada da base governista, em uma espécie de profecia autorrealizável. Renan Calheiros foi o único cardeal

44. Delação de Sério Machado.

peemedebista a seguir com o Planalto. Mesmo Jorge Picciani, até então o principal aliado do governo no PMDB fluminense, se disse confiante de que o partido "tem quadros para um possível novo governo" (PMDB fluminense..., 2016). PMDB, PP, PTB e PRB anunciaram seu apoio ao *impeachment*. Mesmo aliados históricos do PT, como PSB e PDT, antiga legenda de Dilma, se juntaram à oposição (Com retorno..., 2016). A presidente tentou em vão manter o PP no governo ao oferecer-lhe a Caixa Econômica e as pastas da Saúde e Integração Regional. Mas o partido de Dornelles não viu razões para salvar a nau petista do naufrágio já evidente.[45]

Ao ver que o governo adernava, Lula resolveu que a única saída que lhe restava para evitar a prisão era aceitar o convite de Dilma, tornando-se seu ministro chefe da Casa Civil. Sérgio Moro, por seu turno, não pensou duas vezes para implodir a tardia reação de Lula. O juiz vazou a gravação de uma conversa telefônica na qual Dilma e seu predecessor acertavam os ponteiros da posse, deixando a impressão de que a nomeação visava garantir-lhe foro privilegiado, talhada para impedir sua eminente prisão. De fato, a posse de Lula o colocaria fora do raio de alcance de Curitiba. Entretanto, naquele momento, como bem sabia Moro, não havia e nem estava em preparação um pedido de prisão do ex-presidente. Aquela intempestiva decisão do juiz de primeira instância — de publicitar gravações ilegais da mandatária máxima da nação — dá bem a ideia da fragilidade política de Dilma e da força da Lava Jato.

O ruidoso atropelo de Moro surtiu efeito. Após o vazamento do áudio, o ministro do STF Gilmar Mendes vetou a posse de Lula em decisão monocrática, sob a alegação de que, ao nomeá-lo, Dilma visava protegê-lo de Curitiba, o que consubstanciaria desvio de função. Em seguida, Moro soltou vários áudios cujos conteúdos de fato indicavam que Lula se movimentava para evitar uma ordem de prisão. Se, agindo politicamente, um juiz federal da primeira instância podia botar o ex-presidente na cadeia, absolutamente ninguém em Brasília estava a salvo. Era um salve-se quem puder. Restava aos políticos investigados — bem como aqueles com medo

45. A decisão renderia frutos: após o *impeachment*, o PP recebeu de Temer justamente o que Dilma lhe havia oferecido.

de cair nas garras dos investigadores — impor ao Brasil um novo governo que os salvasse.

Sob o fogo pesado da Lava Jato, o PMDB deixou oficialmente o governo em abril, levando consigo demais partidos da base. O PSD foi o último a sair, com Kassab pedindo demissão da pasta das Cidades literalmente na antevéspera da votação do *impeachment* na Câmara. O placar foi um verdadeiro massacre: 367 a favor e 137 contra, com vários deputados agradecendo a Deus e a familiares — pouco se falou dos eleitores ali em teoria representados. Além do PT, apenas os pequeninos esquerdistas PSOL e PCdoB apoiaram o governo.

A presidente teria meses para preparar sua defesa no Senado, onde o mérito do pedido de afastamento seria julgado. Mas formar a maioria de dois terços necessária para o *impeachment* era tarefa relativamente mais simples entre os senadores do que os deputados. Para efeitos políticos, Dilma saíra de cena. A fim de se livrarem de um governo que não quis ou não pôde lhes proteger da Lava Jato, os parlamentares defenestraram a mandatária máxima da República, impondo o trauma do *impeachment* pela segunda vez ao país. Chegava-se ao cume da crise política que marcara os anos 2010, o ponto final da narrativa deste livro.

CONCLUSÃO

Várias explicações são comumente levantadas para o afastamento da presidente Dilma. O Brasil estava passando por umas das piores recessões de que se tem notícia, com direito a um pico inflacionário, numa crise que havia sido em boa medida protelada e acrescida pelo governo para depois das eleições de 2014. Vivia-se um flagrante caso de estelionato eleitoral. Contudo, outras recessões e estelionatos eleitorais haviam se abatido sobre o país, não necessariamente derrubando o governo. A crise econômica talvez tenha sido condição necessária para o *impeachment*, mas não foi suficiente. Fala-se bastante da inaptidão política de Dilma, em argumento que beira o deboche e parece não reconhecer o óbvio: por menos dotada de verve que seja, a presidente comprovou competência ao ascender meteoricamente, chegando ao cargo máximo do Estado. Até recentemente uma técnica desconhecida, proveniente do governo do Rio Grande do Sul, Dilma se impôs como nome forte do governo Lula, a ponto de disputar a eleição presidencial de 2010, seu primeiro pleito. Uma vez no Planalto, a presidente logrou reeleger-se nas eleições mais disputadas em pelo menos um quarto de século. Dilma tem seu valor; dizer que ela caiu por simples falta de tato político é um exagero.

Um dos objetivos deste capítulo foi explicar o *impeachment* de Dilma, o grande evento político dos anos 2010 — ao menos até a eleição de Jair Bolsonaro, que está fora do escopo deste livro. Para tanto, narrou-se a formação da grande crise política daqueles anos, cujas causas envolvem temas coligados à dinâmica partidária e ao combate à corrupção. A principal conclusão é a de que o *impeachment* só foi possível em razão da combinação de vários fatores. Além da crise econômica, as investigações levadas a cabo pela Lava Jato ganharam vida própria para causar um terremoto jamais visto no centro da política nacional. Sem se sentirem acossados pelos investigadores, os congressistas não teriam impichado a presidente. A classe política achava que Dilma não os protegeria, quer por predileção, incapacidade ou simples inação. Somente com o vice-presidente Michel Temer em seu lugar, devidamente empossado no Planalto, os parlamentares — incluindo tanto os da situação quanto os de oposição — estariam a salvo.

Para se entender a origem dessa crença — de que só se derrubando a presidente se brecaria a Lava Jato — deve-se voltar ao primeiro governo Lula, quando Dilma passou do Ministério de Minas e Energia para a Casa Civil. Conforme salientado no capítulo anterior, a ministra era a pessoa certa na hora certa por ser a antítese de Dirceu, que fora abatido pelo escândalo do Mensalão. A futura presidente surgiu na política nacional como a opção do PT e do governo ante aquele escândalo de corrupção, como uma página nova, necessária após o partido perder, em definitivo, o selo de campeão ético que havia sido construído desde seu surgimento na década de 1980.

Dilma se agarrou a essa imagem com todas as forças. Durante seu primeiro mandato, ela protagonizou "faxinas éticas" nas quais demitia ministros denunciados por corrupção. A presidente jogava para a plateia: por mais que boa parte do público e a grande mídia batessem palmas, as pastas ficavam com os mesmos partidos, pouco mudava de fato. Todavia, em um primeiro momento, a ênfase na tal limpeza ministerial rendeu frutos políticos. Ao construir uma imagem ética, Dilma se diferenciava do ex-presidente Lula, visto como o gênio das alianças, mas sobre quem pairava a pecha de leniente com a corrupção ou, para os mais avessos, de ladrão. Fortalecida, a mandatária ensaiou um voo autônomo, indicando ministros — e sobretudo ministras — independentemente de Lula e outros cardeais petistas.

A popularidade de Dilma estava nas alturas quando todos foram pegos de surpresa pelas enormes manifestações de 2013. O que havia se iniciado contra o aumento de passagens de transporte urbano tornou-se uma catarse coletiva que incluía de tudo, de autonomistas à extrema direita. Até então ofuscada pelas popularidades dos governos petistas, a direita marcou presença desde o início, levando às ruas suas tradicionais pautas relativas a costumes e, cada vez com maior ênfase, contra a corrupção.

O grande erro de Dilma foi apostar que poderia competir com a direita no combate à corrupção. Diante das manifestações, a presidente deu sua grande contribuição institucional aos investigadores do Ministério Público ao sancionar a lei da delação premiada, instrumento que viria a se tornar a base da Lava Jato. Entretanto, na medida em que Sérgio Moro, o Juiz da Lava Jato em Curitiba, ganhava fama, as chances da presidente de continuar surfando na onda anticorrupção encaixotavam-se com uma outra onda, a do antipetismo. Dilma realmente achou que conseguiria fazer da Lava Jato um aliado; perdeu e pagou caro por isto.

Não tardou muito para que o objetivo número um de Moro, prender Lula, conduzisse as investigações a Brasília, incluindo políticos com foro privilegiado, em um claro transbordamento de sua jurisdição. Houve reação por parte do procurador-geral da República, Rodrigo Janot, cuja equipe conduzia a Lava Jato em Brasília, focada nas lideranças do PMDB. Com amplo espaço e apoio na mídia, as forças-tarefas curitibana e brasiliense promoveram uma corrida investigativa que botou os cardeais de todos os partidos políticos contra as cordas.

Coube aqui examinar dois outros motivos comumente apontados para o *impeachment*: a mobilização popular, com a direita nas ruas, e a rixa entre o Planalto e o presidente da Câmara, na figura do peemedebista carioca Eduardo Cunha. É certo que, após 2014, os manifestantes abraçaram cada vez mais a bandeira do *impeachment*. Quando o afastamento de Dilma se pôs em discussão, porém, a avenida Paulista já estava esvaziada. Lideranças do MBL conduziram alguns gatos pingados em uma marcha planejada para multidões entre São Paulo e Brasília. O vexame foi tamanho que o senador tucano Aécio Neves, que lhes havia convidado à capital com a esperança de galvanizar-se na jovem malta conservadora, descumpriu o combinado e não apareceu à pedestre chegada. Pouco restava a Kim Kataguiri e seus colegas de MBL além de se reunirem com a mais alta autoridade disposta a recebê-los: Eduardo Cunha, presidente da Câmara, sobre quem pairavam acusações de corrupção. A incoerência do encontro transferiu de vez a pressão pelo *impeachment* das ruas aos palácios de Brasília.

Não restam dúvidas de que a eleição de Cunha para comandar a mesa diretora da Câmara dos Deputados representou uma derrota para o governo. Derrota que se tornou ainda mais patente pelo fato de o governo ter decidido lançar candidato próprio, cuja votação foi para lá de inexpressiva. No entanto, deve-se indagar por que o presidente da casa queria tanto o *impeachment* de Dilma. Sejam quais forem as razões para o ódio recíproco entre ambos, o fato é que o presidente da Câmara só se dispôs a apoiar o processo contra a presidente da República após ser denunciado pela Lava Jato. Em síntese, Cunha usou a ameaça de *impeachment* para obter a proteção que Dilma não quis ou não tinha como lhe dar. No entanto, sozinho, o astuto e combativo político carioca jamais poderia derrubar Dilma. Cunha tinha a prerrogativa de aceitar os inúmeros pedidos de *impeachment* que chegavam ao Congresso, mas não o faria se não pudesse arregimentar os dois terços dos votos parlamentares necessários para dar seguimento ao processo.

Foi a Lava Jato que decidiu a parada. Em uma série de ações, que incluíam as prisões do líder do governo no Senado e dos marqueteiros responsáveis pelas finanças da campanha de Dilma à reeleição, mas cujo ponto alto foi a condução coercitiva do ex-presidente Lula, o Ministério Público Federal deixou claro que nenhum político estaria a salvo da Lava Jato. Instaurou-se o salve-se quem puder. Acuados, com medo da prisão, os cardeais do PMDB e PSDB finalmente fecharam o acordo pelo *impeachment*, em torno do governo Temer, arrastando consigo praticamente todos os outros partidos além do PT.

O *impeachment* teve três motores políticos, dois estruturais e um conjuntural. De estruturais, figuram a disputa entre tucanos e petistas pela Presidência e a difícil relação entre governos — seja lá quais fossem — e o grande condomínio de caciques que é o PMDB. São tônicas da história brasileira recente, narradas em destaque e alguma dose de repetição ao longo deste livro. O fator conjuntural, o que fez as tensões estruturais ebulirem após destilação de longa data, foi a Lava Jato.

Cabe aqui mais uma pergunta, cuja resposta está além deste livro: como um conjunto de investigações sobre esquemas de corrupção tomou tamanha força política? Deve-se destacar suas origens de longo curso, como a frustração com a ética na política durante a redemocratização e o espaço e força dados ao Ministério Público na Constituição de 1988 — respectivamente, um fenômeno que desencadeou um evento, ambos retratados no começo deste livro. A potência da Lava Jato pode ter sido conjuntural, mas sua escalada não surgiu do nada, tinha raízes nos primórdios da Nova República. Resta notar, por fim, que a crise foi maior do que se imaginava, que os perdedores incluíram o *establishment* político como um todo. Como antecipou Dilma — ver a epígrafe do capítulo —, todos perderam.

Epílogo

Nascida na longa crise político-econômica que serviu de pano de fundo para o processo de redemocratização, a Nova República passou por uma segunda crise geral de grandes proporções na década de 2010, o marco final deste livro. A crise ocorrida durante o *impeachment* da presidente Dilma Rousseff não se amainou após a posse de Temer. O presidente governou com o objetivo premente de não cair, em meio às investidas investigativas promovidas pela PGR. Escândalos de corrupção, estagnação econômica e a alcunha de traidor — que lhe coube após ter mudado de lado para abraçar o *impeachment* de Dilma — fizeram de Temer o presidente mais impopular da história democrática do Brasil, com níveis de aprovação praticamente iguais a zero. Temer sustentou-se quase que exclusivamente no Congresso — além da cúpula das Forças Armadas, a quem fez uma série de agrados, como a nomeação do primeiro militar para o Ministério da Defesa desde a década de 1990. Seu governo foi exclusivamente palaciano, sem apoio algum fora dos tapetes de Brasília. Principal beneficiado do *impeachment*, o político paulista caiu em desgraça após deixar o Planalto, praticamente sumindo da arena política nacional — além de experimentar uma breve passagem pela prisão. Destinos parecidos sofreram Aécio Neves e Eduardo Cunha, outros importantes personagens do *impeachment*. Apesar de Aécio ter conseguido escapar do xilindró, os investigadores criaram problemas suficientes para colocá-lo no ostracismo político.

Tal como eram conhecidos, PSDB e PMDB desapareceram nos anos que se seguiram ao *impeachment*. Não lhes restou muito mais do que tentar pegar carona na onda de ultradireita surfada pelo presidente Jair Bolsonaro, cujo sucesso em se vender como *outsider* valeu-lhe a vitória eleitoral de 2018. O DEM (antigo PFL) foi com mais afinco atrás de Bolsonaro e nesse processo acabou perdendo sua relevância. Curiosamente, o PT, a princípio a grande vítima do *impeachment*, cujo calvário incluiria ainda a prisão de Lula e uma seca eleitoral no final da década de 2010, conseguiu se reerguer a ponto de ganhar as eleições presidenciais de 2022. Mas cabe lembrar que a vitória de Lula foi, do ponto de vista de votos, praticamente um empate com Bolsonaro, em que pese sua horrenda gestão durante a pandemia da Covid-19.

Os efeitos da crise política de 2010 se mostraram permanentes, infelizmente comprometendo institucionalmente a democracia brasileira. Os partidos perderam importância. Mesmo o PT dificilmente teria se recuperado tal como o fez não fosse pela liderança pessoal de Lula; é incerta sua sobrevida sem seu grande líder. As eleições se tornaram mais radicalizadas, com menos debate e mais fúria. A deterioração institucional reflete-se na forma cada vez mais agressiva e explícita com que os governos usam a máquina pública e a política econômica para elevar suas chances de sucesso eleitoral, haja vista os disparates ocorridos na campanha de 2022. Se a Nova República surgiu com a experiência democrática que se iniciara na crise dos anos 1980, ela parece ter entrado em um longo processo de deterioração na crise que se abateu 30 anos depois.

A despeito dessas sombrias perspectivas, cabe aqui, a fim de concluir este livro, ressaltar as conquistas da Nova República, as quais foram muitas e significativas. Em primeiro lugar, construiu-se um sistema democrático capaz de garantir eleições livres e limpas, efetivo direito de associação e um razoável grau de limite ao governo, com um sistema de pesos e contrapesos que, embora bastante imperfeito, foi capaz de evitar que arroubos autoritários botassem tudo a perder. Isso não é pouco e deve ser valorizado. Por detrás dessa construção institucional está um sistema partidário que por vezes se mostra disfuncional a ponto de gerar suas próprias crises — como é o caso em praticamente qualquer democracia. Partidos são sempre imperfeitos, assim como o é o sistema de representação que garante a democracia em sociedades complexas. Mas sem os partidos não há democracia representativa. Cabe às legendas competirem em eleições, fazendo com que, ao longo de vários ciclos eleitorais, legisladores e governantes criem leis e desenvolvam políticas públicas de acordo com as opiniões expressas nas urnas, por mais confuso, tortuoso e penoso que seja esse processo. Cabe também aos partidos protegerem o sistema democrático de grupos e lideranças identificados com o autoritarismo, inclinados a imporem quebras institucionais, evitando que os saudosos da ditadura se apresentem com chances de vitória em eleições ou, pior, que cheguem ao poder.

Não é exagero afirmar que, até a década de 2010, o sistema democrático brasileiro, incluindo aí seus partidos, funcionou a contento. A partir do *impeachment* de Collor, os partidos que se revezaram no Planalto formaram consensos repetidamente referendados nas urnas. As administrações de FHC e Lula entregaram políticas públicas que de fato transformaram o país para melhor, e as coligações que as sustentavam foram premiadas por isso. Entram na lista conquistas como o Plano Real, graças ao qual as enormes mazelas sociais deixadas pelo Regime Militar puderam ser progressivamente minoradas por políticas públicas de sucesso, cujos objetivos eram expressos na Constituição de 1988, mas cujas consecuções só foram possíveis graças à modernização do Estado, à racionalização das relações federativas e à estabilidade econômica. Os resultados incluíram a universalização da educação básica e a expansão do SUS, ainda na década de 1990, sob os governos tucanos. Os dividendos eleitorais foram compartidos com o PT, cujas administrações tiveram o mérito de não apenas preservar essas conquistas, como também de intensificá-las em volume e em expandi-las, com a criação de novas iniciativas de sucesso. Foi assim com o Bolsa Família, em uma década economicamente benigna na qual os petistas estiveram no poder e milhões saíram da pobreza.

Em suma, o Brasil viveu um apogeu democrático nos 18 anos de estabilidade institucional e melhorias sociais que se estenderam da posse de Itamar ao primeiro governo Dilma.

Para fechar este livro, cabe propor duas perguntas: (1) como um sistema político que produziu estes "18 gloriosos" pôde se enveredar na crise institucional que se seguiu a partir de então? (2) posto que a política brasileira já entregou tantos resultados no passado recente, será ela capaz de se reerguer, voltando a produzir a estabilidade democrática e as políticas públicas implementadas nas décadas de 1990 e 2000?

Essas perguntas estão fora do escopo deste livro. Entretanto, fica aqui uma contribuição inicial para as respostas na forma de conhecimento do que se passou na arena política partidária nacional durante a Nova República, entre as crises dos anos 1980 e 2010, antes e depois dos "18 gloriosos". Sem o entendimento do que deu certo ou errado naquele período, não se pode esperar um reerguimento da democracia brasileira. Esse conhecimento deve ir além da política partidária, enveredando-se na forma com a qual governos podem e devem melhorar a vida das pessoas: a política econômica.

A gestão da economia é justamente o tema do segundo volume desta coleção, que se complementa com este livro no entendimento da história recente do Brasil. Escrito por um grupo de economistas e historiadores econômicos, o segundo volume aborda a gestão da política macroeconômica de cada governo, de Sarney a Dilma, cobrindo planos econômicos bem-sucedidos como o Real, além de retumbantes fracassos, como os planos Cruzado e a "Nova Matriz Econômica". O novo livro trata ainda das condicionantes e dos impactos de longo prazo de políticas públicas relativas às áreas social, educacional e comercial. Após conhecer os meandros da política nacional, o leitor que conclui aqui este livro terá a oportunidade de se aprofundar em política econômica, na forma com a qual os políticos que comandaram o país nas últimas décadas influíram na economia, nas condições de vida dos brasileiros.

Agradecimentos

Começamos a escrever este livro durante a pandemia de Covid-19 e terminamos enquanto estávamos em sabático da Escola de Economia de São Paulo (FGV EESP), um em Cambridge (MA) e o outro em Genebra. Uma boa parte da feitura do livro foi, portanto, realizada à distância. Mas nem por isso o processo foi solitário. Contamos com a fundamental ajuda de vários colegas e amigos.

Agradecemos a Ricardo Balthazar, Glauco Peres da Silva e Maria Hermínia Brandão Tavares de Almeida pela leitura atenta e valiosíssimos comentários. Octavio Amorim, Fernando Henrique Eduardo Guarnieri, Sergio Simoni Jr., Thais Bilenky e José Roberto de Toledo também contribuíram com sugestões certeiras e precisas. Thales Pereira e Thomas Kang nos enviaram comentários e correções ao longo do processo de escrita. Rafael Cariello nos deu sugestões fundamentais relativas à estrutura do livro, tornando-o mais simples e convincente. George Avelino nos ajudou na difícil tarefa de inventar um título.

Nosso ex-aluno e agora colega Gabriel Caseiro colaborou intensamente nas seções sobre eleições do capítulo 2. Sua *expertise*, construída após uma virtuosa passagem pelo Centro de Política e Economia do Setor Público (Cepesp FGV), fez com que nosso trabalho se tornasse mais sólido com relação às regras eleitorais, fundamentais em qualquer sistema democrático. É por esse motivo que ele coautora o capítulo 2.

Agradecemos também os principais coautores do segundo volume desta coleção, que trata de política econômica, com quem estivemos em ativa comunicação do início ao fim da redação deste primeiro volume. Entram na lista André Portela, Emanuel Ornelas, Heleno Piazentini, João Paulo Pessoa, Lycia Silva e Lima, Marcos Nakaguma, Thales Pereira e Thomas Kang.

Por fim, agradecemos a nossas companheiras, Julia da Mota e Angela Alonso, pelo apoio e afeto, essenciais no nosso dia a dia, importantíssimos no nosso desafio de resumir quatro décadas de política em um livro curto.

Referências

"DESLULIZAÇÃO" já avança no 2º escalão do governo. *O Estado de S. Paulo,* 7 ago. 2011.

"É PARA abrir mesmo. E quem quiser que não abra, eu prendo. Arrebento. Não tenha menor dúvida." *O Globo,* 15 out. 1978.

"NÃO são só 20 centavos", dizem manifestantes na avenida Paulista. *Folha de S.Paulo,* 19 jun. 2013.

"NEGÓCIO melhorou quando começamos a matar": áudios inéditos revelam bastidores da ditadura nos 60 anos do golpe. *O Globo,* 28 mar. 2024.

"SE eu derrubo Dilma agora, no dia seguinte, vocês me derrubam", diz Cunha à oposição. *O Estado de S. Paulo,* 13 out. 2015.

52% DESAPROVAM governo de Brizola no Rio. *Folha de S.Paulo,* 15 mar. 1994.

74% DA POPULAÇÃO é favorável à vinda de médicos estrangeiros, diz pesquisa. *UOL,* 10 set. 2013.

A CRISE da pasta cor-de-rosa. *O Globo,* 8 dez. 1995.

AARÃO REIS, D. *Ditadura e democracia no Brasil: do golpe de 1964 à Constituição de 1988*. São Paulo: Zahar, 2014.

ABAIXO da cintura. *IstoÉ,* 28 fev. 2001.

ABRANCHES, S. H. Presidencialismo de coalizão: o dilema institucional brasileiro. *Dados: Revista de Ciências Sociais,* v. 31, n. 1, p. 5-34, 1988.

ABRUCIO, F. L.; SAMUELS, D. A nova política dos governadores. *Lua Nova: Revista de Cultura e Política,* v. 40-41, p. 137-166, 1997.

ACM apoia salário mínimo de cem dólares. *Senado Notícias,* 9 fev. 2000.

ACM defende Collor e critica imprensa. *O Estado de S. Paulo,* 26 set. 1992. p. 7.

ACM é eleito presidente do Senado. *Agência Folha,* 4 fev. 1997.

ACM, de volta: FH "perdeu rumo e senso". *O Estado de S. Paulo,* 9 mar. 2001.

ALA tucana defende saída total de carlistas. *Folha de S.Paulo,* 27 fev. 2001.

ALENCAR, K. PMDB discutirá oferta de Lula em convenção. *Folha de S.Paulo,* 26 jun. 2005. p. A21.

ALENCASTRO, L. F. Os riscos do vice-presidencialismo. *Folha de S.Paulo,* 25 out. 2009. p. A3.

ALONSO, A. *Treze: a política de rua de Lula e Dilma.* São Paulo: Companhia das Letras, 2023.

ALVAREZ, M. et al. Classifying political regimes. *Studies in Comparative International Development*, v. 31, p. 3-36, 1996.

ALVES, C. E. Lula defende acordo entre PT e Covas. *Folha de S.Paulo*, 15 nov. 1998.

ALVOS da Lava Jato doaram R$ 109 milhões a Dilma e Aécio. *O Estado de S. Paulo*, 26 nov. 2014.

ANTÔNIO Carlos nega articulação em favor do vice. *O Estado de S. Paulo*, 27 jul. 1992. p. 6.

APÓS encontro com Lula, Renan e PMDB jantam com Aécio e selam reaproximação com tucanos. *O Estado de São Paulo*, 9 mar. 2016.

ARAÚJO, M. *Mudança partidária: a evolução das migrações partidárias na câmara dos deputados: 1979/1999*. Dissertação (mestrado) — Universidade de São Paulo, São Paulo, 2000.

ASSEMBLEIA NACIONAL CONSTITUINTE. VI — Comissão da Ordem Econômica, VI-C — Subcomissão da Política Agrícola e Fundiária e da Reforma Agrária. *Relatório e Anteprojeto*. 8 maio 1987a. v. 177.

______. VI — Comissão da Ordem Econômica, VI-C — Subcomissão da Política Agrícola e Fundiária e da Reforma Agrária. *Relatório*. 24 maio 1987b. v. 181.

AVALIAÇÃO da presidente Dilma Rousseff. *Datafolha*, 27-28 jun. 2013. Disponível em: http://media.folha.uol.com.br/datafolha/2013/07/01/avaliacao-dilma.pdf. Acesso em: 16 ago. 2024.

AVALIAÇÃO de governadores. *Datafolha*. Disponível em: https://centrodametropole.fflch.usp.br/pt-br/presidentes-e-governadores/governadores/avaliacao-governadores-datafolha. Acesso em: 16 ago. 2024.

AVALIAÇÃO de presidentes. *Datafolha*. Disponível em: https://centrodametropole.fflch.usp.br/pt-br/presidentes-e-governadores/presidentes/datafolha/avaliacao. Acesso em: 16 ago. 2024.

AVALIAÇÃO governo Collor — 1992. *Datafolha*, 1º jun. 1992. Disponível em: http://media.folha.uol.com.br/datafolha/2013/05/02/aval_pres_01061992.pdf. Acesso em: 16 ago. 2024.

AVELINO, G.; BIDERMAN, C. *Os custos da campanha eleitoral no Brasil: uma análise baseada em evidência*. São Paulo: Editora FGV, 2019.

BACHA, E. *Podcast Plano Real*. Disponível em: https://iepecdg.com.br/podcast/. Acesso em: 16 ago. 2024.

BALBI, S. Futura ministra descarta privatização de elétricas. *Folha de S.Paulo*, 28 dez. 2002. p. B3.

BENJAMIN, C. Por que deixo o PT. *Folha de S.Paulo*, 23 ago. 1995.

BIBLIOTECA DA PRESIDÊNCIA DA REPÚBLICA. Discurso da Presidenta da República, Dilma Rousseff, durante cerimônia alusiva à viagem inaugural do navio Dragão do Mar e batismo do navio Henrique Dias no Estaleiro Atlântico Sul — Ipojuca/PE. 14 abr. 2014. Disponível em: www.biblioteca.presidencia.gov.br/presidencia/ex-presidentes/dilma-rousseff/discursos/discursos-da-presidenta/discurso-da-presidenta-da-republica-dilma-rousseff-durante-cerimonia-alusiva-a-viagem-inaugural-do-navio-dragao-do-mar-e-batismo-do-navio-henrique-dias-no-estaleiro-atlantico-sul. Acesso em: 16 ago. 2024.

_______. *Ministérios*. Disponível em: www.biblioteca.presidencia.gov.br/presidencia/ex-presidentes/fernando-henrique-cardoso/equipe-de-governo/ministerios. Acesso em: 16 ago. 2024.

BRAGON, R.; TALENTO, A. Registro eletrônico da Câmara reforça suspeita contra Cunha. *Folha de S.Paulo*, 28 abr. 2015.

BRAMATI, D. FHC e ACM disputam ação antipobreza. *Folha de S.Paulo*, 22 jul. 1999.

BRASIL. *Emenda Constitucional nº 25*, de 15 maio de 1985a.

_______. *Emenda Constitucional nº 26*, de 27 de novembro de 1985b.

_______. *Emenda Constitucional nº 16*, de 4 de junho de 1997a.

_______. *Emenda Constitucional nº 17*, de 23 de novembro de 1997b.

_______. *Lei nº 7.434*, de 19 de dezembro de 1985c.

_______. *Lei nº 7.444*, de 20 de dezembro de 1985d.

_______. *Lei nº 7.454*, de 30 de dezembro de 1985e.

_______. *Lei nº 7.508*, de 4 de julho de 1986.

_______. *Lei nº 9.096*, de 19 de setembro de 1985f.

_______. *Lei nº 9.100*, de 29 de setembro de 1995.

_______. *Lei nº 9.504*, de 30 de setembro de 1997c.

_______. *Lei nº 12.034*, de 29 de setembro de 2009.

_______. *Lei nº 12.850*, de 2 de agosto de 2013.

_______. *Mais Médicos — dois anos*: mais saúde para os brasileiros. Brasília: Ministério da Saúde, 2015.

_______. Ministério da Gestão e da Inovação em Serviços Públicos. *Banco de Dados Memórias Reveladas*. Disponível em: www.memoriasreveladas.gov.br. Acesso em: 16 ago. 2024.

_______. *Resolução da Câmara dos Deputados nº 5*, de 27 de junho de 1996.

_______. Supremo Tribunal Federal. ADI 1.351-3. Rel. min. Marco Aurélio Mello, 7 de dezembro de 2006.

_______. Supremo Tribunal Federal. ADI 1.354-8. Rel. min. Marco Aurélio Mello, 29 de julho de 2007.

BRASIL tem que passar pelo PT. *Folha de S.Paulo*, 24 set. 2002.

BRASIL teria só 7 partidos fortes de STF tivesse mantido a cláusula de 2006, *Poder 360*, 21 ago. 2017.

BORGES, J. *Eles não são loucos: os bastidores da transição presidência FHC-Lula*. São Paulo: Companhia das Letras, 2022.

CABRAL, O. *Dirceu, a biografia*. São Paulo: Record, 2013.

CÂMARA DOS DEPUTADOS. Atividade Legislativa, 27 ago. 2003. Disponível em: www2.camara.leg.br/atividade-legislativa/plenario/chamadaExterna.html?link=http://www.camara.gov.br/internet/votacao/mostraVotacao.asp?ideVotacao=1940. Acesso em: 16 ago. 2024.

_______. *Diário do Congresso Nacional*, 30 set. 1992.

CÂNEGO-PINHEIRO, M. Bolsa família ou desemprenho da economia? Determinantes da reeleição de Lula em 2006. *Economia Aplicada*, v. 19, n. 1, p. 31-61, 2015.

CARDOSO, F. H. *Diários da Presidência, 1995-1996*. São Paulo: Companhia das Letras, 2015. v. 1.

______. *Diários da Presidência, 1996-1997*. São Paulo: Companhia das Letras, 2016. v. 2.

______. *Diários da Presidência, 1998-1999*. São Paulo: Companhia das Letras, 2017. v. 3.

______. *Diários da Presidência, 2000-2001*. São Paulo: Companhia das Letras, 2019. v. 4.

______; LAMOUNIER, B. *Os partidos e as eleições no Brasil*. Rio de Janeiro, Paz & Terra, 1978.

CARTA de peemedebistas decide o futuro do partido. *Folha de S.Paulo*, 4 fev. 1998. p. A6.

CARVALHO, R., 2012. *A era Collor:* da eleição ao impeachment. São Paulo: Anita Garibaldi.

CAVGIAS, A. et al. Media manipulation in young democracies: evidence from the 1989 Brazilian presidential election. *Comparative Political Studies*, v. 57, n. 2, p. 221-253, 2024.

CASTANHÊDE, E. "Não é hora de afastar Dilma nem de pactuar", diz FHC. *O Estado de S. Paulo*, 10 mar. 2015.

______; CRUZ, Valdo. FHC prevê 2º turno se Itamar disputar. *Folha de S.Paulo*, 4 fev. 1998. p. 6.

CASTELLO BRANCO, C. De conservadores e progressistas. *Jornal do Brasil*, 1º jun. 1985.

______. Entra a campanha na etapa final. *Jornal do Brasil*, 10 set. 1989a.

______. Forças Armadas com cinco anos. *Jornal do Brasil*, 7 maio 1988.

______. Forte rejeição à agenda de Collor. *Jornal do Brasil*, 7 jan. 1992.

______. Jogando tudo na medida 168. *Jornal do Brasil*, 11 abr. 1990a.

______. Nada protege o PDS na sucessão. *Jornal do Brasil*, 5 jan. 1984a.

______. O plano passa mas com a marca do Congresso. *Jornal do Brasil*, 3 abr. 1990b.

______. O povo crê na eleição direta. *Jornal do Brasil*, 28 mar. 1984b.

______. Todos lutam por ser o anti-Sarney. *Jornal do Brasil*, 25 jul. 1989b.

CBN. *A Ditadura recontada*. Episódio 5: A bagunça. 25 abr. 2024. min. 60. Disponível em: https://cbn.globo.com/podcasts/a-ditadura-recontada. Acesso em: 16 ago. 2024.

CIRO Gomes diz que há "sabotagem" contra transposição do São Francisco. *Gazeta do Povo*, 28 nov. 2005.

COLUNA do Estadão. *O Estado de S. Paulo*, 30 jul. 1992. p. 6.

COM retorno do *impeachment*, Lula viaja a Brasília para encontro com Dilma. *O Estado de S. Paulo*, 8 mar. 2016.

CONGRESSO do PT oficializa Dilma como pré-candidata à Presidência. *UOL*, 2 fev. 2010.

CONTI, M. S. *Notícias do Planalto: a imprensa e Fernando Collor*. São Paulo: Companhia das Letras, 1999.

CORRUPÇÃO desmascarada. *IstoÉ*, 21 dez. 2011.

COSTA PINTO, L. *Trapaça: saga política no universo Brasileiro* (v. 1, Collor). São Paulo: Geração Editora, 2019.

COSTA, R. Sem "onda vermelha" no horizonte. *Valor Econômico*, 19 mar. 2014.

COUTO, C. G.; ABRUCIO, F. O segundo governo FHC: coalizões, agendas e instituições. *Tempo Social*, v. 15, n. 2, p. 269-301, 2003.

CPDOC. *A trajetória política de João Goulart*. Disponível em: https://cpdoc.fgv.br/producao/dossies/Jango/biografias/osvaldo_lima_filho. Acesso em: 16 ago. 2024a.

______. *Programa de Aceleração do Crescimento (PAC)*. Disponível em: www.fgv.br/cpdoc/acervo/dicionarios/verbete-tematico/programa-de-aceleracao-do-crescimento-pac. Acesso em: 16 ago. 2024b.

CPI não vai atrapalhar ninguém. *O Estado de S. Paulo*, 31 maio 1992. p. 4.

CRUZ, S. C. V. E.; MARTINS, C. E. De Castello a Figueiredo: uma incursão na pré-história da "abertura". In: SORJ, Bernardo; ALMEIDA, Maria Hermínia Tavares de (Org.). *Sociedade política no Brasil pós-64*. São Paulo: Brasiliense, 1983.

CRUZ, V. Dilma e sua ficção real. *Folha de S.Paulo*, 15 set. 2014.

CRUZ NETO, O. Governo corre risco real de ser derrotado em ação no Supremo. *Folha de S.Paulo*, 14 abr. 1996.

CUNHA diz que há componente de "aversão ao PT" na crise política. *Valor Econômico*, 16 mar. 2015.

CUNHA: PMDB "finge" que está no governo e "eles fingem também". *Valor Econômico*, 29 mar. 2015.

DE LA O, L. A. *Crafting policies to end poverty in Latin America*. Cambridge: Cambridge University Press, 2015.

DALLAGNOL, D. *A luta contra a corrupção*: a Lava Jato e o futuro de um país marcado pela impunidade. Primeira Pessoa, 2017.

DATAFOLHA. Disponível em: https://centrodametropole.fflch.usp.br/pt-br/presidentes-e-governadores/governadores/avaliacao-governadores-datafolha. Acesso em: 16 ago. 2024.

DEPOIS de 78, muitas mudanças. *O Estado de S. Paulo*, 21 ago. 1983. p. 48.

DEPUTADOS barram destaque e salvam privilégios. *O Estado de S. Paulo*, 16 maio 1996. p. A4.

DIEGUEZ, C. Sérgio Rosa e o mundo dos fundos. *Piauí*, n. 35, ago. 2009.

DILMA diz que Mantega não fica como ministro em seu segundo mandato. *G1*, 8 set. 2014.

DILMA escolhe Michel Temer como coordenador e amplia força do PMDB. *Valor Econômico*, 8 abr. 2015.

DINIZ, S. Interações entre os poderes Executivo e Legislativo no processo decisório: avaliando sucesso e fracasso presidencial. *Dados*: Revista de Ciências Sociais, v. 48, n. 1, p. 333-369, 2005.

EM BRASÍLIA, Asa norte tem noite antiDilma. *O Estado de S. Paulo*, 21 fev. 2014.

EM CAFÉ com senadores, Lula fala em assumir coordenação informal do governo Dilma. *O Estado de São Paulo*, 9 mar. 2016.

ENTENDA o caso da pasta. *Folha de S.Paulo*, 1º mar. 1996.

ENTREVISTA concedida pela presidenta da República, Dilma Rousseff, ao Jornal da Band — Brasília/DF. *Biblioteca da Presidência da República*, 28 out. 2014. Disponível em: www.biblioteca.presidencia.gov.br/presidencia/ex-presidentes/dilma-rousseff/entrevistas-presidenta/entrevista-concedida-pela-presidenta-da-republica-dilma-rousseff-ao-jornal-da-band-brasilia-df. Acesso em: 16 ago. 2024.

ESPECULAÇÃO. *Valor Econômico*, 21 mar. 2014.

EXCLUSIVO: Dilma Rousseff dá primeira entrevista após reeleição. *Jornal da Record*, 27 out. 2014. Disponível em: https://record.r7.com/jornal-da-record/videos/exclusivo-dilma-rousseff-da-primeira-entrevista-apos-reeleicao-06102018. Acesso em: 16 ago. 2024.

FAGANELO, M. A.; SIMONI, S.; CATELANO, O. Z. Revisitando 1989: uma análise da eleição de Collor com novos dados e models de regressão espacial. *Revista de Sociologia e Política*, v. 30, p. 1-21, 2022.

FALCÃO, M. Em meio a denúncias, PT defende enfrentamento da corrupção. *Folha de S.Paulo*, 3 nov. 2014a.

______. Pedido do PSDB para auditoria na eleição "não é sério", diz corregedor. *Folha de S.Paulo*, 31 out. 2014b.

FIGUEIREDO, A. C.; LIMONGI, F. *Executivo e Legislativo na nova ordem constitucional*. Rio de Janeiro: Editora FGV, 2001.

______; ______. Political institutions and governmental performance in Brazilian Democracy. In: FONTAINE, D. de la; STEHNKEN, T. (ed.). *The political system of Brazil*. Heidelberg: Springer Berlin, 2016. p. 63-82.

FILHO, M. *Impeachment* pode fazer o Brasil caminhar novamente, diz FHC. *Folha de S.Paulo*, 4 dez. 2015.

FISCH, A.; MESQUITA, L. Reformas eleitorais no Brasil contemporâneo: mudanças no sistema proporcional e de financiamento eleitoral. *Estudos Avançados*, v. 36, p. 33-53, 2022.

FLEISCHER, D. The Constituent Assembly and the transformation strategy: attempts to shift political power in Brazil from the presidency to Congress. In: GRAHAM, L. S.; WILSON, R. H. (ed.). *The political economy of Brazil*: public policies in an era of transition. Austin: University of Texas Press, 1990. p. 210-258.

FLORES, P. *Reformas da Previdência no Brasil*: quem perde, quem tem direitos preservados e por quê. Tese (doutorado) — Universidade de São Paulo, São Paulo, 2023.

FRAGA, A. Latin America since the 1990s: rising from the sickbed? *The Journal of Economic Perspectives*, v. 18, n. 2, p. 89-106, 2004.

FRAGA, P. Lula e Roseana têm empate técnico em 1º. *Folha de S.Paulo*, 24 fev. 2002.

______. *Tancredo Neves, o príncipe civil*. São Paulo: Objetiva, 2017.

FRAGA vê sinais "positivos" na economia. *O Estado de S. Paulo*, 20 dez. 2002.

FRASES que resumem 1985. *Época*, 30 jun. 2015. Disponível em: https://epoca.globo.com/1985/noticia/2015/05/frases-que-resumem-1985.html. Acesso em: 16 ago. 2024.

FREY, A. Cash transfers, clientelism, and political enfranchisement: evidence from Brazil. *Journal of Public Economics*, v. 176, p. 1-17, 2019.

GASPAR, M. *A organização:* a Odebrecht e o esquema de corrupção que chocou o mundo. São Paulo: Companhia das Letras, 2022.

GASPARI, E. *A ditadura acabada*. São Paulo: Companhia das Letras, 2004.

______. *A ditadura encurralada*. São Paulo: Companhia das Letras, 2017.

______. *A ditadura escancarada*. São Paulo: Companhia das Letras, 2002.

GERDAU elogia "faxina": Dilma está no cominho certo. *O Estado de S. Paulo*, 19 ago. 2011.

GOMES, J. C. T. *Memória das trevas*: uma devassa na vida de Antonio Carlos Magalhães. São Paulo: Geração, 2001.

GOMES, R. A. *1989*: a maior eleição da história. Porto Alegre: Lorigra, 2014.

GRAÇA Foster indica técnicos para diretorias da Petrobras. *O Estado de S. Paulo*, 28 abr. 2012.

GUARNIERI, F.; LIMONGI, F. Estabilidade na mudança: famílias de partidos e a hipótese do congelamento do sistema partidário no Brasil (1982-2018). *Política e Sociedade*: Revista de Sociologia Política, v. 18, p. 224-249, 2019.

GUERREIRO, Gabriela et al. Insatisfação do PMDB é discutida por Lula e Dilma. *Folha de S.Paulo*, 6 mar. 2014.

HADDAD, F. Vivi na pele o que aprendi nos livros: um encontro com o patrimonialismo brasileiro. *Piauí*, n. 129, jun. 2017.

HUNTER, W.; POWER, T. J. Rewarding Lula: executive power, social policy, and the Brazilian elections of 2006. *Latin American Politics and Society*, v. 49, n. 1, p. 1-30, 2007.

IMF ARCHIVES. *Brazil — Recent economic developments*. SM/89/199. 2 out. 1989.

INTENÇÃO de voto para presidente. *Datafolha*, 7-8 maio 2014a. Disponível em: http://media.folha.uol.com.br/datafolha/2014/05/09/site-intencao_de_voto_presidente_2014-versaofinal.pdf. Acesso em: 16 ago. 2024.

INTENÇÃO de voto para presidente da República. *Datafolha*, 15-16 abr. 2010a. Disponível em: http://media.folha.uol.com.br/datafolha/2013/08/02/int_voto_presidente_1516042010.pdf. Acesso em: 16 ago. 2024.

INTENÇÃO de voto para presidente da República. *Datafolha*, 20-21 maio 2010b. Disponível em: http://media.folha.uol.com.br/datafolha/2013/05/02/intvoto_pres_24052010_tb1.pdf. Acesso em: 16 ago. 2024.

INTENÇÃO de voto para presidente da República. *Datafolha*, 9-12 ago. 2010c. Disponível em: http://media.folha.uol.com.br/datafolha/2013/05/02/intvoto_pres_16082010.pdf. Acesso em: 16 ago. 2024.

INTENÇÃO de voto para presidente da República. *Datafolha*, 28-29 ago. 2014b. Disponível em: http://media.folha.uol.com.br/datafolha/2014/09/01/intencao-de-voto-presidente.pdf. Acesso em: 16 ago. 2024.

INTERVENÇÃO do governo definiu vitória. *Folha de S.Paulo*, 29 set. 2005. p. A4.

ISTOÉ, 27 jun. 1992.

ISTOÉ, 7 set. 1997.

JOBIM, N. A. *Legislação eleitoral no Brasil*: do século XVI a nossos dias. Brasília: Senado Federal, Secretaria de Documentação e Informação, Subsecretaria de Biblioteca, 1996. v. 3.

LAMOUNIER, B. *De Geisel a Collor*: o balanço da transição. São Paulo: Idesp, 1990.

LAZZARINI, S. G. *Capitalismo de laços*: os donos do Brasil e suas conexões. São Paulo: Elsevier, 2011.

LEIA a transcrição da entrevista de André Vargas à Folha e ao UOL. *Folha de S.Paulo*, 13 fev. 2014.

LIMA, D. et al. Grupos contra Dilma esperam levar 100 mil às ruas no dia 15. *Folha de S.Paulo*, 9 mar. 2015.

______; FRANCO, B. M. FHC e Marina aderem à faxina de Dilma. *Folha de S.Paulo*, 20 ago. 2011.

LIMONGI, F. *Operação impeachment*: Dilma Rousseff e o Brasil da Lava Jato. São Paulo: Todavia, 2023.

______; CHEIBUB, J. A.; FIGUEIREDO, A. M. C. Participação política no Brasil. In: FIGUEIREDO, A. C.; BORBA, F. (ed.). *Trajetórias das desigualdades*: como o Brasil mudou nos últimos cinquenta anos. São Paulo: Unesp, 2015. p. 23-50.

______; GUARNIERI, F., 2019. Duverger nos trópicos: coordenação e estabilidade nas eleições presidenciais brasileiras pós-redemocratização. In: FIGUEIREDO, A. C.; BORBA, F. (ed.). *25 anos de eleições presidenciais no Brasil*. Curitiba: Appris, 2019. p. 37-61.

LULA ameaça rebeldes e diz que PT esquece "peãozada". *Folha de S.Paulo*, 30 abr. 2003.

LULA nega que disputará Presidência em 2014. *O Estado de S. Paulo*, 29 jul. 2011.

LULA oferece 4 pastas e busca apoio do PMDB contra a crise. *Folha de S.Paulo*, 25 jun. 2005. p. A4.

MACEDO, F. Janot denuncia Eduardo Cunha por corrupção e lavagem de dinheiro. *O Estado de S. Paulo*, 20 ago. 2015.

MACIEL, M. *Compromisso com a nação*. Brasília: Senado Federal, 2010. v. 47, n. 187.

MACIEL, N. R. A. *Velhas raposas, novos governistas*: o PMDB e a democracia brasileira Tese (doutorado) — Universidade Estadual do Rio de Janeiro, Rio de Janeiro, 2014.

MADUEÑO, D.; DAMÉ, L. Idade mínima da Previdência cai por 1 voto. *Folha de S.Paulo*, 7 maio 1998.
MEIA hora com FHC muda posição de Barbalho. *Folha de S.Paulo*, 21 mar. 1996. p. 6.
MELO, C. A. F. *Collor*: o ator e suas circunstâncias. São Paulo: Editora Novo Conceito, 2007.
MENEZES FILHO, N.; FERNANDES, R. Educação: avanços recentes e propostas para o futuro. In: MENEZES FILHO, N.; SOUZA, A. P. (ed.). *A carta*: para entender a Constituição brasileira. São Paulo: Todavia, 2019. p. 160-187.
MINISTRO da Justiça promete investigação total e critica uso eleitoral da Lava Jato. *O Estado de S. Paulo*, 15 nov. 2014.
MINISTRO do STF manda soltar presos da Operação Lava Jato. *O Estado de S. Paulo*, 19 maio 2014.
MINISTRO pede adesão ao "mutirão cívico". *Folha de S.Paulo*, 14 abr. 1986. p. 5.
NOGUEIRA, A. J. A. Representação e pluralismo: uma análise das cláusulas de desempenho brasileiras ao longo da história. *Revista Direito em Debate*, v. 31, n. 57, p. 1-12, 2022.
NOSSA Constituição, num "buraco negro". *O Estado de S. Paulo*, 27 jan. 1988. p. 3.
NOVAS gravações envolvem ministro na compra de votos. *Folha de S.Paulo*, 14 maio 1997.
O ANO em que o gigante acordou. *Exame*, 26 dez. 2013.
O MARQUETEIRO mais disputado da base governista. *O Estado de S. Paulo*, 1º fev. 2002.
O MESSIÂNICO. *Piauí*, n. 210, mar. 2024.
O NÓ elétrico. *Folha de S.Paulo*, 25 dez. 2002. p. A2.
OPOSIÇÃO defende ação contra Dilma; governistas chamam de chantagem. *Folha de S.Paulo*, 2 dez. 2015.
OS RUMOS da crise. *Folha de S.Paulo*, 24 jul. 1992.
PALOCCI, A. *Sobre formigas e cigarras*. São Paulo: Objetiva, 2007.
PARA Itamar, presidente é "desleal" e sofre de amnésia. *Folha de S.Paulo*, 14 maio 1998.
PARA PF, conversa sobre "grande acordo nacional" e "estancar a sangria" não é crime. *Rede Brasil Estadual*, 22 jul. 2017.
PARTE do PMDB sonda tucanos sobre gestão Temer. *O Estado de S. Paulo*, 4 jul. 2015.
PETROBRAS fechará 38 empresas no exterior até 2015. *O Estado de S. Paulo*, 3 nov. 2013.
PF prende presidentes de empreiteiras e ex-diretor da Petrobras ligado ao PT. *O Estado de S. Paulo*, 14 nov. 2014.
PILATTI, A. *A Constituinte de 1987-1988*: progressistas, conservadores, ordem econômica e regras do jogo. Rio de Janeiro: Editora PUC-Rio, 2008.
PINHEIRO, D. A afilhada rebelde: o estilo, as ideias, as decisões e a ambígua relação de Dilma com Lula. *Piauí*, n. 97, out. 2014.

PITOMBO, J. P. Dilma diz que será candidata com ou sem o apoio da base aliada. *Folha de S.Paulo*, 30 abr. 2014.

PMDB atropela Temer e garante acordo com Lula. *O Estado de S. Paulo*, 10 maio 2003. p. 9.

PMDB fluminense dá sinal de afastamento de Dilma. *O Estado de S. Paulo*, 10 mar. 2016.

POLÍTICA. *O Estado de S. Paulo*, 9 ago. 1992. p. 8.

PRESIDENTE se diz "padrinho" do PPB. *Folha de S.Paulo*, 21 mar. 1996. p. 6.

PRESSIONADO, Temer deixa a articulação do governo. *Veja*, 30 ago. 2015.

PROFISSIONAIS da saúde fazem protestos contra Programa Mais Médicos. *Agência Brasil*, 30 jul. 2013.

QUEM ganha e quem perde. *Folha de S.Paulo*, 22 mar. 1996. p. 6.

RABELLO, J. B. PT quer mais com Dilma. *O Estado de S. Paulo*, 1º maio 2011.

RAIMUNDO Matos condena repasse bilionário ao comunismo cubano via Mais *Médicos. PSDB*, 18 ago. 2014. Disponível em: www.psdb.org.br/pe/raimundo-matos-condena-repasse-bilionario-ao-comunismo-cubano-via-mais-medicos. Acesso em: 16 ago. 2024.

RIBEIRO, F. G.; SHIKIDA, C.; HILLBRECHT, R.O. Bolsa Família: um *survey* sobre os efeitos do programa de transferência de renda condicionada do Brasil. *Estudos Econômicos*, v. 47, n. 4, p. 805-862, 2017.

RIBEIRO, P. F. *Dos sindicatos ao governo*: a organização Nacional do PT de 1980 a 2005. São Carlos: EdUFSCar, 2021.

ROCHA, R. A saúde na Constituição de 1988: trinta anos de SUS e os desafios pela frente. In: MENEZES FILHO, N.; SOUZA, A. P. (ed.). *A carta*: para entender a Constituição brasileira. São Paulo: Todavia, 2019. p. 160-187.

ROCHA DE BARROS, C. *PT*: uma história. São Paulo: Companhia das Letras, 2022.

ROCKMANN, R.; MATTOS, L. *Curto-circuito*: quando o Brasil quase ficou às escuras (2001-2002). Edição do autor, 2021.

RODRIGUES, Fernando. A fraqueza do homem forte. *Folha de S.Paulo*, 21 dez. 2002. p. A2.

______. FHC assume dívida paulistana para agradar Maluf. *Folha de S.Paulo*, 21 mar. 1996. p. 6.

ROSEANA quer rompimento imediato com o governo FHC. *O Estado de S. Paulo*, 3 mar. 2002.

SADI, A. Vice da Câmara viajou em avião emprestado por doleiro preso. *Folha de S.Paulo*, 1º abr. 2014.

______; NERY, N. PMDB vai à Justiça contra a criação de partidos, diz Cunha. *Folha de S.Paulo*, 3 fev. 2015.

SALLUM, B. *Labirintos:* dos generais à Nova República. São Paulo: Hucitec, 1996.

______. *O impeachment de Fernando Collor:* sociologia de uma crise. São Paulo: Editora 34, 2015.

______; GRAEFF, E.; MARTINS, C. E. Nova República, de Tancredo a Sarney. *Análise Conjuntural*, v. 8, n. 2, p. 3-13, 1986.

SALOMON, M.; FIGUEIREDO, L. Governo consegue barrar CPI dos Bancos. *Folha de S.Paulo*, 21 mar. 1996. p. 6.

SANTOS, C. Garotinho chama petistas do Rio de "partido da boquinha". *Folha de S.Paulo*, 23 out. 1999.

SARNEY ataca reforma tributária de FHC. *Folha de S.Paulo*, 5 set. 1995.

SARNEY condena social-democracia e neoliberalismo. *Jornal de Brasília*, 30 ago. 1995.

SCHMITT, R.; CARNEIRO, L. P.; KUSCHNIR, K. Estratégias de campanha no horário gratuito de propaganda eleitoral em eleições proporcionais. *Dados*: Revista de Ciências Sociais, v. 42, p. 277-301, 1999.

SEVERINO Cavalcanti, acusado de corrupto, preside Câmara por 217 dias até renúncia. *O Globo*, 21 ago. 2005.

SINDICATO das teles pede a Dirceu mudança na Anatel. *O Estado de S. Paulo*, 18 dez. 2002.

SKIDMORE, T. *Brasil:* de Castelo a Tancredo. 1964-1985. Rio de Janeiro: Paz e Terra, 1988.

SOARES, G. A. D. *Sociedade e política no Brasil*. Rio de Janeiro; São Paulo: Difel, 1973.

______; TERRON, S. L. Dois Lulas: a geografia eleitoral da reeleição (explorando conceitos, métodos e técnicas de análise geoespacial. *Opinião Pública*, v. 14, n. 2, p. 269-301, 2008.

SOFIA, J. PMDB negociará cargos, diz ministro. *Folha de S.Paulo*, 27 jan. 2004. p. A7.

SOUZA, J. de. ACM declara voto em Lula no 2º turno. *Folha de S.Paulo*, 8 out. 2002.

______. "O sr. deveria me agradecer", diz ACM a FHC. *Folha de S.Paulo*, 30 set. 1997. p. A12.

SP: marcha "em defesa da liberdade" pede volta dos militares ao poder. *Terra*, 10 jul. 2013.

SPEKTOR, M. *18 dias:* quando Lula e FHC se uniram para conquistar o apoio de Bush. São Paulo: Prisa Edições, 2014.

STEPAN, A. *Os militares na política:* da abertura à Nova República. São Paulo: Terra e Paz, 1986.

STEPHANES admite aposentadoria precoce. *Folha de S.Paulo*, 30 mar. 1995.

TASSO lidera o ranking de governadores. *Folha de S.Paulo*, 28 dez. 1998.

TAUIL, C. E. *Um intelectual na Assembleia Constituinte:* o papel de Fernando Henrique Cardoso na formulação da Constituição de 1988. Tese (doutorado) — Universidade Estadual Paulista, Araraquara, 2021.

TEMER é eleito presidente da Câmara. *Agência Folha*, 5 fev. 1997.

TEMER se fortalece para dirigir a Câmara. *Folha de S.Paulo*, 22 mar. 1996.

TRAUMANN, T. *O pior emprego do mundo:* 14 ministros da Fazenda revelam como tomaram as decisões que mudaram o Brasil e mexeram no seu bolso. São Paulo: Planeta, 2018.

TUCANO diz que queda poderia ter sido maior. *O Estado de S. Paulo,* 19 jun. 2003. p. B4.

ULHÔA, Raquel. PFL evita confronto em reunião. *Folha de S.Paulo,* 8 mar. 2001.

VAMOS acelerar o ritmo do governo. *O Estado de S. Paulo,* 25 jun. 2005. p. A10.

VEJA, 7 maio 1992.

VICTOR, F. *Poder camuflado:* os militares e a política, do fim da ditadura à aliança com Bolsonaro. São Paulo: Companhia das Letras, 2022.

VOTAÇÃO de contas de governos entre na pauta em agosto. *O Estado de S. Paulo,* 15 jul. 2015.

ZUCCO JR., C.; NICOLAU, J. M. Trading old errors for new errors? The impact of electronic voting technology on party label votes in Brazil. *Electoral Studies,* v. 43, p.10-20, 2016.

______; POWER, T. J. Bolsa Família and the shift in Lula's electoral base, 2002-2006: a reply to Bohn. *Latin American Research Review,* v. 48, n. 2, p. 3-24, 2013.

Este livro foi impresso nas oficinas gráficas da Editora Vozes Ltda.,
Rua Frei Luís, 100 – Petrópolis, RJ.